甘肃省教育厅产业支撑项目：河西走廊红色旅游精品示范区打造开发研
甘肃省重点人才项目：河西走廊历史文化和红色教育旅游培训智库建设人才培养项目2020RCXM
横向项目：河西走廊民族文化元素在室内外及旅游产品装饰设计中的传承与创新应用研究 H2019057
资助出版

河西走廊旅游资源开发

杜军林◎著

吉林人民出版社

图书在版编目（CIP）数据

河西走廊旅游资源开发/杜军林著. --长春：吉林摄影出版社，2022.9

ISBN 978-7-206-19516-7

Ⅰ．①河… Ⅱ．①杜… Ⅲ．①河西走廊—旅游资源开发 Ⅳ．①F592.742

中国版本图书馆 CIP 数据核字（2022）第 192925 号

河西走廊旅游资源开发

HEXI ZOULANG LÜYOU ZIYUAN KAIFA

著　　者：杜军林

责任编辑：金　鑫

封面设计：豫燕川

出版发行：吉林人民出版社（长春市人民大街 7548 号　邮政编码：130022）

咨询电话：0431-85378007

印　　刷：长春市昌信电脑图文制作有限公司

开　　本：787mm×1092mm　　　　1/16

印　　张：12.75　　　　　　字　　数：305 千字

标准书号：ISBN 978-7-206-19516-7

版　　次：2022 年 9 月第 1 版　　印　　次：2024 年 1 月第 2 次印刷

定　　价：48.00 元

前　言

河西走廊位于甘肃省西北部，东起乌鞘岭，西至古玉门关，南北介于祁连山、阿尔金山（合称为南山）与马鬃山、合黎山、龙首山（合称为北山）之间，东西长约1200千米，南北宽数十到数百公里不等，因其位于黄河以西，地形狭长宛如走廊而得名。河西走廊地貌特征为山前倾斜平原，自乌鞘岭以西分为石羊河、黑河、疏勒河三个独立的内流盆地和冲积平原。行政地域上包括甘肃省的河西五市：武威、金昌、张掖、嘉峪关和酒泉，总面积27.6万平方公里，占甘肃省总面积的60.3%；总人口486.6万人，占全省人口总数的15.72%，聚居着汉族、回族、藏族、蒙古族、裕固族、哈萨克族、满族等不同民族的居民。河西走廊是世界四大文明的交汇地，在河西的历史文明进程中，中华传统文明与外来文明的融合从未停止过，这种融合表现在宗教、文化、艺术、服饰、饮食、音乐、舞蹈等各个方面，东西方文化在这里相互激荡，积淀下蔚为壮观的历史文明。

河西走廊地区也是我国旅游业起步最早的地区之一。1979年敦煌市成为国务院确定的第一批对外开放城市，开启了真正意义上的甘肃省入境旅游的先河。1983年10月，"马踏飞燕"被国家旅游局确定为中国旅游标志，中国旅游的名片由此向世界各地传递；1986年12月，武威市、张掖市、敦煌市被国务院确定为第二批国家级历史文化名城；1987年，莫高窟与长城、秦兵马俑等一道成为我国首批申报成功的6项世界遗产之一，河西旅游知名度享誉世界，正是有以敦煌莫高窟为代表的一大批知名河西旅游景区的引领和带动，甘肃省入境旅游人数和入境旅游收入两项旅游经济指标曾一度在全国排名第六，这也是甘肃省在旅游业市场表现方面取得过的最好成绩。

经过近几十年的发展，旅游业已经成为推动和引领河西地区经济社会全面发展的战略性支柱产业，旅游业对本地GDP贡献率已经达到27%。河西走廊区域历史悠久、文化灿烂，自然景观独特，但随着河西旅游产品同质化严重、旅游产品供给不足、旅游基础设施不完善、旅游基础设施供给不足、旅游整体区域宣传力度不够等问题的出现，河西旅游产业的新发展被认为是推动其旅游可持续发展的前提。因此，如何调整河西走廊区域旅游供给的总量和结构，满足来河西走廊旅游游客的需求，成为当前河西走廊区域所在城市共同面临的一个新课题。

本书在写作过程中，参考或部分引用了许多专家、同行的相关研究成果或观点，在这里表示最诚挚的感谢！由于时间比较仓促，加上作者水平有限，在撰写本书的过程中难免会出现一些纰漏和错误之处，诚请各位读者、专家批评指正。

目 录

第一章

河西走廊旅游资源
开发问题概述

第一节　河西走廊之神奇

河西走廊是通往西域的枢纽，它北枕合黎山、龙首山，南峙祁连山，东起乌鞘岭，西至玉门关，是闻名古今的丝绸之路不可分割的一部分。在两汉魏晋时，因被祁连山、合黎山夹峙，形似长廊且处于黄河以西，故称之为河西走廊。虽然这里属于温带大陆性气候，常年降水稀少、气候干燥，但由于祁连山的冰雪融水丰富，每年融化约 72.6 亿立方米水，故而其灌溉农业很发达，自古有"金张掖、银武威"之称。祁连山位于中国地形的第一阶梯和第二阶梯之间，居于青藏高原北缘，海拔在 4000 米以上。河西走廊依靠祁连山丰富的冰雪融水以及喜马拉雅山运动时所冲击形成的平原，一度成为少数民族以及我国重要的农业及畜牧发展区。

河西走廊区域内主要分布有疏勒河、黑河、石羊河这三大水系；主要聚居以汉族为主，少数民族有蒙古族、回族、满族、哈萨克族、裕固族等。其中，裕固族在我国只存在于河西走廊，位于肃南裕固族自治县；分布于河西走廊的主要景点有莫高窟、榆林窟、海市蜃楼、敦煌古城、鸣沙山月牙泉、三危圣境、阳关国家级沙漠森林公园、嘉峪关关城、长城第一墩、张掖丹霞地貌、张掖大佛寺、马蹄寺、玉门关雅丹魔鬼城、骊靬遗址、山丹军马场、七一冰川、雷台汉墓等。①

河西走廊在今天已经不再是单纯意义上的地理概念了，它已经成为一种历史和文化的总称。越来越多的史学家和探秘者来到这里，寻找历史存留的记忆，千方百计挖掘曾经淹没在茫茫史海中的点点滴滴。人们渡过滔滔黄河，越过高高的乌鞘岭来到河西走廊，在这里探索着新的秘密。千里河西对于探险家来说，仍然是一块处女地。

张骞是将河西走廊传播于天下的第一人，这个后来封侯拜相的书生胸怀天下，他的目光超越了时代的局限，没有仅仅停留在关中平原和八百里秦川，而是越过了祁连山和天山，走向更远的地方。他身体力行，克服常人难以想象的重重困难，历经千难万险，两次穿越河西走廊，翔实地记录了河西的山川风貌、民俗风情、军事分布、山关险隘，这些都为解决河西问题打下了基础。张骞把河西走廊推上了汉王朝的战略前沿，没有他开通西域，河西这块土地还要在沉睡中等待机会。

汉武帝以他超常的战略眼光奠定了河西的地位，于是，在这条南有祁连山、阿尔金山，北有龙首山、合黎山的天然走廊中，上演了一幕幕金戈铁马的武行大戏。汉武帝不拘一格地选拔了一位青年将领——弱冠之年的霍去病，一个翩翩少年以他的聪慧和胆识在这

---

① 嘉峪关市文化馆. 河西走廊非物质文化遗产 [M]. 兰州：敦煌文艺出版社，2019：4.

里建功立业。他跃马扬鞭，横扫王庭，孤军深入，直捣匈奴老巢，最终封狼居胥，建立不世之功。① 河西的局面顿时别开生面，河西走廊为这个少年英雄提供了施展才华的舞台，他的天分和才智得到了最充分的展现，河西也因为这个少年英雄衍生出许多传奇。就在他大展宏图的时候，却天妒英才，英年早逝。汉武帝依据祁连山的形状，专门从河西运去石头为霍去病修建陵墓，这是一个帝王对军事将领的最高礼遇和赏识。英明的汉武帝在他的军队占领河西后就及时设立武威、张掖、酒泉、敦煌四郡。用今天的目光回望过去，我们不得不佩服他的伟大，河西四郡的设立无疑像一把匕首扎进了匈奴人的胸膛，确保了大汉天下的安定，同时分开了祁连山南部游牧民族和北部游牧民族的联合，解除了大汉的后顾之忧。河西稳则天下稳，河西走廊像一只楔子牢牢地钉在了西部，它是汉王朝伸向西域的一条有力的臂膀，这只张开的臂膀牢固地控制着西部边疆，这种一劳永逸的策略被后世沿用了 1000 多年。

汉武帝用强硬的武力手段解决了匈奴问题，同时也结束了汉朝长期被动的和亲政策。战事结束后，大汉兴盛的曙光来临了，人们可以安心发展生产，开始男耕女织的安定生活。南方的丝绸特产也有了输往域外的机会，丝绸贸易渐渐兴隆，华丽的丝绸汇集到洛阳，又从那里出发运到长安流进甘肃，沿河西走廊到大宛。用丝绸铺就的金光大道正式开通，这就是举世闻名的丝绸之路。河西走廊成为丝绸之路上最为重要的一段，同时迎来了它的繁荣时期。中原先进的文化和生产方式在这里安家落户，西方的文明在这里发扬光大，东进西出的商旅牵引着成群的驼队穿梭在河西走廊。夕阳西下，美丽的河西笑迎八方来宾，河西走廊呈现出一派繁荣景象。

干旱少雨的河西走廊得益于祁连山的庇护，才使这里生气勃勃。长期控制河西的匈奴逐水草而居，游牧文化和农耕文化相互依存。霍去病把匈奴赶出河西后，大片肥沃的土地等待耕耘，汉王朝便采取了移民政策，大批中土移民来到河西走廊，河西的人口急剧增加。人口的增加为巩固河西的稳定起到了关键的作用；同时，大量移民也成了稳固国防的生力军。移民在这里屯田戍边，来自全国各地的不同文化在这里汇流，久而久之，形成了具有地方特色的河西文化。河西走廊得天独厚的地理位置成就了世外桃源，汉朝以后的战争很少波及这里，所以，河西走廊的生产力得到了空前的发展，尤其是农业生产技术在全国遥遥领先，河西成了富饶之地，河西人民过着丰衣足食的生活。丝绸之路也日渐繁荣起来，河西走廊作为丝绸之路的必经之地，不论是南、中、北三路中的哪条路，张掖都是交汇点，河西走廊的战略地位很快得以凸显。

丝绸之路是商业之路，也是文化之路。经济的发展带来了文化的发展，人们精神层面的追求开始显现。丝绸之路的开通为佛教交流提供了必要的条件，于是一批批的僧侣沿着

① 牟伦超，张琼，王黎，等. 走廊区域历史和旅游产业联动发展研究［M］. 武汉：武汉大学出版社，2019：3.

丝绸之路经过河西走廊到印度。站在祁连山顶往下看，两股相向而行的队伍，或许在敦煌的某个寺庙相遇，或许在酒泉的泉湖边谈经说道，或许在张掖的大街上踯躅而过，或许在武威的城门口依依惜别。河西走廊以空前开放的姿态接纳和吸收着来自不同方向的文化，并率先接受着佛教文化的熏陶。

佛教文化从西而来，敦煌是河西走廊最早迎接佛光的地方，鸣沙山的沙粒闪着金光。虔诚的佛教徒秉承佛的意愿在三危山下开凿佛龛，供奉佛像，一时叮叮当当的凿凿之声不绝于耳，年复一年，这个过程经历了几百年，河西人用耐心和虔诚凿出了一个佛的大千世界，成就了一个奇迹，令后人的目光中闪现出惊异。随后，河西的其他城市也大兴土木，修建寺院、开凿石龛供奉佛像，安西榆林石窟，张掖马蹄寺、大佛寺，武威的天梯山石窟，炳灵寺石窟都是佛教文化在河西兴盛的印记。至今，河西还不时发现新的佛教文化遗存，神秘的河西到底有多少未解的谜团，也还是个未知数。

河西走廊东西长近 1000 公里，两边山峰对峙，走廊内戈壁、沙漠、绿洲交错纵横，既有湖光山色，也有冰川森林；既有大片草原，也有良田万顷。这种特殊的地形地貌、独特的民风民俗在其他地区很难见到，所以，行进在河西走廊可以领略不同的风情。这里有中国最美的草原、最美的丹霞地貌、离城市最近的冰川、全国独有的少数民族、亚洲最大的马场，千里河西浓缩着各类文化的精粹，河西走廊是一部史书，需要耐心品读。

文化的力量是世界上最强大的力量，它可以改变人的世界观、价值观，也可以改变意识形态领域的条条框框，是文化的力量推动着世界浩浩荡荡地向前发展，是文化的力量使我们这个民族生生不息。经历了 2000 多年的河西文化在风沙的磨砺下依然金光闪闪，河西走廊又从后台走向了前台，不论是考古学家还是经济学家，都在这里发现了新的助推力，他们试图通过研究河西的发展史来破解现实条件下的难题。河西走廊的人文史是中国历史不可断裂的一根链条，我们用崭新的思维和眼光去审视，或许会看到一个不同凡响的崭新的河西走廊。

第二节　河西走廊旅游发展情况

在"旅游网络服务平台"的发展下，国际历史文化名城敦煌引领着整个河西、甘肃乃至全国的发展，游客可通过网络服务平台线上预定敦煌各景区门票，并可通过人像识别、二维码、指纹等达到一次购票多次入园。敦煌已建立了多个大数据库，并上传 20 多万篇相关资料，主要包括敦煌手稿文献、敦煌学研究论著、石窟内容总录等。这些资源的共享，一方面弘扬了敦煌文化，另一方面也促进了敦煌文化的研究及保护。

虽然网络服务平台同旅游业的融合发展在河西走廊仍处于探索阶段，存在着融合度不深、融合方式单一等现象，但河西走廊上一颗耀眼的明珠敦煌——已然走在了建设智慧城市、发展智慧旅游、打造大数据平台的快车道，并将为河西地区其他市州的发展提供很好的借鉴。与此同时河西走廊各个市州大部分景区景点已经同"去哪儿""途牛"等线上分销商签订分销协议，实现了线上票券和线路的分销业务。河西走廊旅游发展目前正处于全面实施并高速发展阶段，河西走廊旅游线正向国际化、现代化迈进。河西走廊要以"一带一路"建设为契机，以网络服务平台为依托，打造丝绸之路旅游精华带，进而撬动整个地区乃至甘肃省旅游的发展。

第三节　河西走廊生态旅游发展情况

一、金昌市生态旅游发展情况

金昌市生态旅游发展起始于 2014 年初，截至于 2021 年，金昌市生态旅游业发展实现了重大突破，在打造绿色生态旅游新城市方面，成绩瞩目，城市绿地面积达 1346 公顷，在短短的三年间，建成 2 个国家级生态乡镇和 16 个省级生态乡镇（村）、17 个省市级"美丽乡村"示范村，成为新的一座宜居百强城市，并荣获国家园林、卫生、文明城市等称号。随着金昌市生态旅游城市的建设，其城市绿化覆盖率达到 37.6%。[①] 在秉承着"北固风沙、中建花城、南护水源"的发展理念下，生态旅游成为了金昌结构调整、产业转型的新动力，在石羊河流域及水源涵养林保护方面投入大量资金，逐渐实现了青山绿水的秀美景色，使得"浪漫金昌、紫金花海"成为金昌市的新名片。

二、武威市生态旅游发展情况

近年来，武威市文体广电旅游局以发展全域旅游为目标，重点打造特色生态风情游，在腾格里沙漠前沿，距离武威市城东 20 里处，建有一座占地面积约 12000 亩的沙漠公园，这座沙漠公园开创了我国大漠风光同绿洲相融合的先河，可以称得上是西北沙漠中的一颗耀眼的明珠。在这里，绿洲、湖泊与沙漠动植物的生长共同构成了沙漠风光的无限魅力，武威市的沙漠公园所拥有的这种旅游特色资源不仅仅在河西走廊较为典型，甚至在甘肃省全省的同类旅游资源中也很突出，有着鲜明的差异化形象。在沙漠生态旅游的开展过程中，给出游者以旷野、震撼之感。这里的环境同游客平时所见所感皆有很大不同，从另一面展示了荒漠之美、生命之顽强、保护生态环境之重要，对出游者有极大的警示和教育

[①] 阳飏. 华夏文明的精神家园 走过甘肃大地 [M]. 兰州：敦煌文艺出版社，2020：48.

作用。

武威市发展环境更加优越，自 2017 年以来，武威市委、市政府把文化旅游产业作为振兴第三产业的重大引擎、重要龙头和支柱产业来发展，坚持走生态优先、绿色发展之路，努力建设经济强市、生态大市、文化旅游名市，全力打造生态美、产业优、百姓富的和谐武威的总体思路，成立武威市文化旅游产业发展领导小组，组建金色大道·马踏飞燕大景区管委会、凉州文化研究院、市文化旅游发展（集团）股份有限公司，出台《武威市文化旅游产业发展扶持奖励办法》"黄金 21 条"等政策措施，设立文化旅游产业发展专项资金，为发展文化旅游产业营造了良好的投资环境。

武威市文化旅游产业蓬勃发展，投资百亿元实施了雷台文化旅游综合体、历史文化街区保护建设项目，武威市旅游业的核心引爆点正在形成。神州荒漠野生动物园提升改造及改扩建工程、苏武沙漠大景区等重点项目加快推进。武威市温泉度假村、头道槽沙漠旅游景区、塔尔湾冰雪嘉年华、民勤乡村记忆博物馆、古浪金水源丝路驿站、乌鞘岭国际滑雪场、冰沟河生态文化旅游区、南拉民俗文化村等一批由社会资本投入的重点文化旅游项目建成投用，极大地提升了武威市文化旅游产品核心竞争力。

三、张掖市生态旅游发展情况

张掖市因其生态景观丰富、发展历史久远、且处于黑河流域及祁连山自然保护区，所以生态旅游的开展形式多样，主要有草原风情生态游、丹霞地貌生态游、森林生态休闲游、湿地水韵生态游等，在近些年旅游的开展中，取得了很好的社会及经济效益。[①]

1. 全域旅游大幅推进

张掖市委、市政府坚定实施全域旅游发展战略，集全市之力推动全域全季生态旅游发展。编制了市县两级全域旅游规划，先后两次印发张掖市创建国家全域旅游示范区工作实施方案和工作计划，明确了发展全域旅游的指导思想、发展目标和主要任务，对全市发展全域旅游进行了顶层规划，启动了一大批旅游基础设施和公共服务设施建设项目，基本实现了产业布局的全域优化、服务设施的全域配套、特色产业的全域融合、市场开发的全域联动、监管治理的全域覆盖和推进旅游发展的全域统筹。张掖市和肃南裕固族自治县被确定为国家全域旅游示范区创建单位。甘州区、临泽县、高台县、山丹县、民乐县被确定为省级全域旅游示范区创建单位。2020 年，肃南县参加文旅部国家全域旅游示范区验收，通过国家文旅部资料审核和会议评审；临泽县、山丹县被认定为省级全域旅游示范区，创建工作取得重大进展，全市旅游品牌体系逐步完善。

2. 景区品质提档升级

2020 年，张掖市委、市政府启动了张掖市国家 A 级旅游景区质量问题专项整治与品

① 阳飏. 华夏文明的精神家园：走过甘肃大地［M］. 兰州：敦煌文艺出版社，2020：130－137.

质提升行动。经过一年时间的整治与提升,全市景区面貌焕然一新,景区特色和服务品质更加凸显,发展后劲更加充足。疫情进入常态化防控阶段后,张掖七彩丹霞景区和平山湖大峡谷景区率先开园,成为全省首家开园的 5A 级和 4A 级旅游景区,为全省旅游景区逐步开放提供了先行先试的宝贵经验,全面推进了国家 A 级旅游景区的创建工作。张掖七彩丹霞景区被文旅部评定为国家 5A 级旅游景区,荣获"点赞 2020 我喜爱的中国品牌",连续五个月荣登 5A 级景区品牌 100 强;张掖市屋兰古镇旅游景区、张掖市临泽县丹霞口文旅小镇景区被省文旅厅确定为国家 4A 级旅游景区,张掖国家沙漠体育公园景区、张掖市甘州区甘泉红色历史文化旅游区被评定为国家 3A 级旅游景区。至 2020 年,张掖市共有国家 A 级旅游景区 41 家,其中 5A 级旅游景区 1 家、4A 级旅游景区 19 家、3A 级旅游景区 19 家、2A 级旅游景区 2 家。4A 级及以上旅游景区数量达到全市旅游景区总数量的一半,全市旅游景区正在实现由数量增长向品质提升的转变,成为推动旅游产业复工复产、实现高质量发展的新引擎和生力军。

3. 度假品牌跨越发展

旅游度假区快速发展标志着大众旅游从观光旅游进入到休闲度假旅游时代。为深入推进旅游业转型发展,抢占旅游发展新高地,2019 年,张掖市芦水湾旅游度假区、肃南裕固族民俗度假区获评全省首批省级旅游度假区,占全省总数的三分之二,全市旅游业转型升级、提质增效步入了快车道。2020 年,张掖市芦水湾旅游度假区凭借良好的基础条件和优质的度假环境,从全省首批 3 个省级旅游度假区中脱颖而出,作为全省唯一一家国家级旅游度假区创建单位被省文旅厅推荐上报文旅部,并通过了文旅部专家初审和基础评价。张掖市芦水湾旅游度假区创建国家级旅游度假区标志着张掖文化旅游产业在转型升级的道路上迈出了可喜的一步。

4. 乡村旅游异军突起

乡村旅游作为旅游扶贫富民、推进乡村振兴的重要产业支撑,迎合了当前游客更注重安全、绿色、健康、休闲的出游理念,成为引领张掖市旅游市场复工复产和全面复苏的排头兵。年初,张掖市印发了《张掖市旅游景区、乡村旅游点新冠肺炎疫情防控手册》,对乡村旅游点疫情防控进行了全面的规范和管理。疫情防控进入常态化阶段后,在全市范围内率先推出了《金张掖十大乡村旅游精品线路》,以乡村旅游为主体,串联了全市重点旅游景区,有效引导了游客的出游意愿,带动和盘活了景区旅游市场。深入实施"双十双百"乡村旅游示范工程,2020 年新评定全国乡村旅游重点村 3 个,省级乡村旅游示范村 14 个,全国乡村文化旅游能人 4 人。

5. 红色旅游快速升温

2020 年,全市共接待红色旅游游客 370 万人次。红色旅游持续升温,已经成为张掖市旅游发展的重要基石。2021 年初,张掖市委、市政府制定出台了《关于促进红色文化旅游融合发展意见》，明确了"围绕一个主题、采取五项措施、抓好三大教育、打响一个品牌"的总体发展目标，开启了张掖市红色文旅融合发展的快车道。全市文旅系统积极行动，推进市县两级红色文化旅游规划编制工作，完善了全市主要红色景区景点和场馆修建性详细规划，谋划储备了以高台县"1＋8"红色文化旅游项目为代表的 40 个红色文旅项目，"高台干部学院"累计举办培训班 50 期，培训 3613 人，创作了《浴血誓言》《肝胆祁连》等一批影视剧目。开发了涵盖重点红色文化旅游景区的"三大研学旅游线路"，研发了以"十个一"为主要内容的红色文化旅游体验产品。

四、嘉峪关市生态旅游发展情况

嘉峪关市是古丝绸之路的重要组成城市，亦是河西走廊的咽喉要地，通过草原湿地公园、方特欢乐世界、嘉峪关关城、南湖文化生态园等旅游项目的开展，① 在近几年旅游业发展中取得了优良的成绩，截至 2021 年 1—11 月嘉峪关市旅游收入和旅游总人次数增速均保持两位数增长。1—11 月，全市完成全社会旅游收入 30.52 亿元，同比增长 16.75％，增速比 1—10 月回落 3.23 个百分点；旅游人数 449.9 万人次，同比增长 21.33％，增速比 1—10 月回落 3.17 个百分点。游客平均停留天数 1.56 天，同比增加 0.15 天；星级宾馆客房出租率为 35％，同比提高 3 个百分点。

如今，研学旅游成为了当地一项新兴的产业，推动着文旅产业的创新与升级。嘉峪关市文化和旅游局局长赵淑敏接受媒体采访时介绍说，该市打造了以"我到嘉峪关修长城"为主题的研学产品，通过修长城课程体验区和仿古兵营区、拓展训练区及星空帐篷营地等项目，设置开展长城防御体系、长城历史变迁等内容课程，让游客深入掌握长城文化知识、增强保护长城的意识，提高社会责任感、培植爱国精神。

与此同时，嘉峪关市还依托工业旅游城市，研发了"钢铁是这样炼成的"工业研学产品。让游客乘着嘉镜线绿皮火车，穿越在一望无际的戈壁、峡谷、冰川、大漠，开启通往镜铁山矿的秘境之旅，进入镜铁山矿参观学习，了解"一五"时期酒钢发展历程，践行"铁山精神"，培育开发"可读、可感、可参与"的特色研学旅行产品。

嘉峪关市还逐步加大对户外旅游、低空旅游、体育旅游、温泉旅游、观光农业、会展旅游等旅游新业态的大胆尝试、创新，旅游新业态层出不穷。赛事活动、主题公园、低空飞行、研学基地、温泉度假酒店、"夜游嘉峪关"等丰富多彩的高品质休闲度假旅游产品不断开发呈现出来，成为游客钟爱的选择。

据悉，当地还创排了《天下雄关》演艺剧目，立足于"丝绸之路"要塞、"天下第一雄关"这一独有的文化 IP，融合丝绸之路沿线各国文化元素，通过长城文化和边塞故事，

---

① 阳飏. 华夏文明的精神家园：走过甘肃大地［M］. 兰州：敦煌文艺出版社，2020：36.

充分表现出了"关山南北共争雄，云压缭垣雪压峰"的中国气派和东方气质，立体多维度地展现了嘉峪关上千年的长城文化、丝路文化、边塞文化、民族文化等灿烂历史。

五、酒泉市生态旅游发展情况

酒泉市拥有莫高窟、玉门关、锁阳城等世界文化遗产，这里是边塞文化、丝路文化以及敦煌文化的重要展示地，这里自然风光独特、民族风情淳朴、现代产业集聚，可以说酒泉的旅游资源不仅展现了我国历史，还显示了我国现代化的建设成就，其主要生态旅游为石窟文化生态游、地质地貌生态游、梦柯冰川探险生态游、民族风情生态游等。

河西走廊石窟文化生态区以敦煌为核心，以文化传承及保护为重点，主要包括天梯山石窟、榆林窟、莫高窟、马蹄寺石窟等。只要一提到石窟，首先想到的肯定是莫高窟、龙门石窟及云冈石窟。可要说起石窟的起源，位于甘肃省武威市的天梯山石窟才称得上是石窟鼻祖。其实追本溯源，从年代上来看，位于新疆的许多石窟都要比敦煌莫高窟和中原石窟早很多，但是新疆的石窟对中原石窟的艺术风格、塑造等方面的影响是很微弱的，而天梯山石窟无论是从源头上还是从对中原石窟风格的影响上，都发挥了举足轻重的作用，因此若以发展脉络作为标准的话，位于武威市的天梯山石窟为当之无愧的中国石窟鼻祖。①河西走廊文化艺术的研究资源是甘肃省文化艺术研究的重要组成部分，要充分利用网络服务这一平台，借助"云技术"等现代互联网手段，使得河西走廊的文化资源能够更好输出为文化产业，通过互联网的便捷性以及易达性，让游客更充分地了解河西走廊的旅游文化资源。

第四节　河西走廊生态旅游发展存在的问题及面临的挑战

本书调研的地点主要为武威、张掖、嘉峪关、敦煌等几个地市。本书结合河西走廊生态旅游发展实际以及实地访谈、问卷调查，通过对所收集资料进行整理分析后，总结得出了河西走廊生态旅游所存在的问题主要为功能分区不明显、社区参与机制不完善、旅游相关产品满意度低、生态旅游意识淡薄、生态旅游同网络服务平台融合度低等问题。

一、功能分区不明显

通过对已回收调查问卷中第二部分生态旅游分区情况调查结果的整理和分析可知，其中 75% 的调查对象对当前景区分区持不满意态度，其均认为当前景区功能分区并未发挥

---

① 阳飏. 华夏文明的精神家园：走过甘肃大地［M］. 兰州：敦煌文艺出版社，2020：74.

其环境保护作用。根据在祁连山及周边社区的实地走访和访谈，得知祁连山在近几十年中生态恶化较为严重，乱砍滥伐、过度放牧现象时有发生。虽然国家对祁连山生态问题高度重视，可是偷排污水、偷偷开采仍然屡禁不止，导致这里冰川雪山加速融化，雪线节节攀高，生态承载力下降相对明显，自我修复能力逐渐衰减。

可是在生态如此脆弱、生态系统不够稳定的情况下，其保护区内没有明显的功能分区，其划定的核心区、缓冲区、实验区没有起到很好的保护作用。森林景观、冰川探险、草原湿地、丹霞地貌等皆被开发为旅游景区，其中很多景区开展的生态旅游触及祁连山生态核心地带，对区域生态系统产生了很多的消极影响。

二、社区参与机制有待完善

为翔实地了解祁连山保护区周边社区及河西走廊少数民族聚居区的生态旅游社区参与情况，本书结合问卷及访谈的形式，对政府机构人员、景区管理及工作人员、社区居民以及游客进行了实地调研。在走访的过程中，发现祁连山自然保护区在生态旅游的开发中，以政府及企业相结合的方式为主导，社区居民的参与仅仅表现为农家乐餐饮住宿、旅游纪念品的售卖、本地导游、交通运输、景区检票或基层工作。通过对生态旅游开发情况部分题项调查结果的整理和分析可知，其中约有72%的社区居民认为其在景区规划、开发及建设过程中整体参与度较低，这也进一步削弱了社区居民自身对景区的主人翁意识，进而影响了景区整体的管理效率。河西走廊近些年在开展生态旅游的过程中，社区的建设机制、社区居民的参与等都未能很好地建立，使得社区居民不能深度参与到生态旅游中来，仅仅停留在浅层次的参与。在景区内的当地居民大多数自己经营农家乐或小商品店，未能参与到景区的建设规划中，这样会导致生态旅游在开展的过程中出现难管理、易破坏、各自为政的问题，将不利于河西走廊生态旅游的可持续发展。

三、旅游相关产品满意度低

通过对生态旅游产品情况中相关问题调查结果的整理和分析可知，约有68%的调查对象认为景区暂未能很好地平衡团客和散客间的接待工作，致使散客整体满意度低于团体游客，负面地影响了目的地的旅游发展，不利于为发展散客市场做准备。约有55%的被调查者认为景区当下所提供的旅游产品种类和数量有待增多，景区现有旅游产品并不能很好地发挥景点的独特优势。约有78%的被调查者认为当前景区的娱乐性和可供消遣性即深度体验性有待提高。那么河西走廊平衡团客和散客间的接待工作、丰富旅游产品种类及数量、发挥景点优势是当前紧急又很重要的任务。游客的深度体验既可以增加出游者的满意度，又可以延长出游者在目的地的观赏时间，创造更多综合收益。故而对旅游产品的深入开发是增强游客满意度的一个不容忽视的环节。

四、生态旅游意识淡薄

2020 年，通过对生态旅游产品情况及生态旅游推广情况中生态旅游意识相关题项调查结果的整理和分析可知，约有 64.5％的被调查者认为河西地区生态旅游开发水平和程度较低，景区整体开发的科学性有待提高，景区旅游项目的多样性同样存在提升的空间。通过对当地人民走访，约有 91％的被调查者对发展生态旅游的认识不足，参与意识淡薄，基本不了解生态旅游者占绝大多数。当地政府及景区管理部门缺乏对旅游资源的充分挖掘，缺少生态环境教育普及，致使生态旅游活动单一，具有河西走廊特色的生态旅游产品很少，河西走廊生态旅游资源的利用率较低。

五、生态旅游同网络服务平台融合度不高

根据对生态旅游推广情况相关题项调查结果的整理和分析可知，多数被调查者对景区网络服务平台的宣传、预订等基础服务满意度较高，约占被调查者的 86.7％，但对平台沟通线上线下互动功能的满意度整体较低，其中约有 73％的被调查者对景区网络平台的沟通及个性化服务功能持不满意态度。

根据对景区管理人员、员工、游客及社区居民的实地访谈，得知河西走廊生态旅游同互联网及其他产业的融合还处于发展初期，在发展智慧旅游城市方面敦煌可谓一枝独秀，而嘉峪关、张掖、金昌、武威虽然也同很多网络服务平台进行了合作，将其很多旅游资源及旅游景点景区进行线上营销，可融合度不深，仅仅停留在销售、查询、定位等方面，缺少同游客的互动。在景区打造方面也没有过多地融入互联网技术，不能很好地利用大数据平台对游客的行为及出游意愿进行一个系统全面的统计，导致游客分流不合理，服务及旅游产品、交通设施、住宿条件等未能满足顾客需求。

六、河西旅游业所面临的危机

（一）河西旅游资源开发所面临的周期性危机

由于历史人文类景区景点的特殊性，河西高梯度人文类旅游资源的开发创新难度较大。近年来，这些景区景点的开发重点主要以文物保护修复及硬件设施建设为主，并没能从资源文化特色入手，开展文化内涵的挖掘和旅游项目的创新。以河西最为著名的自然类旅游资源——鸣沙山月牙泉为例，该景区近十年来的经营主要以个体承包相关娱乐项目为主，由于开发水平低，缺乏统一的规划和科学的开发，使得河西走廊的旅游产品相对老化，造成游客重游率低，使其在激烈的市场竞争中处于劣势。如不及时加快产品更新，开拓客源市场，区域旅游业将面临严重的周期性危机。

（二）河西旅游资源开发所面临的结构性危机

河西走廊旅游业的发展所面临的结构性危机主要包括产品结构性危机和空间结构性危

机两个方面。

首先，河西现有旅游产品类型单一，缺乏广泛的吸引力。

河西走廊第一梯度旅游资源以历史人文类遗址为主，是丝绸之路中西文化交流的历史见证和文化遗存，具有深厚的历史人文内涵。但在区域产品组合中缺乏自然景观类旅游景点和参与娱乐型旅游项目。这就使区域旅游产品仅对知识分子和修学旅游客源有较高的吸引力，而对喜好游山玩水的自然景观旅游者及其他大众游客缺乏吸引力，有效客源市场狭窄。

其次，主要旅游景点的分布密度偏低，容易让游客产生疲劳感。

河西汽车旅游线路从乌鞘岭算起到敦煌为止长达 900 多公里，地跨 5 个地级市。在常规汽车旅游线路的编排中每日的行程平均长达 300 多公里，旅途耗时大约 4.5 小时，且沿途景色单调乏味，游客每天平均参观一到两个景点，景点密度远远低于东部及其他旅游发达省区，旅游者的满意度在枯燥单调的旅途中大打折扣。

河西现有旅游产品组合中的结构性缺陷极大地影响了潜在旅游者的到访率，也降低了游客的满意度，造成游客重游率低。严重制约了良好的区域旅游形象的树立，限制了河西旅游产业的健康发展。

（三）河西旅游资源开发所面临的市场性危机

长期以来河西走廊旅游资源的开发主要属于资源导向型，景区景点的建设与旅游市场的需求缺乏有效衔接。区域内现有景区景点大多为观光型旅游产品，对旅游客源市场的变化趋势缺乏深入的研究和科学的预测，产品更新换代的速度远远落后于旅游者日益增长和变化的旅游需求，最终导致河西地区旅游市场的日益萎缩。

河西地区是甘肃省旅游业的龙头，正是由于河西旅游不能很好地适应激烈的市场竞争，最终影响了甘肃省旅游业的整体发展，河西旅游业正面临着严重的市场危机。

七、河西旅游业的新发展

节约资源和保护环境作为我国的一项基本国策，显示了我国建设生态文明、走可持续发展之路的决心，而生态旅游的开展符合我国的基本国策，是坚持"绿水青山就是金山银山"理念，努力实现生态环境高水平保护和推动经济社会高质量发展的重要途径。

（一）实现河西走廊"五位一体"总布局

河西走廊通过发展生态旅游，在实现经济增长同生态环境保护的协调发展的同时，以全面落实"五位一体"总布局即生态文明建设、文化建设、社会建设、经济建设、政治建设为目标，从而使得武威、金昌、酒泉、张掖、嘉峪关这几座城市能够竞争有序、避免形象遮蔽、形成形象叠加效应，助力河西走廊小康社会及社会主义现代化建设的早日实现。

（二）河西走廊发展生态旅游具有后发优势

河西走廊生态旅游资源独特，几千年的历史沉淀造就了深厚的文化、多彩的人文及自然景观。在河西走廊开展生态旅游可以转变传统的旅游观念，能够促进区域环境建设、资源可持续利用、人口素质提高、生态教育等，有利于提升河西走廊旅游行业整体层次。

河西走廊旅游业资源丰富，其人文旅游资源有石窟、寺庙、长城、墩台、古城遗址、卫星发射基地、葡萄酒庄园、独特民族风情、园林与广场等；自然景观旅游资源有丹霞地貌地质公园、雅丹地质公园、沙漠森林公园、城市绿洲、透明梦柯冰川、七一冰川等，使其在发展生态旅游方面具有后发优势。

（三）"旅游＋网络服务平台"助力生态旅游发展走向智慧化

将"旅游＋网络服务平台"思想与河西走廊地区生态旅游发展结合起来，从建立完善河西走廊生态旅游网络服务体系、加强河西走廊社区居民生态环境教育，景区工作人员网络化操作等方面助力河西走廊迈向智慧化。同时借助于网络服务平台所提供的大数据对区域旅游资源进行科学的整合与配置，将河西走廊景点、景区进行合理搭配。

第二章

河西走廊生态旅游资源开发

第一节　河西走廊生态旅游资源开发评述

一、生态旅游的功能及生态旅游资源开发

（一）生态旅游的功能

1. 生态旅游提出了新的旅游发展思路，有利于旅游产业整体而深入地得到提升

基于理念层面的生态旅游将生态旅游理解为一种全新的旅游理念，把"生态性""持续性"等基础理念贯穿旅游始终，并将此推广开来作为启示大众旅游未来发展的思路和原则。生态旅游不仅能够促进旅游业整体层次的提升，它还扩大了传统旅游资源的范畴，一方面提出了环境资源的重要性，另一方面也提出了新的旅游开发方向和操作方式，为单靠历史文化资源开展旅游业的地区提供了新思路，提升了旅游产业整体层次。[①]

2. 生态旅游是可持续性旅游的实践，能够促进经济、社会、环境协调发展

生态旅游兼顾经济效益、环境效益、社会效益共同协调发展，其理论内涵已经扩展到旅游业的方方面面，并且受到了广泛的赞誉，相信生态旅游能够引领未来旅游业的发展潮流。

3. 生态旅游对提高国民素质、加强环境建设及旅游资源保护大有裨益

参与生态旅游的旅游者在潜移默化中有了保护环境、尊重文化的积极态度和行为，是对旅游者的无声教育。此外，人们对健康、环境越来越重视，维护区域生态、人文环境将成为所有人最基本的道德和行为要求；旅游业所赖以开展的核心资源，无论是人文资源还是自然资源都是脆弱的，需要以更加关爱的责任和更加合理科学的方式研究、利用旅游资源。

4. 生态旅游肯定传统文化的价值，实现地区传统文化保护，能够加快生态文明的脚步

生态旅游所倡导的"除了脚印什么也不留下，除了照片什么也不带走"口号试图在旅游者与居民的接触中将文化与心理影响、同化程度降到最小，其目的就是保护旅游地区原始的传统文化并使之延续下来。在旅游业扩展中为社区居民创造一个"自我认可"的生活环境，构建文化的生态系统，维护文化的多样性，使不同文化背景的人们加深对自身和彼此的认同，远离相互的歧视与隔阂，在同一片蓝天下共享多彩生活。

---

① 梁仲靖，金蓉."一带一路"视野下的河西旅游业发展战略研究［M］.银川：宁夏人民教育出版社，2017：91.

5．生态旅游是解决"三农"问题的重要途径，能够促进农村地区的发展

我国自然生态环境及社会文化均较为原始、纯真的地区往往又是生态旅游资源丰富但经济较为困难的偏远地区。在这些地区开展生态旅游，一方面能够保持良好的自然生态环境，另一方面又有利于当地居民提高经济收入，弥补农业收入的不足，生态旅游是解决"三农"问题的重要途径。此外，生态旅游开展能够促进不同文化间的交流，开阔社区居民的眼界，缩小城乡差异，促进农村地区整体、长远发展。

（二）特殊区域旅游业全面向生态旅游过渡的必要性

这里所讲的"特殊区域"指的是原生自然生态环境不是很好的区域，这些区域与人们意向中绿色自然环境占主导的区域截然相反，往往具有降水少、气候干燥、适合沙生或寒旱生动植物生存、植被稀疏、物种不是很丰富、自然环境及生态系统自我调节恢复能力脆弱等特点。首先，需要强调的是特殊区域可以开展旅游，而且比起具有良好自然生态环境的区域，特殊区域更加需要开展生态旅游。特殊区域在人们的想象中虽不是开展生态旅游的绝佳地域，但是非绿色的环境也是自然的恩赐，是自然家庭不可缺少的成员，这些区域所具有的独特生态环境与常规绿色自然生态环境完全不同，特殊区域的生态旅游能够使人们看到自然的另一张脸，感受自然的旷野荒凉之美。此外，特殊区域生态脆弱，因此更加需要科学合理的开发利用及保护措施，生态旅游蕴含着生态学的理念，且具有环境保护的历史与文化渊源，比起其他的旅游项目，它更加适合特殊区域实践，但同时也需要强调特殊区域的开发利用是危险的。人们也许会问这样一个问题："既然特殊区域的自然生态环境已经较为脆弱，人类过多的利用只能使这些区域的生态环境进一步遭到破坏，那么为什么又在这里讲旅游的开发呢？"依笔者之见，最好是在这些区域建立大面积的无人区，给自然一点时间，给自然一个机会，让被破坏的自然有时间休养，恢复原貌。然而实际情况一定不会允许这样的事情发生。今天，即使是特殊区域也有人类活动的足迹，如果不能避免对自然开发利用所带来的破坏，那么就应该选择破坏相对小的方式，这是我们完全可以做到并且有责任做到的。有许多产业、行业符合这样的条件，如农业、信息产业，服务业中的旅游业也是一个好的选择。我们讲的生态旅游业更是一个可以积极实践的思路。特殊区域旅游业全面向生态旅游过渡是完全有必要的。

（三）生态旅游资源开发的新视角

1．集"产品、文化、环境"三位一体的旅游规划思想

（1）"以人为本"和"引导市场"的思想与应用

长期以来，区域旅游开展过于重视经济指标实现，生态旅游早期开发也如此。

可持续发展理论在很大程度上否定了经济指标高于一切的观念，经济发展所带来的环境、社会问题制约着人类社会持续发展。生态旅游关注经济、社会、环境效益的全面提高。在生态旅游的开展中，开发部门要注意能够带动地区经济发展、创造更多的岗位、提

高社区居民的生活水平，同时要保护环境，尊重社区居民的文化、信仰、生活方式等。旅游者、旅游服务者以及旅游区内的居民都是旅游规划的重要方面，而区域环境、人们的满意程度、生活改善、幸福指数、可持续性等是生态旅游成功开展的关键。确定一些非经济指标在区域旅游开发中非常重要，因此，生态旅游需要兼顾一些责任和义务是很有必要的，这些方面都体现出生态旅游对人的全面关怀。

引导市场与市场导向是两种不同的生态旅游规划思想。市场导向是以市场需求、旅游者的偏好决定资源开发方向；而引导市场则恰恰相反，它通过观念创新、技术创新、产品创新和营销手段的创新来引导旅游者的旅游活动及旅游趋势。对市场的引导旨在创新一种潮流和趋势，引导人们的选择与旅游方式。引导旅游市场的思想强调通过对旅游者出游动机、消费理念、方式等的引领来取得旅游者的认同与市场份额，引导市场也并非简单的宣传、引领，它把新的旅游学科理念贯穿于其中，在倡导一种新的旅游理念、方式、过程中也包含着对某种文化、文明的宣传与导向。

（2）集"产品、文化、环境"三位一体的旅游资源规划思想与应用

实质上，无论哪种旅游规划思想的提出或是"遗弃"都对旅游业全面发展具有积极的推动意义，旅游规划思想随时代变迁、社会文明进步而发展，新的规划思想都是在继承原有规划思想长处与弥补其缺陷的基础上提出的，当前的旅游资源规划不但融入了最新研究成果，更加内含着以往的规划理念。旅游是多层面的，这也就决定了旅游规划思想的多元性。就生态旅游规划思想来讲，资源导向及市场导向的旅游规划思想不可忽视，它们是生态旅游规划的基础，而在未来市场竞争中，必须加强对旅游产品的规划与组合包装，加强旅游产品的文化内涵挖掘与文化要素展现，加强旅游环境的治理与构建。要从资源导向型规划、市场导向型规划逐渐转向以"产品、文化、环境"三位一体的旅游规划。

纵观近些年各地区旅游资源规划开发不难发现，以城市为单位的城市旅游发展总体规划和以单体旅游资源为单位的景区、景点的规划开发占据主导，而以区域"产品""线路"为单位的规划开发较少。各城市旅游发展总体规划和单体资源的规划为生态旅游开展打下了坚实的基础，未来这一趋势还将继续，然而要全面提升区域旅游层次，必须在城市旅游规划、单体资源规划的基础上加强区域旅游规划和产品、线路规划，注意景点向线路、资源向产品的转变。

文化、环境是生态旅游规划开发的重要因素。文化是旅游的灵魂，是旅游的最大卖点，旅游文化反映了地域深层差异。生态旅游资源开发规划除要体现生态文化内涵之外，还要凸显地域文化。要能够准确把握区域历史文化和民俗文化，并把他们融入生态旅游规划之中，大力营造旅游地的特色文化环境。实际上，地理上的区划、隔离已经在一定程度上决定了其文化特色，然而旅游活动对区域文化差异有较强的同化作用，各个旅游区亦有原始文化逐渐淡化消失的现实问题，取而代之的是同一的城市文化、大众文化、消费文化

等，仅从旅游体验与文化多样性的角度来说都不利于旅游地的长远发展，所以应该确立生态旅游、生态文化在旅游发展、资源开发规划中的地位，肯定生态文化对文化多样性的认同，重视挖掘、保护区域古老历史以及传统民俗文化及其在旅游事业中的运用。区域旅游资源规划的文化导向要与实际利益结合起来，要能够产生文化效益或文化的经济利益。首先，要明确富有特色的古老历史、传统文化对地区旅游、旅游经济、社会进步、人民生活等多方面的意义重大，能够辩证地、宏观地理解文化与社会发展、经济发展、人民生活等多方面的关系；其次，地区历史文化、生态文化、民俗文化和人民的生活、利益联系得越紧密，越能够得到人民的重视与保护，要通过资源利用促进资源保护，受保护的资源才能够长久存在下去，使"传统"能够在人们生活中发挥作用才是最好的保护与流传，因此，生态旅游发展需要设计开发富有区域原始文化韵味或者直接复原历史原貌的旅游商品、表演、参与项目等，要善于利用区域原始文化，并从中获益，这样才能够实现资源与环境保护目标；最后，打造区域文化环境，能够把区域特色文化的某些要素、文化信号等融入城市公共设施、城市建筑装饰、交通、制服等可视化元素之中，潜移默化地把它们融入人们的生活细节，能够让人们亲密地接触到这些文化要素、符号，体验区域文化之韵味。

环境是衡量区域旅游发展水平以及社会文明程度的重要因素，亦是区域各项事业发展的平台。环境包含自然生态环境与人文社会环境，旅游者最深刻、最长久的感受往往是对环境的记忆，而景点、景区只是旅游活动的物质载体。良好的生态环境既是生态旅游开展的基础，也是生态旅游最重要的发展目标。生态旅游资源分类与规划体系中尤其突出了环境地位。通过生态旅游能够最集约地利用资源，保护环境，尤其是一些生态环境特殊的区域，如河西走廊、荒漠环境等，环境独特，这些区域环境承载力小，自我调节与恢复能力差，这些现实决定了特殊区域开展生态旅游的必要性。就目前来看，全国各地大部分重点旅游资源已经得到开发规划，而各地的环境状况以及对环境的建设与改善却千差万别，未来生态旅游的发展除了继续夯实基础设施之外就是要大力加强环境投资与建设。在人们的生活中，随着生活质量与环境意识的提高，大众也会更加关注周边环境的优劣，因此环境建设已是迫在眉睫。

良好的环境是社会各项事业开展的基础，也是文明的重要标志。生态旅游发展基于良好环境的支持，生态旅游地也能够以开展生态旅游为契机促进环境建设。首先，政府应该加强对环境的重视与投资。其次，要逐渐提高人们的环境意识，培养人们的环保观念与习惯，形成全社会对环境的舆论压力，通过大众力量保护环境。再次，依靠新的研究成果、科学技术等提高环境承载力，改善环境状况。由于人对环境的消耗也有一定的底线，加之并非所有的人、所有的行业都能统一行动并有效地控制环境消耗，所以仅仅通过对人的措施只是单方面的，要想提高环境承载力，就要增强环境恢复能力。最后，需要建立生态旅游环境监督与认证机制，做好环境管理与维护。

2. 景观生态学的理论

景观生态学起源于 20 世纪 30 年代的中欧和东欧，欧洲景观生态学与地理学结合较为紧密，强调整体论与生态控制论，并以人类活动频繁的景观系统为主要研究对象。20 世纪 80 年代，北美景观生态学开始兴起，北美景观生态学强调空间异质性的重要性，斑块—廊道—基质、等级理论、渗透理论、尺度观点等理论使北美景观生态学不断完善。我国景观生态学起步较晚，20 世纪 80 年代以来，在介绍国外景观生态学的同时也有大量论文发表，如李哈滨的《景观生态学——生态学领域里的新概念架构》、陈昌笃的《论地生态学》、邬建国的《岛屿生物地理学理论》等。景观生态学明确强调空间格局及其变化与生态系统在不同尺度上的作用与影响，同时关注人类活动对生态系统的影响也是景观生态学研究的一个重要方面。景观生态学的理论基础涉及系统论、自然等级论与尺度效应、岛屿生物地理学与异质种群、渗透理论、地域分异规律等，这些理论渗透在基于格局分析的景观生态规划与设计理论之中。

景观生态规划与设计通过对原有景观要素的优化组合或引入新的成分，调整或构建合理的景观格局，优化景观整体功能，促使经济活动与自然过程协同共进。因此，基于景观生态学的规划与设计是实现景观持续发展的有效工具。景观生态规划与设计具有广阔的发展前景，首先体现在可持续发展观融入景观生态规划与设计中，即把景观作为一个整体考虑，协调人与环境、社会经济发展与资源环境、生物与非生物环境、生物与生物及生态系统之间的关系，使景观空间格局和生态特性及其内部的社会文化活动在时间和空间上协调。其次，景观生态学通过"格局"规划与设计实现"生态功能"的优化或治理，其生态合理性与实效性更强。基于格局分析的景观生态规划是当下应用较为广泛的规划类型，环境决定论与人类决定论都不能实现人与自然的共同发展，景观生态学通过格局规划设计，维护与改善景观生态完整性，达到生态的合理性，其研究成果能直接服务人类，指导经济、社会活动，从而实现两者的统一协调。

基于景观生态学的格局规划与设计认为，组成景观的结构单元主要有三种：斑块、廊道、基质。基质是指一定地理尺度中的分布范围广、连续性最大的地理背景；斑块泛指与周围环境在外貌或性质上不同，并具有一定内部均质性的空间单元；廊道是指景观中与相邻两边环境不同的线性或带状结构。"斑—廊—基"是研究景观格局、功能的载体，事实上关于景观生态学格局的基本理论比较复杂。

"集中与分散相结合"的格局是基于生态空间理论提出的景观生态规划格局，被认为是生态学上最优的景观格局。它包括七种景观生态属性：①大型自然植被斑块用以涵养水源、维持关键物种的生存；②粒度大小，既有大斑块又有小斑块，满足景观整体的多样性和局部点的多样性；③注重干扰时的风险扩散；④基因多样性的维持；⑤交错带减少边界抗性；⑥小型自然植被斑块作为临时栖息地或避难所；⑦廊道用于物种的扩散及物质和能量的流动。这种模式强调集中利用土地，保持大型植被斑块的完整性，在建成区保留一些小的自然植被和廊道，同时在人类活动区沿着自然植被和廊道周围地带设计一些小的人为斑块，如居住区和农业小斑块。

景观生态规划与设计强调景观功能分区，功能区的划分从景观空间结构产生，以满足景观生态系统的环境服务、生物生产及文化支持三大基础功能为目的，并与周围地区景观的空间格局相联系，形成规划区合理的景观空间格局，实现生态环境、社会经济发展以及规划区持续发展能力的增强。在具体的景观生态规划中，一般将景观划分为核心区、缓冲区、过渡区，而实践中还包括对廊道的规划。核心区的面积、形状、边界应满足种群的栖息、饲养和运动要求，保持天然景观的完整性，确定内部镶嵌结构，使其具有典型性和广泛的代表性；缓冲区作为隔离带隔离核心区外的人类干扰，为绝对保护动物提供后备性、补充性或替代性的栖息地；过渡区按照资源适度开发原则建立大的经营区，使生态景观与核心区、缓冲区保持一定程度的和谐一致，经营活动要与资源承载力相适应。功能区的划分多用于一定尺度的自然景观，然而在人文景观中同样适用。虽然缓冲区的设计已经将不同的核心斑块包括在内，但只是限制了人类在此范围内的活动强度和方式，由于景观适宜性差异，还需保证生物在核心斑块之间自由迁移、交换，因此要建立生境廊道，加强对廊道的保护。

3. 构建生态旅游合作无障碍/高质旅游区

（1）区域旅游合作的必要性及合作领域

改革开放以来，我国的旅游业蓬勃发展，各个旅游地之间的联系日益紧密，并且向着区域旅游合作方向发展。在激烈的市场竞争中，谋求区域合作和共同发展已经成为越来越普遍的共识。区域旅游合作是实现区域旅游资源合理配置、增进区域旅游竞争力、提升旅游服务质量、加强区域旅游特色、维护优化区域环境、实现旅游业可持续发展的有效手段。在全球经济一体化发展态势下，我国区域旅游合作也呈现迅猛发展态势，标志着我国旅游业已从由景点竞争、线路竞争、城市竞争进入区域竞争阶段。20世纪90年代以来，劳动地域分工理论、区域经济系统的协同理论、核心—边缘理论、规模经济理论等也在理论上为区域旅游合作提供了坚实的理论平台。

区域旅游合作是旅游业发展的必然趋势。首先，在硬件上，由于各个地方的旅游资源类型与旅游特色存在差异，所以需要通过旅游合作重新配置、规划旅游资源，促进各地旅游景点合理搭配，形成展现区域大体风貌的旅游线路，通过合作延长各地旅游资源的生命周期；集中力量加强旅游基础设施改善，加快旅游运转速度，促进区域旅游整体提升。在软件上，能够协调区域旅游政策，提供合作平台，促进旅游服务标准的统一，全面提高区域旅游服务水平。其次，全面推动合作区域内部次级旅游地及次级旅游资源的整合开发，拉动重点旅游城市或重点旅游资源周边区域旅游业发展；此外，能够统一区域旅游对外形象，从更高的层面定位区域旅游未来的发展方向，制定区域旅游长远的规划与实施方案。内部协调实际上减少了区域旅游阻力，有助于促进区域旅游业的持续发展。对外则以整体为单位参与市场竞争，更加准确、合理地突出区域整体形象，展现区域整体优势，提高市场竞争力、适应力与抗风险能力。

区域旅游合作的领域主要体现在三方面：经济、环境、文化。区域旅游合作的目的是增强市场竞争力，保持区域旅游的长盛不衰，从而获取更大的经济利益。区域合作的环境领域正日益受到人们的关注，尤其是对生态环境恶化的区域，必须从整体上进行治理方才有效。环境不但是旅游开展的必备条件，更为重要的是生态环境关系着人们的生存生活，区域旅游合作能够聚集分散的人力物力财力，从一个大范围改善、维护生态环境，借助区域旅游合作、共同发展的契机来改善区域生态环境是旅游业应该肩负起的社会责任。挖掘并保护区域特色文化是极其必要的。一定范围的地理区域在文化上必然有某些相似性，区域旅游合作能够重新挖掘整合地域特色文化，通过旅游载体促进文化遗产流传和保护。

（2）区域旅游合作的实施

区域旅游合作的实践是一个长期而艰巨的工程，就全国范围而言，区域旅游合作走在前面的长江三角洲（包括上海、江苏的南京、镇江、常州、无锡、苏州、扬州、泰州、南通和浙江的杭州、宁波、嘉兴、湖州、绍兴、舟山共 15 个城市）已经取得了很大的成果。长三角区域旅游合作的建设与学术研究为其他地区提供了许多借鉴。

区域旅游合作首先体现在区域旅游合作的观念认同与合作基础政策的制定上，它们为区域旅游搭建了最基础的合作平台；其次，根据区域特殊条件与旅游开展现状确定优先合作领域，制定合作阶段性目标与实施方案；再次，应该建立一套监督、督促与反馈系统，对区域旅游合作各个目标的实施及时评价，确保能够达到合作的预期；最后，建立年度区域旅游合作各行业联盟或相关机构的联合办公会议，集思广益，倾听各个旅游相关行业对合作的意见，协调关系，制定更加民主的、整体平衡的合作方案，使各方都能够积极参与其中并保障合作顺利无阻。

区域旅游合作不仅应该发挥行业联盟组织的设置与民主，例如在区域旅游合作中成立"酒店联盟、旅行社联盟、交通联盟、政府联盟、景区联盟、旅游商品设计开发联盟"等组织，各个联盟由相关行业自己组成，共同参加区域旅游发展会议，表达利益愿望，协商办公。区域旅游合作还应该发挥各个联盟主体的积极性，要有一个民主的表达环境，让各方利益能够充分体现在区域旅游合作的多个层面。民主能够保证合作方案的均衡与合理，减少合作实施的阻力，提高效率。在市场开拓方面，成立"区域旅游营销联盟"，加上以区域各个政府负责的官方营销，促成"官民双线营销"渠道，共同开拓客源市场。

区域基础条件分析与建设。截至 2021 年底，全国各个地方的公路交通的可达性是可以保证的，但是一些偏远地区的公路交通质量亟待提高，所以公路交通改善的基础是里程延伸，重点是公路质量提高。旅游用公路交通工具整体上可以让人满意，因为人们对生命与健康的要求始终是首要的，在这方面各方都比较敏感和关注。此外旅游大巴的环保性也是需要改善的。铁路在区域旅游的合作中发挥着公路不可替代的作用，如果相互距离远，那么开通区域之间的专列很有必要。

酒店接待量基本能保证与区域旅游者数量之间的平衡，不足之处体现在品质优劣上。酒店硬件标准基本上与国际标准一致，不同地区在细节上存在一些差别，旅游接待高峰期对酒店硬件有很大的损耗，然而这些损耗在接待淡季却没有得到应有的维修或更新，从而降低了设备的使用寿命和服务品质。因此区域旅游合作应该有相关的硬件维护监督、服务质量监督，应该保持同一档次酒店硬件标准与国际标准大致相符。在酒店软件服务上即"人对人"的服务上可以说千差万别，各档次酒店的员工素质与服务意识、质量都不能令人满意，酒店对员工的培训也存在重视不够、投入不足的问题，直接影响了酒店的声誉。所以提高酒店员工素质、加强服务培训也是区域旅游合作应该关注的方面。

区域旅游合作应对区域内的旅游资源进行总体规划。首先，努力促进非重点旅游资源的开发，要积极利用当前的非重点旅游资源来延伸其他旅游产品周期，充分发挥高知名度旅游资源和中心旅游城市对非重点旅游资源以及周边地区的带动作用，其次，这一切的实现需要通过区域旅游合作的整体协调，能够把非重点旅游资源变成旅游产品、区域整体旅游产品参与市场竞争的方式，最大限度地减小高知名度景点对其周边旅游发展的遮蔽效应。最后，区域旅游合作还应该在保持区域旅游统一文化环境与资源保护方面做出贡献。此外，基础设施的标准化建设与特色化结合能够提高区域旅游品质。

旅游资源及旅游地特色分析与新产品的配置。形成区域旅游资源的类型众多，各旅游地特色也有一定的差距。区域旅游合作需要分析各个旅游地的特色与优势，避免同一特色旅游地之间的内部竞争，同时要合理搭配不同类型的旅游资源，要用知名度高的资源或旅游地带动后起的区域。要逐渐抛弃过去的以点为核心的资源开发和产品构成思路，明确区域旅游合作的产品是一条内容丰富的旅游线路，是一条由多个景点共同组成且特色多样的旅游产品线路，这条线路能融入后起的旅游点或旅游地，能够以强带弱，促进落后地区旅游业的发展。区域旅游合作的特色分析与产品整合的优势在于：以线路产品代替景点产品，能够带动次级旅游资源、外围旅游地的发展；避免区域内同一特色旅游地的自相竞争；能够通过点的配置形成多条旅游线路，扩大区域旅游产品的量，提升区域旅游的时间、空间跨度和应变能力。特色分析与线路产品的重新设计是促进区域旅游整体发展的重要手段，它通过产品的整合推动区域旅游业各方面的发展。

区域旅游整体形象和宣传。口号的打造与多线路品牌参与市场竞争以区域整体形象面世，形成区域旅游统一宣传口号。在旅游产品上，需要打造精品旅游线路，形成知名旅游品牌，使用多品牌战略参与市场竞争。

促成官民双线营销，开拓区域旅游客源市场。前面已经简单论述，可以成立"区域旅游营销联盟"，加之官方旅游营销，形成"官民双线营销"的格局共同开拓客源市场。营销是区域旅游合作的重要内容，对区域旅游的发展经营有着重要的影响作用。首先选好区域旅游营销的市场，了解所选区市场的特点；其次，要针对目标市场选取知名的形象代言人，拍摄能够反映区域旅游特色的广告宣传片；最后，选取多种媒介投放广告。积极宣传区域旅游的方方面面。广告和形象代言人是最为常用的旅游宣传手段，除此之外，还应该开动大脑，利用各种时机、事件等推动区域旅游的正面宣传。

制定区域旅游可持续发展战略。区域旅游合作首先是对区域自身的整合与提高，在此基础上区域旅游合作还要谋划区域未来的发展，这应该包含以下几方面的内容：区域旅游资源及产品的可持续发展；区域旅游客源市场的新开拓；区域旅游发展方向的转变；区域旅游合作领域侧重的转变（合作领域、目的将长期集中在经济发展上，而对环境与社会领域的合作将逐渐受到重视）；区域旅游业整体品质提升与特色呈现等。

4. 生态旅游资源的可持续性利用与发展

可持续性是生态旅游的指导思想之一。生态旅游的核心就是强调旅游发展以不牺牲旅游资源和生态环境为代价，相反要通过生态旅游的开展，增强人们的环境保护意识，促使旅游资源的持续性利用，从而达到人、环境、社会间的协调发展。生态旅游可持续发展以保持生态系统、环境系统和文化完整性为前提，在保持和增加未来旅游发展机会的条件下实施旅游资源开发。生态旅游可持续发展的内部特征是生态环境压力与社会压力小于生态旅游系统的承载力，外部特征是增长连续性、系统稳定性和竞争公平性。将旅游可持续发展战略不断地内化于旅游规划之中，这是旅游规划尤其是区域生态旅游规划未来发展的大趋势。

二、河西走廊生态旅游资源概况

（一）河西走廊自然、人文景观赋存状况

河西走廊区南依祁连山，北屏马鬃山、龙首山、合黎山诸山。位于北山山地和阿拉善之南，东起古浪峡口，西达疏勒河下游的甘肃新疆两省交界，因其位于黄河以西，形似狭长走廊而得名。走廊内部有三个独立的盆地：敦煌—安西盆地、酒泉—张掖盆地、武威盆地。走廊海拔在 1400 米～2900 米，地表物质主要为砾石和黄土，在砾石戈壁和黄土高原上有沙丘、残丘、山地、雅丹地貌，走廊两侧为相同倾斜的山麓洪积平原，中间为狭长的

河流冲积平原绿洲带。河西走廊段途径的主要城市有武威、张掖、临泽、高台、酒泉、嘉峪关、瓜州、敦煌。笔者根据相关数据提出的生态旅游资源分类体系表对河西生态旅游资源做了统计，如表2-1所示。

表2-1　河西走廊自然/人文景观旅游资源赋存统计表

类别	地文景观	水域风光	动植物景观	遗址遗迹	场所与基地	建筑与设施	园林与广场	特别区域	工具与产品
数量	7	16	35	93	21	119	8	11	10
亚类	58			262					
总量	320								
所占比例	2.19%	5.00%	10.94%	29.06%	6.56%	37.19%	2.5%	3.44%	3.13%
	18.13%			81.87%					
国家级	2	1	6	7	3	12	4		
总量	9			26					
	35								

（二）生态景观特征与评价

河西走廊人文旅游资源丰富，类型多样，品位较高。①以石窟、寺庙为主的建筑与设施类资源具有垄断性，保存均较为完好，资源体量大，历史延续久远，是一部鲜活的中华文明史。在现当代的价值与作用亦是多方面的；②长城、墩台、古城遗址等古建筑相对保持完好，有的距离今天已有2000多年的历史，部分历史久远的古城遗址虽然没有完整地保留下来，但还可以看到这些古建筑的根基和规模，长城遗迹在走廊内分布广，规模大，历史延续久远，汉长城尚有遗址，如阳关、玉门关。明长城保留完好，如嘉峪关、第一墩，它们与石窟、丝绸之路共同构成河西走廊王牌旅游资源；③走廊内有多处国家重工业基地和军事基地。现在这些大企业逐渐对外开放，积极开展工业旅游，成为河西走廊旅游业的新亮点。啤酒、葡萄酒庄园是近些年根据河西走廊特殊的气候才发展起来的，产品有莫高葡萄酒、祁连葡萄酒、紫轩葡萄酒、西部啤酒、西凉啤酒等，此外河西地区还有地域品牌的白酒；④甘肃省自古以来就是多民族聚居的省份，河西走廊亦有独特的民族风情。天祝藏族自治县、肃南裕固族自治县、阿克塞哈萨克族自治县、肃北蒙古族自治县以及回族、撒拉族等在走廊内均有一定数量分布，形成具有浓郁地域特色的民族民俗风情。少数民族在走廊内聚居生活，分布范围不是很广泛，作为民俗资源可以利用，但不能成为河西走廊具有招牌效应的亮点。⑤园林与广场对于河西走廊旅游具有重要意义，它们是生态旅游环境的重要组成部分。城市园林、公园、广场是城市文化环境、生态环境的重要构建要素，它反映城市的发展水平，是城市的"脸面"。构建河西走廊生态旅游良好大环境需要在各城市建设数量更多、面积更大的园林、公园、广场，最终的目标是由"城市公园"转变为"公园城市"。

河西走廊自然背景呈现"荒漠型"的特点。从河西走廊所处的地理位置来看，走廊北被腾格里沙漠、巴丹吉林沙漠所围，地表物质主要为砾石和黄土，在砾石戈壁和黄土高原上有沙丘、残丘、山地、雅丹地貌，沙山、丹霞地貌地质公园、雅丹地质公园、沙漠森林公园等自然景观资源分布其中，它们与森林、草原等绿色自然景观截然相反，呈现出大漠苍茫、荒凉广阔之状，具有独特的品味。走廊植被以耐旱耐盐碱植被居多，呈现出"荒漠"植被的特点。区域内森林、草原等植被亦与湿润区域植被不同。河西走廊以荒漠、戈壁为大地理背景，但在其中又镶嵌着城市绿洲，景观独特。此外，由于河西走廊南依终年积雪的祁连山，所以虽然荒漠、戈壁怀抱走廊，但是走廊内有亚洲距离市区最近的冰川奇观（透明梦柯冰川、七一冰川），这让人们十分惊叹。

（三）自然生态与人文社会环境概述

河西走廊深处内陆，远离海洋，南北两侧又有祁连山、北山高大山系阻隔，海洋湿润气候、气流不易到达，走廊气候四季显得干燥，植被稀疏，覆盖率低；河西走廊又处于蒙古高原、青藏高原交汇处，海拔高，日照时长，同时又有高原夏季炎热、冬季寒冷的气候的特征；走廊狭长，区域内风沙大，戈壁、沙漠有所分布，降水少，生态脆弱且自我调节、恢复难度大，风沙灾害时有发生。大多数人认为河西的环境问题实际就是水资源的缺乏，这样的解释既符合河西走廊的现实情况，而且也可以把水的问题放在第一位考虑，但是解决水的问题不一定就能恢复河西良好的生态环境，笔者认为河西环境问题是一个综合性课题，水资源的缺乏仅仅是其中之一，我们还应该看到更多的制约因素，如特殊的地理条件、日照、植被、大气环流等的相互牵制影响，河西环境问题应该放到生态循环的大圈里审视。河西走廊处于内陆干旱区、半干旱区，年均降水量在 38.7 毫米～200 毫米之间，其中走廊东部降水明显高于走廊西部。除了年均降水量偏低以外，河西走廊四季降水量分配不均，年际变化也很大。走廊降水受东亚大陆季风气候影响，以夏季降水居多，多可占到年降水量的 60％以上，春季雨水少而不稳，冬季雨雪甚少。走廊夏季降水在 26 毫米～100 毫米之间，春季为 10 毫米～30 毫米，秋季 10 毫米～50 毫米，冬季仅 2 毫米～8 毫米，从地域上也可以酒泉为分界线，酒泉以东集中在 6 到 9 月份降水较多，以西集中在 5 到 8 月份降水多，基本上都处于夏季，尤以 7、8 两个月集中，这 4 个月降水量可以占到河西走廊全年降水的 70％以上。河西夏季的降水以暴雨为主，时间短而集中，强度大。冬季降水甚少，春季雨水略有增加。河西走廊深处内陆，是典型的大陆干旱性气候，冬季较为寒冷。冬季走廊盛行偏北风，天气干燥，降雪少，走廊最冷的 1 月均温在-10℃到-14℃，极端最低气温常年出现，可达-30℃；夏季西北风盛行，降雨较少，最热的 7 月均温为 20℃到 24℃，极端最高气温可达到 38℃甚至更高。河西走廊冰川主要发育于祁连山区，如疏勒南山、党河南山、走廊南山、大雪山、冷龙岭等，此外阿尔金山东段也有少量的分布。融水补给甘肃省的冰川共有 2444 条，面积 1657.2 平方公里，占祁连山地面积的 80％以上，冰川储量为 801.3 亿立方米，阿尔金山东段也有 40 多条冰川。河西内陆河皆发源于祁连山，河西内陆河冰川面积达 1647.21 平方公里，冰川融水调节着河西内陆河的水量变化，冰川消融初，出水微弱，对河流补给意义不大，后随着夏季到来，冰川开始大量融化，河流补给显著。冰川融水径流从每年5、6月份开始，7、8月份最大，9月底基本结束。祁连山冰川对内陆河的补给缓解了河西地区用水问题，特别是在干旱少雨的年份补给较大，多雨年份相对减少，有调节平衡内陆河径流变化的作用。

河西走廊光照充足，太阳辐射强、冬季寒冷夏季炎热、四季降水量少，气候干旱、风沙多等特点。河西走廊年日照时数都在3000小时以上，从东向西逐渐增多，东部的武威有2800小时，安西、敦煌一带则高达3400小时左右，是全国光照最充足的地区之一。走廊太阳辐射量四季分布规律明显，以春夏两季最多，占全年的65%以上，秋冬两季少。总体而言，河西走廊太阳能资源丰富，能为农作物提供足够的生长发育所需的光照。河西走廊地处北方冷空气南下的要道，加之走廊中间地势低，两侧南北山脉海拔高，形成一个狭长的管道，因此成为甘肃风强风多的地区。年均风速为2.1m/s～4.5m/s，年最大风速可达15m/s～28m/s。尤其是安西、玉门、敦煌一带，因其地形上的狭管效应，成为年均风日最多、年均风速最大的地区。由于走廊北部和各内陆河下游均分布着沙漠、戈壁，一旦有风就会形成大面积扬沙天气，风速如加大就发展为沙尘暴，其能见度往往低于100米。河西地区是我国西北沙尘暴的多发地区，年沙尘暴日数在10天～20天。民勤、金塔、安西等地沙尘暴最多时每年可达50天，沙尘暴已经成为制约河西绿洲发展的一大瓶颈。河西走廊特殊的气候与土壤环境决定了走廊内荒漠植被的广泛分布。走廊植物大多属于亚洲荒漠植物区，区系组成约65种科、146属、250多种，主要是旱生、超旱生植物。

河西走廊社会稳定，民风淳朴，社会各项事业蒸蒸日上。走廊内各个城市规模都不是很大，人口多在20万左右，属于小城市，没有诸多大城市固有的繁杂和喧嚣，人口以本地常住居民为主，流动人口少，人们安居乐业，平静生活。河西地区的人们有着豪爽、耿直、勤劳、质朴、老实等西北人典型的性格特征。走廊内各城市卫生状况良好，空气流动好，污染轻，蓝天白云四季相伴，阳光充足，适合多种农作物生长，此外河西走廊矿藏资源丰富，在走廊的嘉峪关、金昌、白银等地有大型重工业基地。河西走廊政治稳定，政府官员的思想相对解放，对促进河西走廊的发展有利。走廊各个城市基础设施完善，铁路、公路贯通，民航机场亦有分布，银行、邮政局、电信、医院、体育馆、图书馆、商场等设施部门齐全且现代化。河西走廊农村地区已经实现了通电、水、电视，多数农户家里安装了电话、手机，住宅以砖瓦房为主。农村地区保证了适龄儿童的入学教育。文化教育观念为人们普遍接受。多数家庭的子女还在外地上大学，通过知识改变命运，通过学习走出农村地区已经是一个主流的思想意识。河西走廊保存了许多中华民族传统习俗，许多古老的富有传统韵味的饮食、服饰、礼仪、民俗、节日等都有遗存。民间有庙会、戏曲、社火等文化娱乐活动，尤其在传统节日期间，民间文化娱乐活动更加多样有趣。河西走廊的民族构成以汉族为主体，同时又有肃北蒙古族自治县、肃南裕固族自治县、阿克赛哈萨克族自治县三个少数民族自治县，这些少数民族亦呈现出多彩的民俗文化，为河西文化繁荣增色不少。新的时期，随着河西走廊的全面发展，河西的社会文化环境必将再上新台阶。

（四）环境条件分析与特征

河西走廊自然环境亦有"荒漠型"的特点。河西走廊以荒漠、戈壁为大地理背景，在其中又镶嵌着城市绿洲。石羊河、黑河、疏勒河保证了绿洲的灌溉，加上河西光照充足，因此走廊绿洲质量很高。荒漠、戈壁、绿洲、阳光、冰川、蓝天就这样在河西走廊交融，可谓"大漠连天无限远，碧绿生机四处点，雪山白莲喜君安，河西多彩不遥远。"

河西走廊有独特的"负向"自然生态环境，即荒漠生态。荒漠生态并非人类所向往的理想环境，它与常规绿色的生态截然不同，其气候干燥，植被稀疏，地广人稀，阳光充足，基本的环境基调给人以荒凉、偏远、旷野之感，如果说绿色的生态给人以正面的回归体验，那么荒漠生态则从负面向人们展示了极端环境之"美"，荒漠生态以无边的旷野之美和生命顽强之美吸引游客，同时又对人们有极大的警示和教育作用。

社会环境方面，整个河西走廊正处于发展的上升期，人们的生活休闲，压力小、节奏慢，精神状态乐观积极，道德风貌昂扬向上。走廊人民具有爽快大气的性格特征。社会和谐稳定，是西部地区小城市新发展的一个缩影。

三、河西走廊生态旅游资源价值发现

1. 生态旅游促进河西走廊旅游业的可持续发展

河西走廊生态旅游资源独特，开展生态旅游能够改善走廊环境，促进河西走廊旅游业的可持续发展。河西走廊自然生态较为脆弱，人文景观历史延续久远，文化内涵深厚，资源价值很高，一旦破坏亦不可再生、不可复原。因此，以生态化的视角研究河西走廊旅游资源，以生态化的标准指导、衡量河西走廊旅游业的发展，并在保护的基础上合理开发利用旅游资源是必然的选择。在河西走廊积极开展生态旅游有利于促进河西走廊自然、社会环境的整体改善，有利于河西地区旅游业可持续发展。在河西走廊积极开展生态旅游也是一次大胆的尝试，如果这样的实践能够取得显著的成果，不但对河西走廊大有益处，而且也可以为类似区域或相关行业提供可借鉴的经验。

2. 生态旅游开启河西走廊旅游业的新发展

能够从新的视角评价荒漠旅游资源的价值，更全面地认识、宣传河西走廊旅游事业，开启河西走廊旅游业新的发展视角与空间。一方面，长期以来，河西走廊偏重丝绸之路文化古迹游，在肯定人文旅游资源价值的基础上，实际上也遮盖了对自然景观与环境的重视；另一方面，河西走廊独特的自然生态环境被概念化为"戈壁荒漠、不毛之地"，除此之外人们没有意识到戈壁荒漠亦是自然的恩赐，亦有独特的自然景观与内涵，转变角度可发现河西走廊荒漠生态也有存在的理由和特殊优势，荒漠型旅游资源也有极大的吸引力和发展潜力，这对全面地认识、宣传和定位河西旅游未来的发展具有十分深远的意义。

3．河西走廊生态旅游加快生态文明社会建设的步伐

以发展河西走廊生态旅游为切入点，突出河西地区荒漠生态的警示教育意义，促使人们重新认知和处理人与自然的关系，加快生态文明社会建设的步伐。河西走廊荒漠生态提供了一个非常规的极端环境，这里的动植物虽说极为稀疏，但其身处逆境而不屈服的顽强生存能力却极具震撼力，荒漠生态亦有自身独特的旅游价值；然而从人类的本性来讲，荒漠生态并非人类所向往的理想环境，人们更为期望的是青山绿水般的秀美环境，是各个地区实际开发经营较多的生态资源类型。如果说绿色的生态给人以正面的回归体验，那么河西走廊荒漠生态则从负面向人们展示了极端环境之"美"，教育人们珍视环境，保护生态，合理利用。河西走廊荒漠化是一个典型之例，今天的荒漠化有自然环境变化的原因，但人为不合理的、过度性的开发利用亦占有很大比重，河西走廊以自身实例向世人敲响了警钟，促使人们重新认知和处理人与自然的关系。过去的人类中心论观点受到驳斥，人类并非大自然的主宰者，人类可以改造自然，利用自然资源发展经济，创造美好生活，但绝不意味着人类可以征服自然，控制自然，也不会像"倒退论"所说，为了恢复良好生态环境而退回到采集狩猎的时代，这在现实中也绝对无法实现；于是新的具有可行性的生态人文论备受关注，把生态学的基本观点引入到人类社会的发展之中，以生态学的理论指导社会发展成为共识。与此同时，关注人的活动对生态环境的积极或消极作用，倡导保护环境，遵循生态规律以逐渐恢复优良的自然环境亦为生态文明时代的趋势。河西走廊应该顺势而下，以生态文化的价值观指导旅游业的发展，促进河西走廊生态文明社会建设步伐。同时要积极开展生态旅游，以此为契机构建良好的社会环境与生态环境。

第二节　河西走廊生态旅游资源开发浅议

一、河西走廊旅游资源开发现状

河西走廊是甘肃省旅游发展较好的区域，因其旅游资源丰富多样而在甘肃省旅游总体规划中占有核心地位。在已经形成的甘肃省旅游总体规划中，河西走廊已成为"丝绸之路历史文化精品旅游带"最重要的一段，敦煌市地位特殊，既是三大增长极中的一级，又是西部旅游区的中心。西部旅游区的发展目标是：打造以敦煌石窟文化和丝路文化为亮点的世界级精品旅游区；在旅游形象定位上，西部旅游区"近期主打敦煌古代飞天与酒泉卫星基地现代飞天的'双飞天'形象，以'敦煌艺术的故乡、神舟飞船的摇篮'为宣传主题，带动河西走廊全线发展，远期推出山丹军马场和武威天马文化主题"；丝路文化、长城文

化、少数民族风情、戈壁绿洲、大漠冰川等景观成为河西旅游产品主线；规划中明确了河西重点建设的景区有：莫高窟、阳关、玉门关、鸣沙山月牙泉、敦煌雅丹国家地质公园、悬泉置遗址、锁阳城、肩水金关、嘉峪关长城文化景区、新城魏晋壁画墓群、七一冰川、透明梦柯冰川、酒钢工业旅游区、酒泉航天城、酒泉西汉胜迹公园、高台西路军烈士陵园、张掖大佛寺、山丹军马场、马蹄寺、榆林窟、雷台汉墓、武威文庙；规划中还建议河西地区加强与青海、新疆、内蒙古接壤省份的合作，近期重点强化兰州—武威—张掖—嘉峪关—敦煌—新疆丝绸之路经典线和丝绸之路青海道（兰州—西宁—格尔木—敦煌或兰州—张掖—嘉峪关—敦煌），远期打造丝路草原道（兰州—银川—呼和浩特—额济纳旗—酒泉—敦煌）；总体而言，河西走廊丝绸之路旅游线已经由原来的"一窟扬名"发展为"以点带面，点面结合"的格局，正向国际化、现代化迈进，然而仍有 5 个突出问题需要解决：可进入性差；产品结构单一；资源整合开发程度低，核心景区缺乏支撑和配套景区的配置；生态环境差；周边地区的竞争加剧。因此，河西地区旅游经济带应在现有的较为成熟的路线上整合联动开发周边资源，以线串点，以点带面，最终促进区域旅游发展。

在过去的 30 多年里，河西走廊旅游资源已经有了较大程度的开发利用，但随着社会发展、文明进步以及人们价值观念转变，河西走廊旅游资源利用面临新问题。首先，河西走廊的人文旅游资源向来备受关注，多数知名度高的人文旅游资源已经有了较大程度的开发利用，但是河西走廊独特的戈壁生态、冰川奇观、荒漠绿地草原等西北内陆典型自然生态旅游资源一直没有得到充分的关注与利用。在生态文明、生态旅游崛起的 21 世纪，河西走廊地区不能不顾忌自然旅游资源的研究、利用与保护，此外该如何创造性地开发利用河西典型自然旅游资源还有很长的路要走；其次，传统的旅游理论注重资源实体的开发利用，但从生态旅游角度定位河西走廊旅游资源则是一个全新的视角，它注重人文、自然景观保护与环境构建。旅游环境与环境保护是学术研究、游客感知与旅游规划建设的重要因子，良好的社会环境、自然环境是旅游者和当地人们共同的追求，亦是文明发展的标志。环境已经是一种重要的旅游资源，在河西走廊旅游未来发展中要对环境建设与保护给予充分重视；再次，河西走廊旅游未来发展的理念与旅游文化构建是比旅游资源开发更重要且更艰难的任务。河西走廊生态旅游开展及生态文明社会的构建对河西旅游可持续发展具有积极意义，然而要从传统旅游理念及资源开发方式转变到以生态文化为指导的生态性旅游方式和资源保护性利用等亦是一个长期的过程。

二、河西走廊旅游业向生态旅游过渡的必要性

(一) 河西走廊生态旅游能够转变传统的旅游观念

河西走廊开展生态旅游能够转变传统的旅游观念，能够促进区域环境建设、资源可持续利用、人口素质提高、生态教育等，有利于提升河西走廊旅游行业整体层次；同时生态

旅游是新的旅游品牌，亦是新的旅游时尚。开展生态旅游极具吸引力和号召力，能够增加区域旅游经济收入，改善河西走廊基础设施建设及环境治理，为吸引外资、带动其他行业发展、构建和谐社会等事业抛砖引玉。

（二）河西走廊生态旅游带动农村地区旅游

河西走廊开展生态旅游能够带动农村地区旅游及相关事业发展，有利于农村经济发展，扩展文化交流广度与深度，缩小城乡差距，促进农村地区整体、长远发展。乡村地区开展生态旅游决不能仅仅停留在秀美的景观与社区旅游接待上，更应该注重从生态旅游开展之初就把"生态系统观""可持续利用""循环利用""本源文化认同"等价值观植入乡村旅游服务接待之中，要能够通过生态旅游的开展提高乡村地区旅游服务水平；同时河西走廊开展生态旅游有助于挖掘和保护乡村地区传统文化及区域特色文化，能够加强当地居民对区域保留的传统文化的认同。乡村传统文化的认同与流传是保持文化多样性的重要途径之一，而文化多样性的存在是人类创造力的源泉。

（三）河西走廊生态旅游促进区域旅游资源的重新整合与配置

河西走廊生态旅游的开展是对区域旅游资源的重新整合与配置，通过河西走廊景点、景区的合理搭配，通过河西走廊多线路多品牌参与市场竞争，能够很好地解决次级旅游地或次级旅游资源受到的阴影遮蔽效应，实现以"强"带"弱"，使依附于高知名度旅游城市附近的旅游地从"受抑"转变为"受益"。

（四）河西走廊开展生态旅游有利于生态文化宣传

河西走廊开展生态旅游有利于生态文化宣传，能够推动河西生态文明社会发展。在旅游资源开发中，可采取旅游生态建设和污染治理的措施，使开发出来的旅游资源比原来的生态环境质量更高，即旅游开发美化了生态环境，旅游业还能保持生态环境，旅游资源开发出来进入利用阶段，若能科学地管理，能使当地生态环境进入良性循环。

三、河西走廊生态旅游资源开发相关理论

（一）河西走廊景观格局规划

1. 河西走廊背景分析

河西走廊以"戈壁荒漠"为主要自然基质。走廊地貌也是以戈壁荒漠为主；走廊植被以耐旱耐盐碱植被居多，呈现出"荒漠"植被的特点；河西走廊深处内陆，气候四季显得干燥，河西走廊又处于蒙古高原、青藏高原交汇处，日照时间长，区域内风沙大，生态脆弱且自我调节、恢复难度大。受全球气候未来暖湿趋势之影响，河西走廊未来气候可能转向暖湿，这对河西走廊生态环境改变以及生态旅游开展都是一个百年难遇的机会。

城市绿洲（敦煌—安西盆地（偏西）、酒泉—张掖盆地（中）、武威盆地）作为"人为引入斑块"镶嵌在走廊内部，是经济实体、社会实体和自然实体的统一，人文景观、农业

区大多分布在城市内或周边，此外河西走廊诸城市相隔较远，公路、铁路作为主要廊道连接城市；部分自然景观（地文景观、水域风光、动植物或生物景观）作为"环境资源斑块"分布在走廊内部，环境资源斑块具有一定的异质性，但由于距离较远，同质斑块之间没有有效的廊道相连，一定程度上抑制了种群、能量交换。此外，由于本区的气候特点使得环境资源斑块加快破碎化，边缘种或常见种丰度虽有所增加，但不利于内部种种群扩大及物种稳定性，最终会加速物种灭绝。

2. 总体布局

在河西走廊建立大面积的"戈壁荒漠自然保护区"，如果不能改善当下的气候和地质现状，那么维持现有的状况将是最好的选择；人为改造利用的土地应该围绕城市周边，尽量避免对戈壁荒漠的分割，目的在于减少景观破碎化以维持物种稳定性；沿河西走廊诸城市外围种植一定宽度的高大植被带作为隔离带，城市景观应该加强"环境敏感区保护""生态绿地空间规划""城市外貌与建筑景观"三方面的规划建设，要加强对环境敏感区（包括文化敏感区与生态敏感区）的保护，在实际的旅游开发中建议采纳"核心区、缓冲区、过渡区"的划分方法，有效地加强核心区的保护，处理好经营活动与资源承载力之间的矛盾，建议多修建城市园林或公园，面积适宜，数量均匀增加，分布在城市的不同地方，每处都应种植草地和适宜植被。总的思路是，虽然河西走廊生态环境特殊，但是依然要有建设"城市园林、园林城市"的观念。在各个居住区种植自然植被，在道路两旁开辟一定宽度的廊道种植自然植被，道路的植被廊道可以将以上这些小的生态绿地斑块连接起来以便于物种迁移、能量交换，此外最好能够开辟一块较大区域集中种植自然植被，使大小生态绿地斑块均发挥生态效应；在城市外貌与建筑景观方面，要根据河西地区以及各个城市的文脉和自然条件选择一种风格或一个主题来设计建筑的外貌或造型，选定的风格与主题要渗透到城市建筑、路面画、道路命名、公车外画、车队名称、道路名称、雕塑、艺术品等细节上，以此提升城市文化氛围，加强城市印象，使城市美更加统一集中；此外对于色彩与灯光的运用同样重要。

河西走廊各个旅游区可依照"核心区、缓冲区、过渡区"划分的理论与方法进行格局规划，同时要协调经济效益与资源保护之间的矛盾，总的要求是"协调、保护、利用"，对于自然景观可以通过人工建设、种植植被等扩大缓冲区与过渡区面积来协调生态与经济之间的矛盾，提高景观的容量与承载力，达到经济效益与核心区保护的双赢。对人文景观容量的限制在实践中困难重重，并受各方排斥，笔者认为：在旅游者数量增加或与过去持平的状况下，减少旅游者在人文景观核心区的停留时间有利于景观保护。可以通过构建高仿真的人文景观缓冲区、过渡区，将旅游时间转移到缓冲区或过渡区消耗，营造与核心景观同质文化氛围也能够实现核心景观的保护与经济效益共赢；某些人文景区受同质景观阴影遮蔽而没有足够旅游者光顾，实际上经济效益与景观保护均没有实现，但是这些景观保留了较多的原始风貌，可以作为知名度高、影响力大而"人—景"矛盾突出的景区的分流区，应该加强对这些景观、景区的建设和宣传力度，把这些景区从幕后推到台前，合理编排在河西走廊旅游线路中，从而达到分流客源，实现河西走廊旅游资源之间的协调、保护与利用。从短期来看，分流的效果不一定会取得预期的效果，主要是旅游者的认知与景观知名度对客源市场影响力度尚且不够，加之旅游者从知晓到选择有一定的周期，但通过长期的经营是能够产生效果的，试想假如河西走廊有两个莫高窟，能否起到分流的作用，关键在于能否再造一个"莫高窟"。

（二）"三位一体"旅游资源规划思想的应用

纵观近些年河西走廊旅游资源规划开发的实际情况，以城市为单位的城市旅游发展总体规划和以单体旅游资源为单位的景区、景点规划开发占据主导，而以区域"产品""线路"为单位的规划开发较少。走廊各城市旅游发展总体规划和单体旅游资源的规划为河西走廊生态旅游开展打下了坚实的基础，研究者们也充分肯定了河西走廊"点—轴"发展的重要性，未来河西走廊旅游的发展依然要坚持"点—轴"发展的思路。然而要全面提升走廊旅游层次，必须在城市旅游规划、单体资源规划的基础上加强河西走廊区域整体旅游规划和走廊旅游线路、品牌规划，注重河西走廊不同级别景点、景区的合理搭配，打造特色化旅游线路和知名旅游线路品牌，形成以大带小、以强带弱的局面，要以核心城市、核心景点景区带动小区域的整体发展。从传统的景区景点市场竞争过渡到线路产品市场竞争至少在以下几方面较之过去有所进步：其一是能够很好地解决次级旅游地、次级旅游资源受到的重点旅游城市、旅游资源的阴影遮蔽效应和内部竞争的弊端，使位于高知名度旅游城市附近的旅游地从"受抑"转变为"受益"；其二是游客能够更加全面、准确地了解一个区域，对区域口碑宣传是很有益的；其三是延伸部分旅游景点景区的生命周期；其四是延长旅游者的停留时间，增加旅游经济收入。

在河西走廊旅游纪念品方面，需要挖掘和开发纪念品的文化内涵，要能够把这些文化要素体现在纪念品的设计之中。此外，旅游纪念品的质量和包装也是不可忽视的因素。

文化是河西走廊旅游资源规划开发的核心因素。河西走廊生态旅游资源开发规划除要体现生态文化理念之外，还要凸显河西地域文化。生态文化是能够促进河西走廊旅游可持续发展的文化，涉及未来人的资源获取，而河西走廊区域文化则能够提升走廊旅游的内涵。要能够准确把握河西历史文化和民俗文化，并把他们融入河西旅游资源规划之中，大力营造河西走廊旅游的特色文化环境。实际上河西走廊在地理上的区划已经在一定程度上决定了其文化特色，然而旅游活动对区域文化差异有较强的同化作用，河西走廊旅游区亦面临着原始文化逐渐淡化消失的现状，取而代之的是同一的城市文化、大众文化、消费文化等，仅从旅游体验与文化多样性的角度来说都不利于走廊生态旅游的长远发展，所以河西走廊更应确立生态旅游、生态文化在旅游发展与资源开发规划中的地位，肯定生态文化对文化多样性的认同，重视挖掘走廊悠久历史与民俗文化，并将它们完整、鲜活地体现在旅游业开展之中，使它们在利用中永续留存。河西走廊旅游资源规划的文化导向要与实际利益结合起来，要能够产生文化效益或文化的经济利益。首先要明确富有特色的河西走廊传统文化对河西走廊旅游、旅游经济、社会进步、人民生活等多方面意义重大，能够辩证地、宏观地理解文化与社会发展、经济发展、人民生活等多方面的关系；其次，河西走廊历史文化、生态文化、民俗文化和人民的生活、利益联系得越紧密，越能够得到人民的重视与保护，要通过资源利用促进资源保护，只有利用受保护的资源才能够长久存在下去，因此，河西走廊生态旅游发展需要设计开发富有走廊原始文化韵味或者直接复原历史原貌的旅游商品、表演、参与项目等，要善于利用走廊原始文化，并从中获益，这样才能够实现资源利用与保护的目标；最后，打造河西走廊文化环境，能够把区域特色文化的某些要素、文化信号等融入城市公共设施、城市建筑装饰、交通、制服等之中，潜移默化地把区域文化融入人们的生活细节，能够让人们亲密地接触到这些文化要素、符号，体验区域文化之韵味。

环境是区域旅游发展的综合规划内容，生态旅游开展的基础和最重要的目标就是环境优化。河西走廊生态旅游资源分类与规划体系中尤其突出了环境地位。走廊生态环境独特，环境承载力小，自我调节、恢复能力差，这些现实情况决定了河西走廊开展生态旅游的必要性，通过生态旅游能够最集约地利用资源，保护环境。生态旅游是最能与河西走廊环境联系起来的事业，未来河西走廊生态旅游的发展除了继续夯实基础设施之外，还要大力加强走廊环境的投资与建设。环境建设与保护的最直接受益者是河西的居民，实际上随着河西各地人们生活质量与环境意识的提高，环境优劣已经成为人们生活中的重要关注点，环境建设已迫在眉睫。河西走廊应以发展生态旅游为契机来促进走廊环境建设。

环境的感知需要载体。自然环境的载体体现在动植物、气候等的感知上。自然环境已经受到广泛而积极的关注。稍显不足的是对人文环境及其载体的关注，笔者以为人文环境载体有以下方面：一是旅游者对旅游地人的感知，即当地人的素质、文明与心态；二是旅游者所能见到的旅游地的外貌与设施，如建筑、卫生、车、广场、公共设施丰度、人的衣食住行等；三是对某些机构的深入体验也能够更为深刻地了解旅游地的社会文化环境，如对当地大学、住户、生产现场、医院、商场等的零距离接触。河西走廊旅游的环境建设亦要体现在对载体的建设与维护上，尤其是对社会文化环境载体与其内部运作机制的投入与改善。

（三）构建河西走廊无障碍/高质旅游区，促进河西走廊旅游业向生态旅游全面发展

第一，河西走廊有进行区域旅游合作的基础和必要。走廊旅游资源极具多样性，在旅游资源分类中涉及自然景区景观、人文景区景观等多个类型；同时，整个河西走廊区域人

文景区景观以遗址遗迹、佛教建筑设施为主，大范围的景观同质性虽是河西走廊旅游开展的资源优势，但也带来了各景区景观相互遮蔽竞争的劣势。有效地促进走廊区域旅游合作、构建走廊高质旅游区能够避免区域内互相竞争的局面，把各个景区景点加以设计组合，搭配成不同系列的旅游产品，并以区域整体形象参与市场竞争，则能够避免"相互遮蔽、内部竞争"的弊端，增加竞争优势；河西走廊生态环境的保护亦需要从整体上下手，而良好的生态环境和社会环境对旅游的发展越来越重要；河西走廊在旅游宣传上的投入严重不足，就单个城市或者景区景点来讲，还没有足够的资金支付高额的旅游宣传费用，如果能够集中区域各家的财力，策划对河西走廊大旅游区的宣传，则能够实现市场营销的目的；河西走廊旅游合作能够提升整体服务质量，因此构建河西走廊无障碍/高质旅游区是大势所趋。

第二，政府推动河西走廊旅游相关行业联盟的组建，即实现河西走廊旅游"酒店联盟、旅行社联盟、交通联盟、政府联盟、景区联盟、旅游商品设计开发联盟、区域旅游营销联盟"等组织建立，各联盟由相关行业成员组成，制定统一章程，明确联盟工作目标、方式、内容、活动等。无论是走廊旅游大联盟还是各个行业小联盟，都应该创造民主的讨论环境，对各项议题都应该在意见达成基本共识的情况下采取行动。河西走廊旅游各个行业联盟的任务包括：①了解河西走廊本行业的基本情况，持续夯实、改善硬件水平，监督各档次硬件是否与国际化标准一致，同时还要加强硬件的特色化建设，即硬件的文化表达能力建设；②持续提升行业人的服务质量，加强培训与交流，制定相关的服务细则，能够在区域内形成统一的接待标准，推动行业软硬件服务质量的整体提升；③加快信息化建设，互通信息，扩展销售渠道，开好本行业联盟年度会议，促进本行业的发展；④参与走廊旅游合作的其他事宜。

第三，河西走廊旅游营销联盟具体负责河西走廊区域旅游整体形象打造，形成多品牌的旅游产品，选取最为优势的国内国际客源市场，集中区域各家的财力，加强对该市场的宣传营销。聘请明星作河西走廊生态旅游的形象代言人，利用有利的时机积极推广宣传走廊旅游的各方面，扩大走廊旅游的知名度。此外，需要坚持对某客源市场的持续宣传。另外，应不断扩大河西走廊与客源地间的民间物质与文化交流，增进相互了解，推动人们对河西走廊的认同。

第四，共同建设和维护河西走廊区域旅游的生态环境与社会文化环境。生态环境的建设与维护是一个刚性的目标，一方面，走廊政府联盟应该发挥区域范围广、力量大的优势，宣传环保的思想，制定相关的约束政策，引进先进的科技与成果，组织各种各样的绿化环保活动，调动各个因素改善、保护环境；另一方面，在走廊区域旅游规划中需要积极利用现有的独特环境，使之不仅能够开发有特色的生态旅游产品，而且能够利用河西的生态环境产生效益。在社会文化方面，河西走廊除了维持主流的社会文化氛围以外，还应该挖掘富有特色的地域文化，提炼出一些文化要素，把这些特色文化要素外在地表现在城市建筑、公共服务设施、路面、标志等方面，从细节上营造独特的文化氛围。

第五，逐渐摒弃不合理的地域利益维护观，减小河西走廊旅游的障碍与阻力，如允许各方旅行社按经营范围在本市组团后直接到对方城市进行旅游活动；允许旅游车辆跨区域经营；统一内外报价等。加快河西走廊旅游业的运转速率。在保证各个地方旅游效益的基础上，能够通过旅游合作带来整体与地方旅游效益的更大增长。

第六，借助河西走廊各个行业联盟的组织优势，推动生态旅游理念在区域旅游各个方面渗透，如对作为旅游资源的环境的关注、景点景观的生态化开发、社区受益、文化挖掘与体验、走廊旅游的可持续发展等，使之能够促进河西走廊旅游业向生态旅游业的全面发展。

第七，河西走廊旅游业未来发展设计。河西走廊区域旅游合作的最终目的是要建立"河西走廊无障碍/高质旅游区"，提升走廊旅游各行业、深层次的全面生态化，使河西走廊成为高质量的生态旅游的合作区域。

第三节　河西走廊生态旅游资源开发可持续发展思路探析

一、可持续发展思想的运用

"可持续发展"已经成为世界各地各行业耳熟能详的发展思路。可持续发展的概念阐述颇多，而挪威前首相布伦特兰夫人及其所主持的由 21 个国家的环境与发展问题著名专家组成的联合国世界环境与发展委员会，在其里程碑的《我们共同的未来》一书中提出的"满足当代人的需求，又不损害子孙后代满足其需求能力的发展"的表述是得到公认的。可持续发展以"公平性、持续性、共同性"为基本的原则，其目标可以简单地概括为实现"经济、社会、环境"三者的协调发展。

可持续性是旅游规划的指导思想之一。生态旅游的核心就是强调旅游发展以不牺牲旅游资源和生态环境为代价，相反要通过生态旅游的开展增强人们的环境保护意识，促使旅游资源的持续性利用，从而达到人、环境、社会之间的协调发展。将旅游可持续发展战略不断地内化于旅游规划之中，这是旅游规划尤其是区域生态旅游资源规划未来发展的大趋势。

二、河西走廊生态旅游资源可持续发展的思路与实践

实现河西走廊生态旅游资源可持续发展必须兼顾经济效益、社会效益、生态效益的共

同发展。从一般规律来说，对资源开发利用越深入或者资源承载的经济效益越重，资源破坏程度也越重，同时资源的保护力度以及资源所兼顾的社会效益、生态效益也越轻。但是一些级别比较低或者边缘化的旅游资源则需要以开发利用来促进保护，经济效益的实现能够逐步促进此类资源的社会、生态效益，究其原因，主要是这些旅游资源的现状、重要性、保护必要性以及旅游整体发展战略等都需要旅游资源的可持续发展。所以，可以根据资源的重要性、现状、承载力的差别确定两种可持续发展的思路：①对于国家级重点保护类生态旅游资源，效益倾向主要体现在社会效益（人文类）和生态效益（自然类），旅游资源保护重于旅游资源直接性的经济生产，利用价值指向于宣传依托、区域形象、历史文化延续、科学研究、民族自豪感、群众教化等，是旅游发展之"源"，承担间接旅游经济产出；②级别较低、现状较差的旅游资源要通过资源的开发利用来促进社会、生态效益的实现。这些资源是旅游经济生产的直接贡献者，政府应该大力扶持倡导，加强此类旅游资源的市场化经营，随着它们经济效益的实现，其社会、生态效益也会逐渐得到体现。

根据资源的重要性、现状、承载力的级别，对河西走廊生态旅游资源的重要性进行科学评估，可将旅游资源粗略地归为三类：①国家级重点保护类；②国家省级常规保护类；③非重点经营类。由于各类资源的数量、效益倾向、利用保护权限、资源权属、旅资利用指向、价值、利用措施等方面的差异及可持续发展的要求，可以分别确定不同的开发利用总体思路。

（一）国家级、重点保护类开发利用总体思路

确定对国家级、重点保护类生态旅游资源实行"保护第一，政府主导，社会、生态效益，代际传承"的总体原则。国家级、重点保护类包括：重要石窟、魏晋壁画墓群、重要城堡遗址、国家地质公园、国家自然保护区、国家森林公园、水源流地等，具体如敦煌莫高窟、榆林窟、嘉峪关关城、悬泉置遗址、张掖大佛寺、雷台汉墓、安西极旱荒漠国家级自然保护区、天祝三峡国家森林公园、敦煌雅丹国家地质公园等。

国家级、重点保护类生态旅游资源的发展利用应以社会效益、生态环境效益为首，兼顾经济效益。这类旅游资源不应该承担河西走廊旅游业直接的生产性质。对这类资源的使用应该体现在宣传载体、区域形象、历史文化、科学研究、自豪感、群众教化等方向上，就如同中医所讲的"药引子"，突出此类旅游资源的"源"作用。因此，保护第一而非经营为先。保护的实现应该有以下几方面的措施：一是大量减少旅游者，降低旅游行为对资源的消耗与破坏，同时迁移安置景区内的居民，拆除不协调的建筑，保持资源的原始风貌；二是通过新的科学技术创新开发利用手段，如敦煌莫高窟就利用最新的数字影像技术将莫高窟复制下来，以后旅游者可以在一个仿真的洞窟内观赏到原有的珍贵内容；三是政府应该承担此类旅游资源的完全管理责任，能够从制度层面保障重点旅游资源的保护；四是政府要减少此类旅游资源的税收贡献，能够把收益的绝大部分用于资源自身的保护上，

同时应该加大政府保护拨款，积极申请国际相关组织的认证与保护经费。

国家级、重点保护类生态旅游资源是人民的共同财产，应由政府统一管理。在整体保护为先的前提下适度开发利用，产生一定的经济收益作为自身资金运转的一部分。旅游资源规划设计方，在资源整体作为保护区的基础上，对旅游资源外围的接待服务区进行规划，规划方案应该得到政府的尊重，是建设经营国家级重点旅游资源的重要参照，而资源本体的使用需要在"保护"与"创新"中得以实现；企业招标单位，将外围接待服务区的经营权租赁给企业，由企业出资、政府监督、依规划建设经营服务区，企业取得该区的经营权，进行市场化运作，而资源整体则作为保护区，由政府主导，严格保护，限制少量旅游者进入，不能开展大规模旅游经营；评估反馈方，在一定的时间周期内对旅游资源的现状进行评估，以考察旅游资源的保护状况或恶化程度，及时反馈并采取有效措施解决相关问题，实现河西走廊国家级、重点保护类旅游资源的社会、生态、经济效益。

此外，还应该预防人为灾害与自然灾害对河西走廊重点保护类资源的破坏。

（二）国家级、省级常规保护类开发利用总体思路

促进河西走廊国家级、省级常规保护类生态旅游资源的合理开发，试点国有民营的开发经营模式，平衡经济效益、社会效益、生态效益。国家级、省级常规保护类包括：重要石窟、魏晋壁画墓群、重要城堡遗址、地质公园、自然保护区、森林公园、水源流地等。国家级、省级常规保护类资源的发展利用限度次于重点保护类资源。此类生态旅游资源的开发利用建立在严格而科学分区的基础上，要求在保护核心区的前提下在接待服务区、实验区适度开展旅游活动，产生一定的经济效益，达到旅游资源社会效益、生态环境、经济效益之间的平衡。常规保护类旅游资源承担着旅游接待、游览休闲、多种经营开展、宣传、文脉、科研、教化等多种责任。

河西走廊国家级、省级常规保护类资源的开发利用可以积极试点"国有民营"的开发模式。"国有民营模式"在国内已经有许多的案例和经验了，国有民营是以政府出资源和政策，企业出资金建设，政府拥有资源的所用权和管理权，企业拥有资源的经营权，可以通过市场化运作获取经济利益的开发模式。在对河西走廊国家级、省级常规保护类的开发上应该由"四方"共同参与：政府拥有对资源的所有权、管理权，承担核心区的具体保护工作，并以国有民营的模式将可用于旅游经营的区域租赁给企业运作；旅游资源规划设计方，对旅游资源科学分区，分别对核心区、实验区、接待服务区等做出科学的规划设计，明确保护与经营的地理界限，规划方案是政府与经营单位"地盘划分"的主要依据；企业招标单位，将上述接待服务区、实验区的经营权租赁给企业，由企业出资、政府监督、依规划设计建设经营服务区，企业取得该区的经营权，进行市场化运作，而保护区由政府主导，严格保护，禁止或严格限制旅游者进入，更不能开展旅游经营，同时，可将保护的责任部分分担给企业，建立奖赏责任制，刺激企业在利用资源受益时也能够承担资源保护的

义务；评估反馈方，在一定的时间周期内对旅游资源的现状进行评估，尤其是对核心保护区状况进行调研，以考察旅游资源的保护状况或恶化程度，及时反馈并采取有效措施解决相关问题，实现河西走廊国家级、省级常规保护类生态旅游资源的社会、生态、经济效益共赢。

（三）非重点、经营类开发利用总体思路

大力加强、扶持河西走廊非重点、经营性旅游资源的合理开发，试点民有民营、国有民营等多种开发经营模式，以经济效益促进社会效益、生态效益实现。河西走廊非重点、经营类旅游资源是旅游业生产功能的主要承担者，是河西走廊旅游需要大力开发利用的资源，此类资源以经济效益为先，在经济效益实现的基础上承担着社会和生态的效益。走廊非重点旅游资源包括：沙漠探险旅游区、部分湖区、森林公园、草原、古城遗址遗迹、园林广场等，具体如阳关、玉门关、山丹草原、鸣沙山月牙泉、巴丹吉林—腾格里沙漠探险旅游区、明海大漠风光旅游区、嘉峪关黑山湖、焉支山森林公园、桥湾古城、马丽革干遗址等。在旅游资源的普查表中可以看到，河西走廊国家级重点保护类旅游资源数量毕竟占少数，大部分的旅游资源还是级别较低的经营性旅游资源，河西走廊多数非重点、经营性旅游资源面临的局面是十分尴尬的，一方面，他们具有历史文化价值或者生态价值，能够为走廊的旅游业所利用，但是就实际开发利用保护的状况看，无论是政府还是企业和其他社会力量都没有参与其中；另一方面，河西走廊大多数非重点旅游资源已经处在一个极端的环境里，它们的自生自灭不会引起人们太多的关注，或者说一些资源已经处在一个不能再坏的状况中了，保护对这些资源来说遥不可及，而且这些旅游资源仍在逐渐消失，大部分的古城遗址遗迹就是很好的代表，另一些旅游资源属于荒漠类，如沙漠探险旅游区、大漠风光旅游区。这些资源处境尴尬，所以政府把这部分资源拿出来，通过社会团体、企业、个人等介入开发并使其产生经济效益反倒是合理的选择。对河西走廊非重点、经营类旅游资源的开发就意味着保护，合理的旅游资源开发使非重点旅游资源重见天日。当此类旅游资源成为景区景点，也就带动了其周边环境的美化和资源历史文化价值的挖掘与宣传，开发利用就是实现河西走廊非重点旅游资源可持续发展最好的方式。因此想要确定它们经济效益第一的地位，政府需要大力倡导此类旅游资源的开发利用，以政策扶持它们的发展壮大。

河西走廊非重点、经营类资源的开发利用可以积极试点"国有民营""民有民营"的开发模式。通过民间资本的介入能够实现走廊非重点旅游资源的新生，也为进一步探索走廊旅游业的可持续发展打开了新途。非重点旅游资源的利用以经济效益为先，政府不一定要取得此类资源的所有权、管理权，但要为非重点旅游资源的市场化运作打好基础，如优惠政策、交通设施通达完善、租赁经营措施等。企业或个人全面负责景区的建设和经营，通过市场化运作获取经济收益，以经济效益促进社会、生态效益的最终实现。

（四）"四分原则"的运用

"四分原则"就是旅游资源开发利用的"分级分季分线分区"，河西走廊生态旅游资源可持续利用、发展应大力推广实践。"分级"即是对河西走廊生态旅游资源进行重要的级别划分，对不同级别的旅游资源可灵活选用可持续发展方案，以确定保护与利用的权重，选择"源"与"资"的不同倾向，从而实现各类旅游资源的社会、生态、经济效益。

"分季"是由河西走廊旅游独特的气候现状决定的，一般来讲，它对河西走廊的旅游是一个约束，但冬季停歇了脚步的旅游者使河西走廊旅游业暂得"休息"，旅游资源亦得到了休养，这段时间可以对资源进行修缮保养。除此之外，我们还要考虑河西走廊能否创新淡季旅游资源，实现淡季旅游业的新发展与资源休养的双赢。以东北为例，同样是寒冷的冬季，同样有冰封雪飘的大地，但通过创新思路，积极开展冰雕滑雪等体验冬景的旅游项目还是取得了成功，河西走廊完全可以通过创新冬季旅游资源的方式实现淡季旅游业的新发展。如"祁连雪山""滑雪休闲"就是河西走廊冬季能够直接利用的资源；人工栽植一些耐寒且具有独特吸引力的植物也能够实现淡季旅游的开展，如"腊梅缘（园）"。此外，进一步加强河西走廊夜间旅游资源的开发也能够丰富淡季旅游项目。

"分线"是要求河西走廊生态旅游资源重新整合与配置，形成多线路、多品牌参与市场竞争。河西走廊区域旅游的多线路增加了旅游者选择的范围，有利于分流客源，达到资源保护的目的，能够很好地解决次级旅游地、次级旅游资源受到的重点旅游城市、旅游资源的阴影遮蔽效应，使高知名度旅游城市附近的旅游地从"受抑"转变为"受益"。就走廊内的各单体旅游景点景区而言，在资源条件满足的情况下很有必要划分景区的多条游览线路，丰富各个游览线路的景观要素，同时实行轮休达到保护的目的，这对旅游者体验和景点保护都有益处。

"分区"是对旅游资源开发与保护的共识，一般划分为核心保护区、缓冲区、游览区、接待服务区等，其目的主要是资源保护与服务游客的诉求。河西走廊旅游资源的开发利用也都采用了分区的方案，对走廊自然类、人文类资源的核心区以保护为第一，着重其社会、生态效益，绝对保证代际传承。而游览区和接待服务区承担了旅游业的生产性质，加快其经济效益的实现，寻求利用与保护的双赢。利用景观生态学景观格局设计的一些理论能够科学地实现分区和建设，达到保护的目的。此外，在大的空间尺度上应该划分景区、城区或社区，两者之间应该有一定的空间距离，景区开展旅游参观、游览活动，城区社区承担餐饮、住宿、购物、娱乐等经营活动。

（五）推进生态旅游全方位、深层次实践

河西走廊生态旅游资源的开发利用应该最大限度地保持其原始风貌，最大限度地减少人工痕迹，旅游景区辅助设施应该体现"无中生有"的原则，即服务设施首先要成为隐藏的景中之景，其次才体现出功能性质，每一处辅助设施要能使旅游者感到突如其来，辅助设施的"无"才是生态旅游景区规划建设的最高境界。建设施工中应该"就地取材，环保至上"，选用当地可循环利用的材料，建筑的风格能够与周边的环境保持一致，能够体现地域文化的某些要素。保证社区居民参与到旅游事业中，要能够提供参与空间，使社区居民的生活、眼界、心态、素质得到提高，对社区居民还应该提供必要的教育培训，提高它们的服务水平和环境意识，增强他们对自身所保留文化的认同，使他们成为景区的主人和维护者。加强环境的建设，不断改善优化生态环境，以制度、奖励、个人承包等方式保证植被栽种、物种保护、水源保护的有效实现，不断增加城市文化景观的修建，挖掘地域文化因素并将其表现在城市外表上，推进生态旅游在河西走廊全方位、深层次实践。

第四节　河西走廊生态旅游可持续发展对策和模式研究

一、河西走廊生态旅游可持续发展对策

（一）科学分析，做好总体规划，建设和谐高效的生态旅游系统

据观察，河西走廊丰富的旅游资源缺乏科学合理的整合，复制建设屡屡存在，使得很多旅游项目存在雷同性、缺乏创新性。区域内出现了争夺游客的现象，各项旅游无法进行规模经营，严重影响了整个区域的旅游经济收入。因此，在对河西走廊景区景点进行开发时，首先要充分调查、评估区域内旅游资源的分布及其质量，详细考察区域旅游市场和环境承载力。在此基础上，一方面，应参考生态旅游的相关理论和研究成果，从宏观角度关注各个景区景点之间的关系，整合旅游区的各种资源，合理规划与设计，形成河西走廊生态旅游带，充分打造人与自然和谐发展的生态旅游系统；另一方面，还应考虑旅游者、当地居民、旅游开发商以及政府部门等利益相关主体，在保证生态旅游健康持续发展的同时，满足各利益相关主体的需求，从而构建和谐的生态旅游系统。

（二）加强生态环境恢复与防治地质灾害

生态环境的恢复和治理需要开发与保护相结合。在注重对环境破坏源头监管的同时，采用法律、行政以及道德约束的手段共同治理，实现生态环境的健康可持续发展。例如：针对河西走廊东部镍都——金昌，西部石油城——玉门的整顿和改制，首先要检查各项影响生态环境的指标是否达到标准；其次，合理布置产业结构，监督企业履行保护环境的义务；最后，坚决关闭违法的工厂，保证资源开发在环境的承载力之内。

河西走廊需要加强地质灾害的预警防治工作。首先，建立河西走廊地质灾害预警机制，在易受到地质灾害影响地区建立健全的活动管理制度，开展有关应对地质灾害知识的宣传活动，充分利用 GIS 技术、卫星定位系统、气象观测等较为先进的技术，提高对地质

灾害的监测和信息采集效率。其次，要加强地质灾害的治理，通过修建河坝、护坡等工程措施对公路沿线和地质灾害点进行治理，同时引入生态治理的理念，通过植树种草等方式使山体、岩体保持稳定。

（三）防止水土流失和荒漠化治理

河西走廊地区水土流失和荒漠化是由人为和自然原因造成的，针对不同自然条件和各种外力作用的性质，在防止和治理过程中要采取因地制宜的措施。首先，对于具有潜在发生水土流失和荒漠化的土地，建立早期预警系统，预防水土流失和荒漠化的发生。其次，对于正在发展中的荒漠化土地，尤其是干旱、半干旱流沙地区采用飞机播种、设置沙障固沙，钻孔深栽等先进的造林技术。最后，对于已经发生荒漠化的土地，可以向已经做得比较成功的民勤县学习草方格沙障的防御措施。

（四）保护生物多样性

较高的生物多样性是生态系统稳定发展的前提。在河西走廊的大部分地区中，生态系统的结构相对简单，主要以荒漠、戈壁为主，一些具有高山峡谷的森林生态系统结构略显复杂。从宏观角度来讲，政府要加大对河西走廊的生物多样性保护资金的投入力度，同步加快出台一些具有针对性、合理性的政策与措施。从微观角度来讲：①重视恢复与保护植被的举措，这些行为可以为生物与高级动物的生长与发育提供一个相对良好的栖息环境。②加强区域自然保护区的建设，不仅要大力建设和新增一批生态与自然保护区，而且要加大对现有自然保护区的重视和保护力度。③坚决杜绝盗猎与盗采等违法行为。河西走廊作为目前国内的野生动物资源相对丰富的区域之一，该区域内有蒙古野驴、鹅喉羚、盘羊、欧鸽等多达数十种国家一级、二级野生动物。每年一到冬季，许多不法分子开始大肆猎捕各种珍贵的野生动物，严重地破坏了当地的野生动物繁育。因此，要对部分重点区域加强保护和巡视，坚决防止盗采与盗猎，同时要积极发动广大群众，开展群防与群治活动，降低犯罪分子的犯罪活动。

（五）注重裕固族等少数民族文化的传承与保护

河西走廊有很多少数民族居住生活，丰富多彩的民族文化要求我们在发展旅游的同时，要尊重和保护当地的民俗文化。从某种意义上讲，要想使少数民族的生态旅游实现可持续发展，就要尊重少数民族文化，并传承和发扬他们的文化。因此，河西走廊在发展生态旅游的过程中要严格遵循市场机制，在重新构建具有民族特色的文化时必须要忠实地反应文化最原始的状态，不得擅自篡改和扭曲其民族意义。在传承民族文化和发扬现代文化时，注重二者有机结合，实现文化的繁荣。鼓励和欢迎少数民族同胞积极参与到文化资源的保护和开发利用的全过程中，使他们在参与中享受到文化发展带来的经济和社会利益。这种参与方式，既可以增加居民的主人翁意识，同时也能够避免一些急功近利的不良开发模式，实现少数民族文化的保护和传承，从而为当地生态旅游的可持续发展提供良好的文化环境。

（六）建立人才培养、人才合作交流机制

在生态旅游发展过程中，旅游人才是实现其发展的重心。不管是前期旅游线路的规划、旅游产品的研发、旅游景区的建设，还是后期旅游管理、服务等都是由旅游工作人员来完成的。因此，培养复合型人才是促进河西走廊旅游业发展的重要手段。生态旅游是一种特殊的旅游方式，需要专业性强、素质高的管理人才和服务人才。因此，河西走廊在教育培养人才方面应做到以下几点：首先，应制定详细的旅游业务规范标准，加强服务质量规范管理，牢固树立服务质量第一的观念；其次，引进国内外先进的管理模式和经验，提高旅游企业的管理水平。同时，还要建立河西五市与周围省市人才交流机制，交流先进经验、先进管理模式，加强合作，共同发展。最重要的是用战略的眼光、超前的意识把人才培养纳入经济社会发展整体规划，建立多层次、多渠道、全方位的旅游人才合作交流机制。

（七）提升河西走廊生态旅游的整体形象，并加大其宣传力度

河西走廊正在着力塑造"大漠戈壁的绿色生态走廊，丝绸之路上的文化艺术宝库"。本文借鉴已有的优秀创意，对于河西走廊的整体形象、城市旅游形象，总结方案如表2-2所示。

表2-2 河西走廊旅游城市形象定位和宣传口号

地区	形象定位	宣传口号
河西走廊（整体）	丝绸之路的精华，文化艺术的长廊	丝路古道——河西走廊欢迎您！
武威市	铜奔马的故乡	古都凉州——武威欢迎您！
金昌市	中国镍都	镍都工业园欢迎您！
张掖市	七彩丹霞、美丽张掖	七彩丹霞、风情裕固——金张掖欢迎您！
嘉峪关市	天下第一雄关	雄伟长城、祁连雪山——嘉峪关欢迎您！
酒泉市	中国航天基地	葡萄美酒夜光杯——酒泉欢迎您！

为推动河西走廊生态旅游的快速健康发展，要加大宣传力度。首先，充分利用旅游区门票、地图、音像及景区纪念品进行旅游宣传，通过向旅游区游客发放独具特色的旅游区的宣传材料，使游客了解生态旅游中的注意事项和景区景点的概况及旅游服务信息；其次，利用多种传播渠道对生态旅游区的景点进行宣传；另外，积极承办一些高规格的生态旅游活动或研讨会，并通过媒体将活动内容辐射出去，提高河西走廊旅游的知名度。

（八）进行功能分区

生态旅游地大多属于自然保护区域，为避免旅游活动对保护对象造成破坏，同时为了对游客进行分流以及使旅游资源得以优化利用，生态旅游地应该进行功能分区。河西走廊幅员辽阔，旅游资源丰富但分布不均匀，因此，在建设发展过程中可以以五个市为轴心对各市进行功能分区，例如：武威市旅游资源整合划分为四个功能区：文化旅游区、沙漠风

光旅游区、宗教文化旅游区和综合旅游区。各个旅游区"各司其职"，发挥好自己的功能，就可使得整个区域的旅游资源得到发展。

二、河西走廊生态旅游可持续发展模式研究

（一）河西走廊生态旅游发展模式构建的原则与思路

1. 可持续发展原则

河西走廊开展可持续的生态旅游已经是必然趋势，但在河西走廊生态旅游开发和利用过程中，应以不破坏生态环境为前提，以资源的合理利用及生物多样性保护为根本，坚持防患于未然，走可持续发展之路，生态旅游本质属性也决定了可持续发展是其重要目标。在对武威、祁连山及其周边社区、张掖、嘉峪关、酒泉、敦煌等河西市州的生态旅游开发中，遵循可持续发展原则，合理利用旅游活动开发地环境资源及特色资源潜力，因地制宜，协调好各方利益，让生态环境因旅游而改善。

2. 以人为本原则

本文的"以人为本"，主要侧重于尊重自然、回归自然并融于自然，在河西走廊开展生态旅游的过程中，应将"以人为本"融入区域生态旅游开发、实施及规划中，重视自然区域生态兼容、生态可持续，尊重社会及社区价值观，并致力于改善环境和生态旅游体验，在满足出游者探寻自然、感知历史、体验生态的同时，也能增进河西走廊旅游资源开发同生态环境及社会发展的协调与互补。

3. 社区参与原则

在河西走廊生态旅游发展过程中，应同所在地政府、社区以及群众共同开发，让社区居民理解并积极参与其中，这不仅会使区域生态旅游成功运营，更会推动着人与自然的融合发展。生态旅游的开展是离不开社区居民的参与的，在开展生态旅游中积极引入社区参与，不仅能带动整个社区的正向发展，同时也有利于提高社区文化的发展，在生态旅游环境中逐步受益。

4. 信息共享原则

在构建河西走廊生态旅游中，通过网络服务平台的开发、使用可以满足其智慧化、生态化、个性化、互联网化的需求，充分利用网络服务平台的实效便捷性，将河西走廊各个景区及社区旅游资源进行共享，这不仅可以促进区域旅游形象叠加，还可以合理配置区域资源。

（二）构建思路

本文以实地问卷调查和访谈等方法找出了河西走廊生态旅游发展中存在的一些问题，并借鉴了国内外与河西走廊相似程度较高的典型案例，将互联网思维融入模式的构建中去，借助网络服务平台以及大数据平台，将河西走廊区域内的祁连山、生态农业、生态工

业、少数民族聚居区及景区周边社区等进行全方位的整合，从分区管理、社区参与、产业融合等方面构建了河西走廊生态旅游的发展模式。

三、河西走廊生态旅游发展模式实施保障

（一）区域联动保障机制

河西走廊生态旅游区域联动发展的启动及实施，需要政府及其相关部门的法律政策保障，健全管理机构，统一管理轨道，以加强文化自然遗产保护为基础，以加快转变发展方式为主线，以体制机制创新为动力，以打造国际一流的品牌旅游目的地为核心，充分整合河西五市文化旅游资源和产业要素，构建特色突出、分工协作、互补互促、空间集聚、布局优化的区域旅游产业发展新格局。制定严格的生态环境保护法律法规，加强环境及社区整改，成立区域生态旅游联动办公室，对于生态旅游建设提供更多的资金，通过顶层设计，进一步健全河西走廊生态旅游联盟和示范区，打造河西走廊生态旅游网络体系，建设河西走廊特色生态旅游品牌，积极强化区域联动协调发展及交流，区域生态环境动态监测、评价及保护等工作由区域生态旅游监管办公室统一协调完成，从而实现互利共赢区域旅游联盟发展。

（二）完善区域形象，增强市场竞争力

21世纪以来，旅游市场的竞争上升为一个大范围、大区域的竞争，如果河西走廊能够完善区域形象，走可持续生态发展之路，定位清晰，那么就能够在当今同质化产品的社会中标新立异，在竞争激烈的旅游市场中成为佼佼者，且能够在潜在游客的旅游地选择中保持持续的核心竞争力。旅游目的地形象一旦出现了模糊混淆，就很难吸引潜在的旅游群体，会使得游客有沉闷的体验感，一定程度上也降低了其故地重游的概率。要想扩大其旅游市场，使其更具吸引力，则需要亲切感人、有自身特色的旅游形象，同时一个有着自身特色旅游形象的城市会使得当地的民众和政府能够对当地的核心竞争力、未来的发展目标和旅游产品的定位有着更加清晰的认知，使旅游中的大量同类产品在旅游者面前呈现出鲜明的姿态，并能在较长时间内形成旅游市场优势。

（三）建立生态补偿机制

在河西走廊生态旅游的发展中，应建立生态补偿同扶贫开发协同的机制，利用补偿基金，重点改善生态旅游开展地居民生活水平，尤其是对因环境保护而丧失发展机会的保护区居民进行技术上的培训、资金上的补贴、政策上的倾斜、教育上的支出等。明确生态补偿的标准、主体、客体以及原则，构建生态补偿机制，增进环保意识，提高环保水平，加强环境保护设施设备建设，解决工业、农业等污染治理问题，结合生态旅游发展，打造生态农业、生态工业，加强旅游业的产业融合，不断提升河西走廊各市州的人口、社会、环境、经济等资源的协调及可持续发展水平。同时完善生态补偿绩效评价，建议河西走廊乃至甘肃省尽快出台生态补偿相关条例，明确责任义务，逐步试点推广，建立考核评估体

系，将生态补偿机制真正落地。如在所构建的分区模式中的核心区为生态环境保护区，在整个功能分区中需要不断完善生态保护设施设备，那么游憩区及生态旅游开展地社区就有义务从所得收益中给予生态补偿，政府需在政策、科研、经济、教育及技术方面提供大力扶持，以确保生态旅游的可持续均衡发展。

（四）打造互联网宣传营销体系

互联网由于信息传播速度快、准入门槛低、受众较为广泛等特点，可以在短期内以较低的成本获得较好的宣传效果，同时也有益于生态旅游观念的普及。由河西走廊区域共同建立一个生态旅游网络服务平台，成为全国乃至世界生态旅游爱好者来了解获得河西走廊生态旅游信息的桥梁，进而扩大河西走廊生态旅游潜在消费群体。消费者不仅可以通过网络服务平台来选择最佳出游路线，还可以通过其他出游者在平台的攻略来了解河西走廊，河西走廊同样可以通过网络服务平台同消费者及时沟通，深入了解出游者的旅游诉求，挖掘更多消费者前来旅游，通过主动营销，创建河西走廊新品牌，培养生态旅游新群体。

第五节 "网络服务平台"下河西走廊生态旅游发展模式

一、分区智能型发展模式

（一）分区智能型发展模式构建

目前，学者对分区智能型发展模式的研究颇多，研究表明有些区域通过构建分区智能型发展模式而取得了很大的成就，其中较为成功的典范就是美国黄石公园。美国黄石公园作为世界上最早进行分区管理的公园，其保护地思想发源较早，强调自然与生态系统保护，原有人文痕迹少，注重一定程度的国民观赏与教育。随着美国黄石国家公园的不断完善，其游客数量也呈现跳跃式增长，为了承载更多的游客，公园内更多的面积被开发，导致生态保护与资源开发矛盾不断加大。因此，如何很好地解决游客游憩考察、社区人地关系、生态环境的教育等问题也一直困扰着其管理机构。为了解决这一系列的问题，美国黄石国家公园的分区模式随之诞生，美国黄石国家公园主要分为四个区域（如表2－3所示），分别是原始自然保护区、特殊自然保护区，这两个保护区占地面积约为95％；公园发展区、特别使用区，这两个区域占地面积约为5％。美国黄石国家公园的分区模式很好地协调了其所面临的问题，为世界上其他国家公园及自然保护区的发展提供了很好的借鉴。

河西走廊生态旅游发展情况与美国黄石国家公园有很多的共同之处。如两者的面积很相近；两者在人口密集度方面都偏少；两者都是致力于旅游发展；两者的主题都是在以生态系统保护为重点的基础上开展旅游业。因此，河西走廊可以借鉴美国黄石国家公园分区模式并结合自身的实际情况，进行分区规划与管理，并结合融入互联网思维，借助网络服务平台提供的大数据，更加精准、科学、合理地进行规划，利用多渠道进行保护区的宣传，使得分区发展这一模式能够深入人心。因此，本文在河西走廊生态旅游发展中将以美国黄石国家公园为例进行自身的分区智能型发展模式的构建。

表 2—3　黄石公园功能分区及特征

主要功能区	主要特征	占总面积比例
原始自然保护区	作为分区模式的最核心区域，是禁止任何人为活动的。在核心区域的动植物资源、生态多样性以及地质系统可以得到最好的保护。	95％
特殊自然保护区	此区域要比原始自然保护区的等级低一点，面向科考人员、生态旅游者及探险者，容许此类游客少量进入。在此区域仅有露营地、步行道以及自行车道，此外无其他接待设施	
公园发展区	在此区域所进行的游览及开发是在不影响或改变区域生态环境的基础上进行的，作为发展区，相较原始及特殊自然保护区，可以容纳更多游客，并建有包括旅客中心、餐饮接待、休闲娱乐、公共交通等设施，这些设施的建设及运营，会吸收更多的社区居民参与经营，改善着公园发展同当地社区居民的关系，使社区居民更有主人翁意识。	5％
特别使用区	此区域的设立，主要是为了协调资源开发同生态环境保护的问题，主要用来开采矿物或伐木所用，所占面积非常小，在开发及生产的过程中，严格遵守生态环境保护。	

河西走廊生态环境比较好，但因为近几十年的开发，导致其生态越来越脆弱，在河西走廊的自然保护区、风景名胜区、森林公园等进行功能分区就显得尤为重要了。Wi-Fi技术及智能手机的普及，深刻地改变了信息的获取方式、游客的出游方式以及景区的建设，在分区模式的构建中，同样也应紧跟时代发展，智能型分区模式的打造将依托于无线网络的全覆盖及信息发布获取的实时性。本书将网络服务平台引入到分区模式中，通过接入WLAN、WAP、WEB，实现移动端、PC端的多方面、多角度、深层次的交互发展。同时基于"旅游＋网络服务平台"这一理念，在智能环境监测、智能终端服务、智能化管理等方面加大建设力度，使得分区发展模式更加智能化。在依据生态旅游开展地的承载力及现实情况，以及相关利益主体的权益等因素将其分为核心区、缓冲区、游憩区，并融入网络服务平台，构建出了分区智能型发展模式，以达到全方位提升生态旅游的发展水平，有效地保护了原有的生态环境免受破坏。

（二）分区智能型发展模式应用

本文所构建的分区智能型发展模式主要适用于河西走廊的自然保护区、风景名胜区、森林公园，模式具体应用以位于河西走廊段的祁连山国家自然保护区为例进行说明，位于河西走廊段的祁连山主要为其北坡中段及东段，保护区面积为 265.32 万 hm²，共下辖 22 个自然保护站，8 个河西区（县），如表 2—4 所示。祁连山一直孕育着河西走廊的发展，是我国重要的生态屏障及生物多样性保护区，这里不仅有雪山、奇峰、冰川、森林、湖泊、峡谷，还有众多少数民族居住于此，如蒙古族、回族、哈萨克族、裕固族等。在祁连山进行功能分区时，依据承载力及现实情况，以及相关利益主体的权益等因素将其分为核心区、缓冲区、游憩区。核心区：禁止任何人为活动，在核心区域的动植物资源、生态多样性以及地质系统可以得到最好的保护。缓冲区：此区域要比核心区的等级低一点，主要面向科考人员、生态旅游者及探险者，容许此类游客少量进入，作为核心区同游憩区之间的过渡保护区，在此区域仅有露营地、步行道以及自行车道，此外无其他接待设施。游憩区：此区域是生态旅游主要开展地，所进行的游览及开发是在不影响或改变区域生态环境的基础上进行的，作为生态旅游开展地，相较核心区及缓冲区，可以容纳更多游客，并建有包括旅客中心、餐饮接待、休闲娱乐、公共交通等设施，这些设施的建设及运营，会吸收更多的社区居民参与经营，改善了保护区发展同周边社区居民的关系，使保护区周边社区居民更有主人翁意识。在智能分区地域的数字化地图中将核心区标示为红色区域，并提示游客严禁进入，但从事相关科研活动例外。将缓冲区标示为黄色区域，提示部分外围区域可进入且需严格遵守保护区管理规定。将游憩区标示为绿色区域，这部分区域可以体验多样化的生态旅游，满足各类型游客的游憩需求、生态探险、生态教育等需求。

表 2—4　祁连山概况

行政区域	民乐县、永昌县、天祝县、甘州区、肃南县、凉州区、古浪县、山丹县
民族	蒙古族、回族、哈萨克族、裕固族、藏族等
功能区划	核心区、缓冲区、游憩区
保护区面积	265.32 万 hm²
气候类型	大陆性气候
自然保护站	康乐自然保护站、西水自然保护站、乌鞘岭自然保护站、马场自然保护站、东大河自然保护站、夏玛自然保护站、龙首山自然保护站、昌岭山自然保护站、西营河自然保护站、大河口自然保护站、古城自然保护站、哈溪自然保护站、大黄山自然保护站、东大山自然保护站、华隆自然保护站、隆畅河自然保护站、马蹄自然保护站、祁连山自然保护站、祁丰自然保护站、上房寺自然保护站、十八里堡自然保护站、寺大隆自然保护站

1. 网络服务平台系统应用

(1) 智能终端服务平台

祁连山自然保护区可以充分利用 4G 及 Wi-Fi 网络，将服务信息动态化，建立同现代电子通信设备的互联互通，主要将服务信息送到游客手中，这不但可以满足游客对于实时信息的获取需求，还可以解决信息传递的不对称性，进而提升游客出游满意度。通过这一服务平台，景区可以建立同游客的实时互动交流，收集出游者的特征及出游意愿，为打造智慧型景区及调控景区发展规划提供了有力的保障。

(2) 智能环境监测系统

祁连山自然保护区的生态环境既是一种旅游吸引物，又是地方生态的重要保障。近些年随着大众旅游时代的来临，国民 GDP 的不断攀升，旅游已经进入了寻常百姓家，随之而来的是出游人数的巨幅上升。在祁连山各个景区的高峰期，由于大大超出其生态环境承载力，引发了一系列的生态问题，如人地关系紧张、游客满意度下降、生物多样性急剧减少等，严重影响了旅游开展地的可持续发展。在此情况下，智能环境监控系统可以定期进行环境资源检测，经过数据的采集、分析、记录，获取最新动态，通过比对、评估，及时发现问题，解决问题，防患于未然，为旅游开展地的可持续发展保驾护航。

(3) 智能管理

智能管理在自然保护区及景区的应用需要借助于物联网技术，它是人工智能同信息工程、管理科学等多学科、多技术的渗透融合，智能管理系统集 MIS、OAS、DSS 功能、技术于一身，在智慧旅游建设中正发挥着越来越重要的作用。智能管理在以现代化技术为支撑的基础上兼顾了人本思想，可以科学、合理、有效地进行职能行为。通过智能管理系统，可以为出游者、社区居民及景区工作和管理人员提供智能化的服务，建立一个科学智能的监管体系。

2. 网络服务平台服务功能应用[①]

Location Based Services 这一借助于网络服务平台的新型服务功能愈加智能便捷，它可以利用 GIS、GPS 等技术，通过与 Wi-Fi 网络、移动网络的密切连接，为出游者实时提供全面、智能、个性化服务，如旅游信息查询服务、景区智能导游服务、应急救援服务等，这不仅会改变出游方式，更改变了沟通及服务方式。一款智能手机，总是伴随着无数款功能各异、可供下载的 App 呈现在使用者面前。App 的开发及应用，是网络服务平台的一种具体表现。这些 App 的应用，一方面可以满足出游者对于旅游信息实时获取的需要，另一方面满足了其社交需求。分区智能型发展模式的应用需要自媒体及互联网、物联网技术的支撑，在优化平台构建、区域信息采集、智慧景区建设等方面进一步完善生态旅

---

① 彭本红. 网络平台企业的开放式服务创新 生成机理风险管控及绩效提升 [M]. 北京：科学出版社，2020：23—25.

游发展，将所不能到达的祁连山部分地域及《河西走廊》纪录片中相关内容通过 VR、AR 技术，更加立体式地向游客展示，让游客有身临其境的感觉。同时通过网络服务平台，游客能够进行实时在线咨询、投诉、建议、求助，并在河西走廊各个自然保护区及景区的自媒体交流平台，如官方微博、官方微信公众账号，各大第三方网络平台如携程攻略、马蜂窝等分享旅游的点点滴滴。

二、社区参与模式

（一）社区参与模式构建

在社区参与模式方面，洛克泰尔湾（洛克泰尔湾位于非洲南部自然保护区内，增加了非政府组织社区被纳入盈利项目的收益体系）社区参与模式是最典型的代表之一。在这种模式中，社区居民拥有开展旅游所需的旅馆经营权以及所有权的双重股份，产生的收益份额主要由股票比例所决定，股票的比例由埃斯沃奴（Isivuno）公司的顾问制定，而且当地居民每个季节还会收到来源于野外旅行社的租金。社区经营所得红利会被存入社区信托基金会的银行账户，在红利的使用过程中，需要经过整个社区投票决定，相关利益分配如下。

（1）红利——洛克泰尔湾社区信托基金会将总收入按一部分比例分配给社区居民。

（2）基础设施——部分基金利润用于改善当地社区同最近城镇的交通路况，改进地方学校设施建设。

（3）教育及培训——通过设立奖学金来鼓励社区居民进行职业以及学业上的培训。

（4）就业——旅游及开发企业向本地社区居民提供更多岗位。

位于圣卢西亚湿地公园内的洛克泰尔湾，在发展旅游过程中所建立的社区参与模式具有很好的可持续性，本地居民不但可以参与旅游开发项目的决策，还能根据所占股份及旅游的经营来取得良好的收益，这将建立本地居民的主人翁意识，使得当地居民能够积极投身于生态环境保护。它将企业、社区居民及生态环境保护联系为一个整体，促进了文化、社会、经济及生态环境的和谐发展。而河西走廊地处丝绸之路，是西北乃至全国重要的生态屏障及保护地。由于河西走廊落后的经济，使其在发展生态旅游时普遍缺少社区参与机制，主要是以企业及政府部门为主体，社区居民仅停留在浅层次的参与。这样将会导致生态旅游在开展的过程中出现难管理、易破坏、各自为政，将不利于河西走廊生态旅游的可持续发展。因此，河西走廊应该借鉴洛克泰尔湾在社区参与模式上的方法与经验，并借助于网络服务平台所提供的教育资源及便利的通讯，让社区居民随时随地进行学习，打破偏远生态旅游地学习障碍。让社区居民深刻明白生态旅游的发展与自身的利益关系，准确定位自我在生态旅游开展中的地位和作用，建立长远的发展眼光，以便更好地理解生态旅游发展对于自己以及家园的重要意义。

通过开展生态旅游，在旅游企业获得利益的同时，旅游者能够从生态旅游发展中满足旅游需求，政府能够因合理安排而受益，其中社区参与的有效引入，不仅可以实现生态效益、经济效益、社会效益的统一与共赢，还可以协调社区发展与生态保护的关系。

从《中国旅游业可持续发展的政策工具研究》一书中得出社区居民参与到生态旅游规划决策的过程一般包括：旅游地的生态环境、经济以及社会发展的具体情况、生态旅游发展的趋势目标预测、综合目标的确定、生态旅游开发可行性方案的制定、实现发展目标策略的制定、计划执行、综合效益的评估这 8 个步骤，也基本上概述了旅游地社区居民参与旅游规划决策的全过程。①

参照社区居民参与生态旅游规划发展的一般过程，以旅游同网络服务平台的融合及利益相关者理论为基础，构建了线上线下立体发展、全面参与的新型社区参与模式即"网络服务平台＋企业＋社区居民委员会＋社区居民"开发模式。基于"旅游＋网络服务平台"的新型社区参与平台正是依托于现代新媒体技术发展打造的信息公开、服务互动、沟通社交、监测监督综合性平台，致力于构建新型生态旅游社区参与模式，以推动生态旅游可持续发展。

（二）社区参与模式应用

本书所构建的"网络服务平台＋企业＋社区居民委员会＋社区居民"开发模式主要应用于河西走廊生态旅游开展地社区及少数民族聚居区。在这种旅游开发模式中，当地居民的收益主要来自参与景区管理、经营旅游相关产品，企业收益主要来自景区。社区居民委员会不仅很好地协调了相关利益者的关系，履行了科学有效的服务管理，还成为企业的股东，共同开发经营生态旅游，并将取得的分红用于当地社区建设、改善社区教育、增加服务及工作能力培训课程等，这不仅造福了当地发展，还助推了生态旅游的长久建设。由于河西走廊开展生态旅游的社区地处偏远地带，经济相对落后，当地资金匮乏，故投资主体主要是外来投资者，且以股份制企业居多。企业在开发旅游景区后，同社区居民共同经营，社区居民委员会集体制定相关规定，定期或不定期抽查农家乐、旅游接待、本地导游等社区旅游服务项目，因为对于社区旅游服务项目的及时有效管理，使得因开展旅游而产生的企业同当地居民、景区管理同游客服务的矛盾及问题大幅度下降。

社区居民在生态旅游目的地发展中起着举足轻重的作用，是生态旅游目的地的主要利益体之一，让当地社区居民能够从旅游开发及开展中真正获得收益，才会实现健康可持续的发展。以利益相关者理论为基础，构建利益分配模式，通过此模式希望可以均衡分配各方利益，使得利益相关者均受益，也使得生态旅游目的地发展能够和谐统一，从而促进社区全面参与、全面发展，具体利益分配方式可分为以下几个方面。

---

① 李明. 中国旅游业可持续发展的政策工具研究［M］. 北京：中国旅游出版社，2018：31.

（1）当地生态旅游开展所取得的收益由政府、企业、OTA平台、社区居民委员会、社区居民共同分配。

（2）直接参与居民的收益主要来自参与景区管理、经营旅游相关产品；企业、政府收益主要来自景区；OTA平台收益主要来自网络提供生态旅游服务所获得的佣金；社区居民委员作为企业的股东，共同开发经营生态旅游，并将取得的分红以社区福利的形式用于当地社区建设、改善社区教育、增加服务及工作能力培训课程等。

（3）通过生态补偿机制的建立，不仅让生态旅游发展所取得的红利惠及直接参与者，也给予间接参与者一定的经济补偿，比如对当地居民的居住条件、学校、医疗卫生、交通运输等方面的改善。

通过网络服务平台，将生态旅游社区中形形色色的信息更为快速、全面地发布推广，将居民及旅游者的安全、娱乐、社交、环境、民主参与等所需及时完善解决。网络服务平台的合理嵌入可以使社区服务供给趋向合理化、多样化、人性化。在合理化方面，网络服务平台利用其数据集成分析，可以改善服务信息供给同需求的不对称性；在多样化及个性化方面，通过网络服务平台对出游者历次出游信息进行综合分析，可以提供类型多样、定制专属化的服务。在网络服务平台上，可以开发3D虚拟旅游体验、制定个性化出游方案、微信微博实时分享、移动终端一键化等多种线上线下结合式服务，由过去传统的"人找服务"发展为"服务找人"的全新局面。在这一模式中，生态旅游社区个性化服务及利益分配成为最大的战略优势，企业、社区、个人充分利用互联网，直接在生态社区网络服务平台上与生态旅游参与者进行实时互动交流，并根据旅游者的需求或反馈提供更加个性化、精细化的服务。

三、跨界融合发展模式

（一）跨界融合发展模式构建

跨界融合发展模式有别于传统旅游的新形式，而新型旅游形式的出现伴随着旅游产业的融合发展。河西走廊历史文化厚重，拥有多处世界知名景区景点，地质地貌也相当奇特，在生态旅游的发展方面具有巨大的潜力。生态农业、生态工业、生态第三产业借助于网络服务平台更加高效率地同生态旅游业相结合，将互联网技术融入生态旅游产业的发展中，带动相关产业发展，进一步促进河西走廊区域协调快速发展，实现持续有效多产业发展。

"旅游＋网络服务平台"主导的融合模式实现对资源的重新配置，将重塑结构、坚持人本思想和开放共享的发展理念贯穿到生态旅游产业之中，不仅要打破生态旅游产业和网络服务平台相互隔绝的局面，更要将多个领域优势融合为一个整体。具体指生态旅游业的人文、自然等生态资源通过网络服务平台这个信息化平台，以自身的强关联性为基础，打破产业边界，主动融合其他产业，并对其融合产业链中的各个环节产生影响，促使其发生变革，形成新的产业业态及产品。这种融合模式使得第一、二、三产业原有的产业链被打破和削弱，旅游功能越来越强化，逐渐形成具备生态旅游业和其他产业双向功能的新产业链。随着生态旅游业主导融合的深入，形成的新型产业链中生态旅游功能逐渐取代所融合产业的部分功能甚至全部功能。因此，"旅游＋网络服务平台"主导融合模式的结果是形成了新的产业业态及产品。

网络服务平台作为生态旅游产业信息要素，成为生态旅游产业的智能集成要素。第一、二、三产业等作为生态旅游产业新兴要素，成为生态旅游产业融合发展的延伸要素。生态旅游产业内部融合指的是"六要素"（食、住、行、游、购、娱），六者相互联系形成的有机融合。旅游产业跨界融合是指以"旅游＋网络服务平台"为基础同第一、二、三产业的相互融合，因旅游产业有较强的关联性，使得诸如农业、文化、医疗、工业等多个领域都能够参与到旅游产业的发展中来，从而形成一个多产业优势互补的新型产业形态。

（二）跨界融合发展模式应用

"旅游＋网络服务平台"主导的融合模式可以促使旅游与相关传统行业交叉融合，形成"旅游＋农业、旅游＋工业、旅游＋商贸、旅游＋金融、旅游＋会展"等多种类型的行业融合趋势。本文以河西走廊农业、工业同旅游业融合以及"旅游＋网络服务平台"主导的融合模式对出游方式的改变为例，对所构建的融合模式进行应用说明。

新中国成立后河西走廊在工业方面有了迅猛发展，这里有著名的石油摇篮玉门油田、卫星发射基地酒泉、中国镍都金昌等，这些企业及科研中心拥有着先进的科学技术、优良的生产设备、神秘的生产基地。随着生态旅游的兴起，这些工业资源皆可以同旅游资源产生融合，进而形成绿色发展的新业态。借助于网络服务平台，可以吸引全国各地游客前来观光体验，发展成为有知识、有参与、有科技含量的旅游项目，如航天科技之旅，借助于VR技术，在虚拟中体验遨游太空的神奇。河西走廊农业发展历史悠远，它是西北地区最主要的商品粮基地，将河西走廊农业资源为旅游所用，促进两者相互融合，农业为资源的提供者，旅游为资源的服务延伸，将生态旅游产业内部六要素"食、住、行、游、购、娱"相互联系并与农业形成有机融合。"食"表现为乡村菜，通过乡村旅游的开展，可以吃到大自然所馈赠的乡土美食，通过观光采摘农园，可以加强参与性、体验性，增强同自然的接触；"住"表现为农家院，农家土炕、农家火炕、农家屋舍、农家小院等一系列有特色的住宿，可以让游客更加了解河西走廊的农家生活；"行"表现为羊拉车、马拉车、牛拉车等；"游"表现为游览河西走廊民俗区、农业示范区，通过深度游览，可以更加真实地感受中国农业的魅力；"购"表现为农家土特产、当地手工艺品等。

跨界融合的发展模式对旅游产业发展形态有着显著的影响，其在出游方式上的应用为，从旅游者出游前提供的在线咨询、在线支付、餐饮酒店预订、交通路线景区查询等；

到出游中的网络社交平台实时互动、二维码支付宝等多渠道消费、智能检票、GPS导航定位、智能导游等；再到出游后的网络社交平台分享、问题及心得反馈等整个旅行过程均产生新的格局。

"旅游＋网络服务平台"，在融合的过程中不仅仅涉及互联网技术、OTA平台、旅游市场，更要以人为本，强化不同产业的互联互通，加强实体经济的创新能力与生产力，进一步推动行业间交流渗透，使各个行业技术进步、效率提升、组织变革、经济增长，逐步形成与完善生态旅游商业生态模式，展现出跨行业、跨地域，甚至是跨国界的新业态。旅游业作为产业融合的主导性产业，将发挥联动性强的优势，在满足游客个性化需求的基础上，产生新的业态，实现生态旅游的可持续发展。

第六节　生态旅游适宜度评价方法与指标选取

一、评价方法

常用的生态旅游适宜度评价方法主要有集对分析法、神经网络法、模糊综合评价法等。以上评价方法在具体应用过程中都存在一定的不足，如集对分析法是针对某一具体的区间，难以确定具体的影响程度与等级情况；在学习样本数量非常有限的情况下，参考神经网络方法的精度很难保证；模糊综合评判法存在隶属度、权重难确定等缺陷。因此，本文选择赋权叠加分析方法。

二、评价原则

在生态旅游适宜度评价中，指标被看作是其评价的衡量标准和基本尺度。指标构建的合理与否关系到评价结果的有效性与可行性。而建立河西走廊生态旅游适宜度评价指标体系的第一步是确定评价指标选择的原则。本书在选取评价指标时应遵循以下原则。

（一）主导因素原则

一方面生态旅游的研究内容涉及较多的学科与领域，另一方面区域生态旅游适宜度评价的影响因素很多，但是在实际的评价过程中，不能将每个因素都考虑进去。要尽可能地选取对评价影响比较大的主要因子，做到主要因子的全覆盖。

（二）稳定性原则

河西走廊的生态旅游开发是一个长期的、持续变化的过程，在选择评价因子时，要体现区域生态旅游适宜度稳定性，尽量选择具有持续影响力的评价因子。一般来讲，地形、降水、气温、旅游资源分布等为稳定性因子。

（三）地域性原则

河西走廊位于西北内陆地区，南部有祁连山和阿尔金山，北部是马鬃山、合黎山和龙首山，以绿洲、沙漠、戈壁、草地、湿地、冰川等为典型地貌，属于生态脆弱区。其自然生态环境状况和生态旅游发展情况都具有典型性，因此在选取指标时，不仅要客观，而且要体现河西走廊地域环境特点。

（四）易操作性原则

要考虑生态旅游的研究数据、资料收集和整理情况，以及后续评价工作实施情况，使选择的指标拥有可操作性。对于无法获得的部分数据、图件资料，可通过相关分析，找出其他数据代替；对于无法获得的重要因子，又无可替代，则应在评价时突出考虑并对评价结果进行修正。

（五）生态、经济、社会相结合的原则

河西走廊的自然生态环境状况、社会经济条件以及生态旅游发展情况都具有独特性，要建立科学全面的评价体系，需要对河西走廊拥有正确的认识和全面的了解。在评价因子选择时，还应兼顾社会、经济和生态结合的原则。

三、评价指标选取

生态旅游着重强调"生态"和"旅游"有机结合，旅游发展的最终目标是实现生态效益、经济效益和社会效益，这与传统的旅游方式比较，更加注重对生态环境和生态资源的保护。因此，本文认为生态旅游适宜度应该从四个方面进行评价分析：生态旅游资源、环境承载力、旅游基础设施、当地社会经济状况。

（一）生态旅游资源

旅游资源作为旅游业可持续发展的物质基础，也是产业经济快速增长的潜力。

生态旅游资源的数量大小、分布组合、品位高低等，是评价区生态旅游发展的重要影响因素。

1. 生态旅游资源品位

生态旅游资源的质量是它品位高低的表现，高品位的旅游能够吸引更多游客，刺激当地经济的发展，高品位的生态旅游区更加适宜开展生态旅游活动。[①] 影响适宜度的因素较多，尤其资源品位的高低对生态旅游适宜度发展具有更大的意义。

2. 旅游资源分布密度

一个地区的生态旅游资源的集中程度会反映这个地区的旅游资源开发情况。判断区域是否适宜开发，不仅需要考虑等级质量，还需要考虑资源数量及其地理位置。对游客而

---

① 李宗明. 新通道，新机遇，新发展 [M]. 北京：研究出版社，2020：37.

言，通常情况不会为一个景点而长途奔波，但如果该区域高品位的旅游资源比较多，就会对游客产生较强的吸引力，同时增加游客停留时间。

3．自然旅游资源所占比重

生态旅游区的自然资源和人文资源合理配置是其快速可持续发展的重要影响因素。通常情况下，生态旅游区的建设以自然旅游资源为核心，但是生态旅游包括自然旅游资源、人文旅游资源以及自然与人文混合型旅游资源。自然旅游资源比重表示一个地区的自然旅游资源占所有生态旅游资源的比重，若比重高，则该地区适宜发展生态旅游。

（二）环境承载力

1．年均温

温度是限制河西走廊动植物生长发育的主要因子。每种生物本身状态会对温度有一定的适应区间，温度高于或低于生物生长的耐受范围，都会产生不同的影响。同时，温度也会影响一年中适于开展生态旅游活动的时间。

2．年降水量

河西走廊降水总体偏少且分布不均匀，祁连山东段降水偏多，整个走廊西北部降水少，较少的降水量引发了一系列生态环境问题。例如，影响植被的生长、河流水位的高低、生物多样性等，这些问题都会导致河西走廊生态环境承载力下降。

3．河网密度

自然条件和河系类型会影响地表河流的分布情况，从而呈现河流疏密的差异。

生态旅游区的河流水系可以改善空间环境、调节温度差异、维持正常的水循环，在规划合理的情况下提高生态旅游的适宜度。单位面积中河流长度的大小是衡量河网密度的指标，称为河网密度，其计算公式为：

$$V = L/P$$

公式中：L 为流域内全部河流（含沟渠）总长度；P 为流域面积。

4．坡度

河西走廊南北介于南山（祁连山和阿尔金山）和北山（马鬃山、合黎山和龙首山）之间，大部分景点都是依赖山体而形成的，因此坡度是影响河西走廊生态旅游适宜度评价的重要因素。

5．高程

高程既影响温度、湿度、降雨等环境因子，同时又会影响人类活动能到达的区域。河西走廊南北两侧的高山地区海拔较高、空气稀薄、气候寒冷、动植物种类少，生态环境十分脆弱。因此，高程是影响生态旅游适宜区划分的重要影响因素。

6．植被覆盖度

植被在生态系统中扮演着重要角色，它影响地气系统的能量平衡，在气候、水文和生物循环中发挥着重要的作用。在生态旅游区中，植被更是起着举足轻重作用，绿色植物通过一系列的生态效应，可以净化空气，给景区生态环境以良好的反馈。归一化植被指数（NDVI），主要反映植被盖度稀疏、盖度差异悬殊的区域景观，是检测植物多样性以及植被覆盖率的重要指标。在生态旅游适宜度评价中，植被覆盖率高、植物种类多的区域生态旅游开发适宜度高于植被覆盖度低、植物种类单一的区域。

7. 生物丰度指数

生物丰度指数是单位面积上不同的生态系统内生物物种在数量方面的差异，同时也表现了某一区域内生物的丰贫程度。它是在土地利用数据的基础上计算的，土地利用类型是决定生态旅游适宜度的重要因素之一。不同类型的土地其生物丰度指数不同，例如建成区的生物丰度指数要低于林地，本文将河西走廊的土地利用类型分为林地、耕地、草地、水域、建设用地和未利用地来计算。

8. 土地沙漠化程度

土地沙漠化是由人为破坏或自然因素导致的，一般发生在干旱、半干旱及部分湿润地区，由于地表是疏松砂质，大风天气较多，使得原来不是沙漠的地区出现了类似沙漠景观的环境退化的过程。

9. 地质灾害分布密度

地质灾害主要表现为地震、滑坡、泥石流等现象。发生的原因是人为破坏或自然灾害。近年来，随着经济快速发展，人类工程活动频繁，河西走廊地质灾害发生次数明显增多，这对其经济产生一定影响。地质灾害是生态环境的敏感性指标，它说明了人们对所在地生态系统的干扰程度以及当地本身的地质条件。

（三）旅游基础设施

1. 交通便利性

旅游交通线路的设计是为了连接旅游目的地和客源地，通常情况下，良好的路况和便捷的交通是旅游资源潜力开发的关键。交通便利性反映了研究区内各生态旅游区（点）的交通便利程度，本文选取县级以上的公路作为主要交通干道，以生态旅游景区与主要交通道路的距离，来显示河西走廊生态旅游发展的交通情况。若生态旅游景区（点）距离主要交通道路越近，说明交通越便利，也就越适宜生态旅游开发。

2. 道路密度

道路密度是衡量一个地区道路数量或者路网便捷与否的一个常用指标，它对路网规划、城镇道路网络的建设等方面有非常重要的意义。道路设施作为社会经济发展的重要基础，它越完善、密度越大，就会对区域经济的发展越具有支撑力。

3. 与主要居民点的距离

生态旅游区的建设必须注重对当地生态环境的影响程度，最好做到负面影响和干扰最小化。生态旅游地的选址距离主要居民点的距离越近越佳。居民点的住宿、餐饮、娱乐设施可以与旅游者共享，实现当地旅游基础设施利用的最大化。由于河西走廊居民点数量不多，本文选取县级以上城镇作为主要居民点来研究。

4. 旅游设施数量

旅游设施是旅游目的地的从业人员向游客提供服务时依托的各项物质设施和设备，包括娱乐设施、食宿设施和购物设施等。旅游区只有具备完善的旅游设施，才能保证旅游活动的顺利开展。旅游设施数量多少可以反映区域旅游活动的便捷程度。

（四）当地社会经济状况

从生态旅游内涵来看，适宜生态旅游发展的区域应有利于环境保护、环境教育以及提高当地居民生活水平。因此，当地社会经济状况一定程度上可以检验区域生态旅游开发是否达到保护环境、实现环境教育和提高当地人民生活水平的目的。

1．人均 GDP

人均 GDP 既能反映当地提供设施和服务的水平，又能在一定程度上反映当地居民的社会经济水平和文明程度。从发展生态旅游的角度来看，人均 GDP 越高，可认为该地区有更多的资金投入到生态旅游的开发建设中，更适于生态旅游发展。

2．第三产业就业人数

生态旅游属于第三产业，即劳动密集型产业，它的快速发展可为当地居民提供就业机会。从事旅游产业的人员越多，说明生态旅游在被居民接受的同时发展良好。

3．居民受教育程度

居民的受教育程度会影响他们的生态环境保护意识。通常情况下，那些受过良好教育的公民会更积极主动地去保护生态环境，也更容易接受生态环境保护的理念，培养环保意识。同时，受过较高教育的居民会更乐意参与生态旅游产业，分享旅游发展所带来的荣誉感和自信心，从而提高他们的经济收入和生活质量。

四、评价标准

评价区域生态旅游适宜度时，需要确定各项评价指标的评判标准。指标要素拥有多样性和复杂性等特点，因此评价标准类型也是多种多样的。通常情况下，评价体系存在以下标准：

第一，类比标准，通过参考旅游资源评价、环境承载力评价、生态敏感性评价、环境质量评价等相应指标，开展相互类比进行质量等级确定；

第二，背景值和本底值标准，将评价区域内的背景值或者旅游开发前本底值作为评定标准；

第三，国家、地方与行业规定的标准。

本书为了提高评价标准的真实性与公认度，首先选择国家、行业与地方标准，其次参照当前相关文献采用类比标准，在没有上述两类评价标准参考时，用背景值标准。

第七节　河西走廊生态旅游适宜度分析与评价

一、数据来源与处理

本书所涉及的数据主要分为三类，第一类是图片资料，第二类是通过统计年鉴查阅的社会经济统计数据，第三类是可供 ArcGIS 直接应用的地理空间数据。图片资料的处理过程是这样的：首先，进行扫描矢量化处理，然后转换成栅格数据，最后在 ArcGIS 中进行分析运算。

（一）生态旅游资源

1. 生态旅游资源品位

通过甘肃省旅游局"甘肃旅游资讯网"查询河西走廊生态旅游资源的基本情况，包括名称、数量、等级和坐标位置，建立河西走廊旅游资源的矢量图层，并建立关联的属性表格。根据"甘肃省旅游资讯网"查询结果将生态旅游资源划分为符合论文数据处理标准的4 个等级。国家 5A 级景区为最高等级，等级属性值赋予 4；国家 4A 级景区、国家森林公园、国家自然保护区、国家地质公园为次高等级，等级属性值赋予 3；国家 3A 级景区、省级自然保护区等级属性值赋予 2；国家 2A 级景区、省级以下自然保护区等级属性值赋予 1。用 ArcGIS 空间分析工具对旅游景点的矢量数据进行核密度制图：输入生态旅游资源的坐标数据，计算字段为 grade，输出生态旅游资源品位的栅格数据，并将其数据重采样为 500 米分辨率。

2. 分布密度

采用 ArcGIS 空间分析工具对河西走廊旅游景点的矢量数据进行核密度分析，导入生态旅游资源分布数据即旅游景点坐标，不设计算字段，即可反映生态旅游资源的分布情况，则生成河西走廊生态旅游资源分布密度的栅格数据，利用自然分割法将其分为 4 个等级，再将重分类后的栅格数据重采样成 500 米分辨率。

3. 自然旅游资源比重

首先，采用 ArcGIS 计算各景点之间的欧氏距离。然后，通过反距离权重法（IDW）将计算的点数据转换成栅格数据。得到自然旅游资源比重的栅格数据，用重分类的方法将其分为 4 个等级，并重采样为 500 米分辨率的栅格数据。

（二）环境承载力

1. 年均温

年均气温来源于全国多年平均气温分布图（1 公里，国家地球系统科学数据共享服务平台），是时间段 2000－2010 年的 11 年平均值，采用 ArcGIS 裁剪出河西走廊的范围，用栅格计算器将 11 年的年均温分布图叠加在一起，用自然裂点法将其重分为 4 个等级，并重采样为 500 米分辨率的栅格数据。

2. 年平均降水

年平均降水数据来源于全国多年平均降水分布图（1 公里，国家地球系统科学数据共享服务平台），是时间段 2000－2010 年的 11 年平均值，在 ArcGIS 中截取出河西走廊的范围后，用 ArcGIS 中的栅格计算器将 11 年的年降水量分布图叠加在一起，用自然裂点法将其重分为 4 个等级，并重采样为 500 米分辨率的栅格数据。

3. 河网密度

利用 ArcGIS 10.3 水文分析模块从 GDEM 中提取河西走廊河网数据；建立河西走廊随机网格并矢量化；将矢量化的河网数据和随机网格做相交运算，逐网格求取网格单元内河流长度作为该网格单元的河网密度，获取河西走廊河网密度数据，具体计算步骤：①准备水系分布图和格网分布图。水系分布图通过矢量化获得，格网分布图在 ArcGIS 中自动生成。②使用 ArcGIS 空间分析工具中的密度分析，选择线密度，输入水系图选择 population 字段，以格网图层为处理范围得到该网区的河网密度。③以河西走廊行为边界裁剪研究区的河网密度，并重采样为 500 米分辨率的栅格数据。

4. 高程

高程数据来源于地理空间数据云（Geospatial Data Cloud）30m 分辨率的 GDEM 数据，在 ArcGIS 中以河西走廊为行政边界裁剪出研究范围，利用自然分割法将其分为 4 个等级，重采样为 500 米分辨率的栅格数据。

5. 坡度

坡度数据来源及处理是在高程的基础上，采用 ArcGIS 中的空间分析工具计算 slope，将坡度数据分成 4 个等级，即 $0°\sim5°$、$5°\sim15°$、$15°\sim30°$、$30°\sim85°$。坡度大于 $30°$ 的局部地区（除去以山体为景观）不利于生态旅游开发。

6. 植被覆盖度

本文的植被覆盖度由 NDVI 计算得出，而植被指数（NDVI）的定性描述如表 3—1 所示。数据来源于地理空间数据云。归一化植被指数 Normalized Difference Vegetation Index，记为 NDVI，其定义式为：

$$NDVI = \frac{PNIR - PRED}{PNIR + PRED}$$

其中，PNIR、PRED 表示红外波段与红光波段的反射率。原数据 DN 值为 $0\sim255$ 区间，需要将其换算成 $-1\sim1$ 区间，公式为：

$$NDVI = DN * 0.004 \sim 0.1。$$

表 3—1　植被指数（NDVI）的定性描述

植被指数	地表植被状况描述
NDVI≤0.21	植被稀少且生长活性较低，或者荒漠、戈壁、水域和居民区等没有植被的地方
0.21<NDVI≤0.50	有零星植被，低生产力的高山高原草甸、草地，交通及建筑用地周围有零星植被分布
0.50<NDVI≤0.72	长势较好的高山高原草甸、草地、耕地、菜地及村镇道路周围被少许树木包围的区域
0.72<NDVI≤1	植被茂密的林带，主要是大面积分布的自然或人工林带、耕地、菜地

7. 生物丰度指数

生物丰度指数（BAI）＝Abio×（0.35×林地＋0.21×草地＋0.28×水域湿地＋0.11×耕地＋0.04×建设用地＋0.01×未利用地）/区域面积。

注：式中，Abio 为生物丰度指数的归一化系数，具体计算公式如下：

$$归一化系数 = 100/A_{最大值}$$

其中，A 最大值指该指数归一化处理前的最大值。

8. 沙漠化程度

沙漠化是干旱、半干旱及部分半湿润地区在干旱多风和疏松沙质的条件下，由于人为过度利用等因素，破坏了生态平衡，使原非沙漠地区出现类似沙漠景观的环境退化过程。

9. 地质灾害分布密度

数据来源于全国地质灾害通报中全国地质灾害分布图，将地质分布图加载到 ArcGIS 中进行空间矫正，使其与河西走廊的矢量文件在同一投影坐标中，对其研究区的地质灾害矢量化，得到河西走廊地质灾害分布矢量图，利用 ArcGIS 中的空间分析工具进行核密度制图，不设计算字段，即只反映河西走廊地质灾害的分布情况，通过数据掩膜裁剪出河西走廊的地质灾害范围，用自然分割法将其重分类为 4 个等级，并重采样成 500 米分辨率的栅格数据。

(三) 旅游基础设施

1. 交通便利性

河西走廊主要的交通方式是公路和铁路。交通干道的部分数据来源于甘肃省旅游交通图，扫描矢量化后获得，部分数据利用 Google Earth 提取河西走廊县级以上公路。在 ArcGIS 中以公路和铁路线路图层为输入矢量数据，以 10 千米为等间距进行多环缓冲区分析，再将此栅格数据与研究区范围的空值栅格数据叠加，将所得数据重采样为 500 米分辨率的栅格数据。

2. 道路密度

道路密度是指一定区域内道路总长度与该地区国土面积之比，是评价某一地区交通状况的常用指标之一，计算公式为：

$$D_i = \frac{L_i}{A_i}, \ i \in (1, 2, 3 \cdots n)$$

式中，D_i 表示县域 i 的道路密度；L_i 表示县域 i 各等级道路（铁路、国道、省道以及县和乡道）里程；A_i 表示研究的县域面积。

通常情况下，道路密度的评价单元采用公里网格，但是河西走廊面积较大，道路数量少，若将公里网格作为评价单元，会出现很多评价单元密度值为 0。据此，本文以县级行政区为评价单元计算道路密度。首先，在 ArcGIS 中，将道路数据与河西走廊各县行政区域的面数进行识别叠加分析，可得每条公路在各县的长度；然后，通过 population 计算字段得到各县行政区内的道路总长度；最后，将新生成的属性表与河西走廊各县行政区图层进行关联，将在属性表中各县道路总长度字段与县行政区面积字段作比，即可得到道路密度。

3. 与主要居民点的距离

本文以河西走廊 20 个县城作为主要居民点。数据来源于中国 1∶400 万全要素基础数据（地球系统科学数据共享平台），在 ArcGIS 中以县城为中心，进行多环缓冲区分析，根据划分标准，设置缓冲区环数为 4，缓冲区距离为 20 千米，40 千米，80 千米，＞80 千米。将缓冲区分析的结果转换成栅格数据，再将此栅格数据与研究区范围的空值栅格数据进行叠加，并将所得数据重采样为 500 米分辨率的栅格数据。

4．旅游设施数量

为了便于统计，本文选择宾馆酒店、旅行社、餐饮娱乐场所和主要的旅游购物场所作为研究区旅游设施情况的代表。其相关数据来源于甘肃省旅游局"武威市旅游资讯网""金昌市旅游资讯网""张掖市旅游资讯网""嘉峪关市旅游资讯网""酒泉市旅游资讯网"，以县级以上行政区为评价单元。从统计情况来看，统计结果要比现实中少，但是它能够在一定程度反映河西走廊旅游设施分布的总体情况。因上述四类旅游设施的数量统计并不完整，故采用 ArcGIS 将已经获取的数据作为背景进行空间插值来获得河西走廊旅游设施的数量图。

（四）当地社会经济条件

为反映当地的社会经济条件选取人均 GDP、第三产业就业人数、居民受教育程度三个指标。其数据来源于《甘肃省统计年鉴 2020》，其中居民受教育程度是以各地区普通中学在校生数代替。以县级行政区为评价单元，将 20 个县的数据输入属性表中，根据划分标准，将研究区划分为 4 个等级，并转为 500 米分辨率的栅格数据。

二、单因子分析

（一）生态旅游资源

1．生态旅游资源品位

河西走廊的旅游资源分为四个等级，其中 5A 级旅游资源有 2 处，它们分别是嘉峪关文物景区和鸣沙山月牙泉景区。4A 级旅游景区包括：武威市 6 处，分别是武威市雷台公园、武威文庙、武威神州荒漠野生动物园、武威沙漠公园、武威市凉州白塔寺景区、武威市天祝祁连冰沟河；金昌市 3 处，分别是金昌市紫金花城景区、金昌市金水湖景区、金昌市永昌骊靬古城景区；张掖 15 处，分别是张掖大佛寺、张掖市国家湿地公园、高台大湖湾文化旅游景区、张掖市高台西路军纪念馆、张掖市高台月牙湖景区、张掖市山丹大佛寺旅游景区、张掖市山丹焉支山景区、张掖市肃南裕固族民俗度假区景区、肃南马蹄寺风景名胜区、中华裕固风情走廊（祁连山滑雪场）、张掖市肃南文殊寺景区、玉水苑、张掖市肃南冰沟丹霞景区、民乐扁都口生态休闲旅游景区和张掖平山湖景区；嘉峪关 4 处，分别是东湖生态旅游景区、紫轩葡萄酒庄园、中华孔雀苑、方特欢乐世界；酒泉市 7 处，分别是敦煌雅丹国家地质公园、敦煌阳关旅游景区、西汉酒泉胜迹、玉门赤金峡旅游景区、瓜州锁阳城景区、瓜州草圣故里文化产业园景区、金塔沙漠胡杨林景区。3A 级景区 35 处，其中武威市 5 处，金昌市 2 处，张掖市 7 处，嘉峪关市 2 处，酒泉市 19 处。2A 级景区 15 处，其中武威市 9 处，张掖市 3 处，酒泉市 3 处。A 级景区 2 处。国家级生态旅游资源的类型有国家森林公园、国家自然保护区、国家水利风景区和国家地质公园，包括张掖丹霞国家地质公园、肃北盐池湾、阳关沙漠森林公园等比较有名的景区。

总体而言，河西走廊的生态旅游资源丰富多样、品质高。从其分布情况来看，品位高的生态旅游大部分分布在河西走廊西段、中段和东段的平原地区。西北、西南以及东北地区是大面积的沙漠，旅游资源分布较少。从河西走廊生态旅游资源的分布来看，有四个高品位的生态旅游资源分布区：以武威雷台旅游和文庙为核心的高品位生态旅游景区、以张掖大佛寺为核心的高品位生态旅游区、以嘉峪关市文物景区为核心的高品位生态旅游区和以敦煌莫高窟为核心的高品位生态旅游分布区。

2. 分布密度

在 ArcGIS 中对河西走廊生态旅游资源分布的点数据图层作核密度分析，即可得到河西走廊生态旅游资源分布密度。以 500 米网格为评价单元，将河西走廊划分为 1079925 个评价单元，其中密度等级最高的评价单元有 4995 个，划分为第 4 级，占河西走廊总面积的 0.46%；划分为第 3 等级的评价单元有 27740 个，占河西走廊总面积的 2.5%；划分为第 2 等级的评价单元有 132697 个，占河西走廊总面积的 12.28%；划分为第 1 等级的评价单元有 914493 个，占总评价单元的 84.68%。从总体上看，河西走廊旅游资源分布比较集中，其中凉州区、甘州区、临泽县、嘉峪关、敦煌的旅游景点分布最为集中，旅游资源丰富。主要景点有武威文庙、马踏飞燕、张掖丹霞国家地质公园、嘉峪关长城、敦煌莫高窟、鸣沙山月牙泉等有特色的景点。旅游资源分布密度较高的区域，可以在基础设施建设、环境保护等方面进行合作，进而减少费用的开支。分布密度比较集中的地区也存在一定的分布不均匀，分布密度高的 4 级区域位于河西走廊东段的凉州区、中段的甘州区和西段的敦煌市，但是只占河西走廊总面积的 0.46%。生态旅游资源分布密度较低的区域位于肃北蒙古自治县、阿克塞哈萨克族自治县、古浪县、民勤县，该区域分布着大面积的荒漠戈壁，旅游资源贫乏。

3. 自然旅游资源所占比重

河西走廊总共有 136 项生态旅游资源，其中人文旅游资源 52 项，自然旅游资源 83 项，自然旅游资源占河西走廊总旅游资源的 61%，其比重虽然略高于人文旅游资源，但是生态旅游区以自然旅游资源为基础，人文旅游为辅助的旅游开发。因此，河西走廊自然旅游资源比重较低。

（二）环境承载力

1. 年均温

河西走廊大部分地区属于典型的大陆性气候，地形地貌对气候的影响较大，尤其是高山地区气温较低，河西走廊北部地形平坦，相对气温较高。从河西走廊的年均温来看，年均温最高是 13.29℃，最低是-12.79℃，但是绝对最高温可达到 42.8℃，绝对最低温为-29.3℃，二者较差超过 72.1℃。昼夜温差平均 15℃，呈现出一天可有四季的景象。

在 ArcGIS 中利用自然裂点分法将河西走廊的气温值划分为 4 个等级，气温比较高的第 4 级年均温在 7.15℃～13.29℃范围，有 495588 个评价单元，占河西走廊面积的 46.02%；3 级年均温在 2.55℃～7.15℃范围，有 281024 个评价单元，占河西走廊面积的 26.10%；2 级年均温在-2.56℃～2.55℃范围，有 181136 个评价单元，占河西走廊面积的 16.82%；1 级年均温在-12.79℃～2.56℃范围，有 119068 个评价单元，占河西走廊面积的 11.06%。由以上数据可见，河西走廊年均温值主要在 7.15℃～13.29℃范围，构成了河西走廊温度的主体，这一温度范围主要分布在河西走廊中部的大部分区域。

2. 降水量

河西走廊属于大陆性干旱气候，气候干燥、冷热变化剧烈，风大沙多。冬春二季常形成寒潮天气。夏季降水的主要来源是侵入本区的夏季风。区域分布不均衡，呈现自东向西年降水量依次减少而干燥度渐大的现象，具体表现为：武威市年降水量 1613 毫米，敦煌市只有 62.62 毫米；酒泉市以东干燥度为 4～8，以西为 8～24，降水年际变化大，季节分配不均匀：夏季降水占全年总量 50%～60%，春季占 15%～25%，秋季占 10%～25%，冬季占 3%～16%。

在 ArcGIS 中利用重分类中的自然分割法将河西走廊的降水划分为 4 个等级，水量最多的第 4 级，年降雨量值在 706.51 毫米～1328.59 毫米范围，其分布区域主要集中在河西走廊祁连山东段和肃北县南部大部分区域，该区域高山较多，海拔差异大，水汽上升到一定程度后易凝结形成降水。3 级年降水量值在 433.40 毫米～706.51 毫米，分布区域环绕在 4 级降水量周围，由于受到高山的阻挡，水汽大部分已经在山脉的东面形成降水，故该区域降水量有所减少。2 级年降水量值在 205.81 毫米～433.40 毫米，面积约占 21.94%，分布位置依然是接着 3 级降水量周边分布；1 级年降雨量值在 38.91 毫米～205.81 毫米，面积约占河西走廊总面积的 57.41%，主要分布在河西走廊西北部，其原因是该区域是大面积的荒漠戈壁。

3. 河网密度指数

河西走廊的河流均为内陆河。主要有石羊河、黑河和疏勒河三大水系，它们均发源于祁连山，是由冰雪融化和雨水补给而成。河流从祁连山山口流出后，大部分渗入戈壁滩形成潜流或消失断流，或者用于绿洲灌溉，只有水系比较大的河流注入终端湖泊。

从河西走廊河网密度地图中可见，河西走廊河流主要分布在东、中部，河流密度较高的 4 级有 13162 个评价单元，占河西走廊总面积的 1.2%，主要分布在河西走廊东段的凉州区、永昌县和金川区，石羊河、杂木河、西营河、东大河、红水河、金塔河在此汇合，河网密集。3 级有 140477 个评价单元，占河西走廊总面积的 13%，主要分布区域由东到西依次为：民勤县、肃南县、山丹县、民乐县、甘州区、临泽县、肃州区、嘉峪关市、玉门市和肃北蒙古自治县的部分区域，主要河流有石羊河、东大河、西大河、山丹河、黑河、梨园河、马营河、丰乐河、北大河、白杨河、石油河、疏勒河、野马河和党河。2 级有 315904 个评价单元，占河西走廊总面积的 29.26%，主要分布在民勤县、天祝县、肃南县、山丹县、甘州区、高台县、金塔县、玉门市、肃北县、瓜州县和敦煌市，主要河流有东大河、庄浪河、黑河、北大河、疏勒河、踏石河和党河。1 级有 610237 个评价单元，占河西走廊总面积的 56.51%，主要分布在民勤县、古浪县、金塔县、肃北县和阿克塞哈萨克族自治县，这部分区域基本无河流流经。

4. 坡度

坡度大小也会影响地表植被生长和水土的稳定性。坡度超过植物生长的耐受范围或水土保持的承受区间，就会对整个生态系统带来影响。从河西走廊坡度可以看出，河西走廊整个区域地形平坦，其中坡度平缓的 5° 以内的平坦区域占整个河西走廊总面积的 65.36%，坡度在 5°～15° 的区域占河西走廊总面积的 18.40%，坡度在 15°～30° 的区域占河西走廊总面积的 10%，坡度大于 30° 的区域占河西走廊总面积的 6.24%。坡度平缓的地区主要分布在河西走廊北部，东北部主要是民勤县，西北部主要是肃北蒙古自治县。坡度高于 30° 的地区只占河西走廊总面积的 6.24%，虽然所占比例最小，但也是需要引起重视的重点区域，这些区域主要分布在河西走廊南部的祁连山。坡度较大一方面容易引起土壤侵蚀、破坏地表植被，另一方面也会限制生态旅游的活动范围。

5. 高程

河西走廊主要由戈壁荒漠组成，北部的大面积戈壁滩和南部祁连山占地形主导趋势。总体呈现东南高西北低的趋势。

在 ArcGIS 中将河西走廊的高程划分为 4 个等级，4 级的高程范围在 3589 米～5842 米，有 172452 个评价单元，占河西走廊总面积的 15.98%；3 级的高程范围是 2545 米～3589 米，占河西走廊总面积的 17.75%；划分在 2 级的高程值范围是 1688 米～2545 米，占河西走廊总面积的 23.71%；划分在 1 级高程值范围是 784 米～1688 米，占河西走廊总面积的 42.57%。由以上数据可以看出，河西走廊的总体海拔较低，有 66% 的面积海拔在 2500 米以下，但是区域内海拔差异比较明显，高海拔的区域主要分布在河西走廊东南部和西南部，北部大部分面积地势比较平缓。

6. 植被覆盖度

从河西走廊的归一化植被指数（NDVI）图看，该区 NDVI 值最高是 0.94，有 2 个像元。河西走廊的 NDVI 值主要集中在 0.14～0.31 范围，有 718363 个评价单元，占河西走廊总面积的 66.7%，该范围的区域植被覆盖度最低，其原因是该区域有大面积的荒漠戈壁。处于 0.31～0.54 范围的有 189960 个评价单元，占河西走廊总面积的 17.64%，该区域主要是植物生产力低的高山、交通及建筑用地周围，以及荒漠戈壁上的零星耐旱植被。NDVI 值较高的区域在河西走廊中段、东段的祁连山周边，有 91261 个评价单元，占河西走廊总面积的 8.47%，这部分地区的植物生长较好，有草地、耕地及其乡村绿化区域。NDVI 值最高的区域在祁连山地区，有 77410 个评价单元，占河西走廊总面积的 7.19%，主要是植被茂密的林带和草原，其主导原因是祁连山东段丰富的降水为植被的生长提供了充足的水源。

7. 生物丰度指数

据河西走廊生物丰度指数显示，河西走廊因为大面积的荒漠戈壁分布，生物的生长环境比较恶劣，所以整个区域的生物丰度指数比较低。将生物丰度指数 76～100 的地区划分为 4 级，有 63128 个评价单元，占河西走廊总面积的 5.85%，主要分布在祁连山东段。生物丰度指数 46～75 划分为 3 级，有 223093 个评价单元，占河西走廊总面积的 20.67%，主要分布在河西走廊东段的古浪县、凉州区和永昌县以及中西部地区的嘉峪关、肃州区，这些地区属于山地丘陵和平原河谷区域。生物丰度指数 16～45 划分为 2 级，有 175565 个评价单元，占河西走廊总面积的 16.27%，主要分布在河谷平原地区。生物丰度指数 0～15 划分为 1 级，有 617326 个评价单元，占河西走廊面积的 57.21%，多分布于荒漠、戈壁、沙漠、冰川覆盖区和山地的海拔高处，这些地区生态系统脆弱，类型单一，生物的生产力低。

8. 沙漠化程度

河西走廊沙漠化程度较高，主要分布在敦煌市、金塔县、嘉峪关市、高台县、临泽县、民勤县、古浪县，其中最为严重的是武威的民勤县和张掖的高台县、临泽县，其原因是北部腾格里沙漠和巴丹吉林沙漠南移，加之人们不合理的资源开发和破坏。沙漠可作为旅游资源，但其面积不断扩大，就会出现沙尘暴、土地沙漠化等影响人类健康和生态系统平衡的情况。故大面积的移动沙漠并不适宜开发为旅游资源进行生态旅游活动。

可见，河西走廊沙漠化程度较高，主要原因是大面积的荒漠、戈壁、沙漠。按照沙漠化的严重程度划分为 4 个等级。沙漠化程度 300～669 划分为第 4 级，有 69460 个评价单元，占河西走廊总面积的 6.4%，主要分布在高台、临泽和民勤三个县，民勤北部是腾格里沙漠和巴丹吉林沙漠。沙漠化程度在 221～300 之间，有 243789 个评价单元，占河西走廊域总面积的 22.58%，沙漠化程度指数 50－221，有 508792 个评价单元，占河西走廊总面积的 47.12%，主要分布在河西走廊西段的阿克塞和肃北县以及中部的民乐县、甘州区和东部的金昌市，其原因是大部分地区为干旱区，降水少。沙漠化程度 0～50 划分为 1 级，有 257739 个评价单元，占河西走廊总面积的 23.87%，多分布在河西走廊祁连山区，山地为主，植被丰富，且山顶部常年积雪，故不容易形成沙漠。

9. 地质灾害分布密度

河西走廊处于亚欧板块的交界处，地质构造比较活跃。近几年人类活动频繁，使得地质灾害发生次数增加。从河西走廊地质灾害分布密度中可见，地质灾害主要分布在靠近祁连山段沿线的河西走廊东南、西南及中部地区。通过 ArcGIS 核密度分析，可以得到河西走廊地质灾害密度分布图。地质灾害的密度等级划分为 4。密度等级最高的第 4 级有 51865 个评价单元，占河西走廊面积的 4.8%，主要分布在河西走廊东段，密度等级为 3 级的有 142638 个评价单元，占河西走廊总面积的 13.2%，主要分布在敦煌市、武威市，由于山地丘陵多，暴雨和融雪极易造成泥石流、滑坡、崩塌、地面塌陷、地裂缝等地质灾害。密度等级为 2 级的有 235246 个评价单元，占河西走廊总面积的 21.79%。密度等级为 1 级的有 650176 个评价单元，占河西走廊总面积的 60.21%，主要分布在河西走廊北部面积较大的荒漠区，其原因是这些地区降水少、地势平坦，发生地质灾害的概率比较低。

（三）旅游基础设施

1. 交通便利性

河西走廊的交通以公路和铁路为主，包括国道、省道、县道等。主要的交通道路都是东西走向。

在 ArcGIS 中对河西走廊道路的矢量图进行缓冲区分析，以 10 公里为等间距生成 4 级缓冲区，得到河西走廊交通便利性图。通过栅格数据的统计得到：距离主干道 10 公里以内的区域交通便利性最好，占河西走廊面积的 34.81%，距离主干道 10 公里～20 公里是交通便利性较好的区域，占河西走廊面积的 27.14%；距离主干道 20 公里～30 公里是交通便利性较差的区域，占河西走廊面积的 21.47%；距离主干道的距离大于 40 公里的区域交通便利性最差，占河西走廊面积的 16.58%，这些区域远离交通主干道，且大部分在高山或者荒漠戈壁地区，景区可进入性差。

2. 道路密度指数

数据处理中本文主要统计了国道 G312、G3017、G2012、G215 和 G3011 线，省道 S301、S215、S216、S313、S314、S213 线，以及道路情况比较好的县道。河西走廊的道路总长度 9641.91km,它的道路密度为 0.069km/km²,该数据表明河西走廊的道路密度比较低。据实际调查,县级以下道路的质量比较差,路况不理想,不能为河西走廊发展旅游业提供方便。

从各县的情况来看,道路密度比较高的是肃州区、嘉峪关市、甘州区、凉州区,道路密度最低的是肃北蒙古族自治县、阿克塞哈萨克族自治县、肃南裕固族自治县。纵观河西走廊道路密度等级图发现,道路密度最高的县区是凉州区、甘州区、嘉峪关市、肃州区等河西五市的主城区,这些地区生态旅游发展比较成熟。道路密度最低的县都位于河西走廊的边缘地区,都是社会经济发展比较低的县。在此有一个特殊的县级市敦煌,因位于河西走廊最西端,Google Earth 上未统计到更多的道路信息,故显示道路密度非常低,但在实际中,敦煌市的道路信息不仅如此。

3. 与主要居民点的距离

河西走廊幅员辽阔,从宏观上看,各个区域内的城镇规模较小,因此本文选取区域内的 20 个县作为主要的居民点。采用 ArcGIS 对选定的县城分布点做缓冲区分析,以 20 公里为核心辐射周边,其范围占河西走廊总面积的 9.08%;距离县城 20 公里以内的有 98071 个评价单元,距离县城 20 公里~40 公里的有 215607 个评价单元,占河西走廊总面积的 19.97%;距县城 40 公里~80 公里的有 352373 个评价单元,占河西走廊总面积的 32.63%;距离县城 80 公里~300 公里的有 413729 个评价单元,占河西走廊总面积的 38.23%。从居民点距离图反映的总体情况来看,河西走廊的大部分评价单元都距离县城 80 公里以内,可为游客使用城镇的基础设施设备提供便利。同时,居民点附近旅游可为当地经济的发展做出贡献。河西走廊西端北部和南部旅游景点距主要居民点的距离大于 80 公里,游客可利用的设施较少,不利于开展生态旅游。

4. 旅游设施数量

旅游设施数量由统计数据在 ArcGIS 中进行空间插值得来,并不是很严密的数据,只是为了反映河西走廊旅游设施总体情况选取的指标,故在此只做简要分析。从河西走廊各地旅游数量图可以看出,敦煌、嘉峪关、甘州区、凉州区旅游设施数量较多,这些地区基本都是河西五市政治、经济、文化中心,也是旅游开发较早,市场需求较大的地区。武威依托"文庙、雷台",张掖借助"张掖丹霞国家地质公园"和"大佛寺",嘉峪关围绕"嘉峪关长城",敦煌市凭借"莫高窟和鸣沙山月牙泉景区",把旅游产业作为转型发展、科学发展和可持续发展的重要产业来打造,加大投入,着力改善旅游基础设施条件。河西走廊其他地区旅游设施数量较少,尤其是古浪县、天祝县,肃南裕固族自治县、金塔县、瓜州县、玉门市、肃北蒙古族自治县和阿克塞哈萨克族自治县,这些地区普遍经济发展滞后,高品位旅游资源较少,景点密度较低,市场需求小,政府在旅游设施建设方面投入较少。

(四) 当地社会经济条件

1. 人均 GDP

河西走廊地处西北内陆,由于交通闭塞,开发程度较低,除了镍都金昌依靠工业发展经济，其余四市均依靠农业发展，相对于甘肃省或者全国大部分地区而言，其人均 GDP 普遍较低。人均 GDP 最高的是酒泉的阿克塞县和肃北县，主要是因为该县人口稀少，并非该县的经济发展水平高，其人均 GDP 分别达到 133538 元、141465 元。人均 GDP 最少的县是古浪县，只有 10523 元。该地区主要收入来源于传统耕地和放牧。人们生活水平普遍较低，没有促进经济发展的产业，该县期望在国家政策的帮助下能够转变发展方式，提高经济发展水平。

2．第三产业就业人数

第三产业作为国民经济的重要部门，对于经济发展具有很大的拉动作用。河西走廊随着产业结构的不断优化升级，第三产业在国民经济中所占的比重不断提升，发挥的作用越来越大，成为国民经济的重要增长点。随着第三产业的不断发展，河西走廊第三产业就业人数随之增加。但是河西走廊第三产业就业人数的地区差异很大。第三产业就业人数最多的是肃州区、甘州区和凉州区，分别占总第三产业就业人数的 9.28％、13.65％、17.07％，其主要原因是这三个地区人口基数大，旅游资源丰富，能为人们选择在第三产业就业提供平台。第三产业就业人数最少的地区是肃北蒙古自治县和阿克塞哈萨克族自治县，主要是该县地处河西走廊边缘地带，当地发展落后，旅游发展滞后，人们观念陈旧，提供的就业平台有所限制，因此在第三产业领域工作的人员有限。

3．居民受教育程度

由于居民受教育程度难以统计到确切的数据，因此本文采用当地中学在校学生数代替。河西走廊 2016 年普通中学在校学生人数 288117 人，占本年度区域总人口的 59.32％，普通中学生在校人数最多的是凉州区，学生人数达到 55485 人，最低的是阿克塞县，人数只有 531 人。其中有 3 个区的人数在 28626～55485 人范围，分别是凉州区、甘州区和肃州区，是河西走廊经济社会发展比较高的地区，其教育发展条件比较优越。普通中学在校生人数比较低的县是肃北县和阿克塞县，人数在 531～1173，主要分布在河西走廊的西段，由于这些地区单位人口稀少，从地理位置而言又比较偏远，经济发展水平较低，教育设施简陋，人们的受教育观念也相对滞后。

三、综合评价

对各单因子进行分析后，采用 AHP 对每个因子赋予权重，然后采用 ArcGIS 中的叠加分析工具进行空间叠加得到河西走廊生态旅游适宜度等级图，用自然裂点将其分为四段，根据区间将其标为适宜区、较适宜区、较不适宜区和不适宜区。

（一）适宜区

区域范围：适宜区有 74308 个评价单元，占河西走廊总面积的 6.9％，主要分布在河西走廊东段的凉州区、古浪县；中段的甘州区、肃州区的部分地区。位于以国道 G312、G30 为基础的走廊核心区域，形成了狭长的生态旅游适宜区。

区位条件：结合生态旅游资源的质量、分布情况，发现该区域发展生态旅游具有优越的资源条件。从环境承载力即从气温、降水、坡度、高程、河网密度、生物丰度指数等方面进行分析，发现祁连山东段降水较多，并且属于地形的河谷地区，地势平坦，植被覆盖度较高，主要是茂密的林带和草原；生物丰度指数较高，生态系统稳定；从旅游基础条件分析，该区有国道G312、G30线贯穿，省道S301、S215、S216线，以及数条县道辐射延伸。路网密度高，交通十分便利；附近居民点较多，游客能够充分利用居民点内的旅游服务设施；旅游设施齐全，能够保证游客的旅行质量。从当地的社会经济条件分析，人均GDP偏低，主要受到当地人口基数过大的影响；第三产业就业人数多，可以为旅游业发展提供充足的劳动力，居民受教育程度较高，比较容易理解环境保护、环境教育的理念、更好地接受发展生态旅游的活动、积极地参与到生态旅游产业中。综合来看，这些地区在旅游资源、环境承载力、旅游设施和社会经济条件方面都存在一定的优势，适宜开展生态旅游活动。

主要威胁：由于乱砍滥伐、旅游开发不当等引起自然环境破坏和生物多样性受损。

发展方向：该区域生态旅游资源比较丰富，而且品位较高，生态环境承载力较高，应该在保证生态环境不受破坏的前提下，建设生态旅游区。科学规划旅游景区，加强旅游区的管理，尤其是对重点旅游景区的生态建设，禁止在重点旅游区周边布局重化工产业，禁止捕猎野生动物，实现生态环境建设与旅游协调发展。

（二）较适宜区

区域范围：较适宜区有207905个评价单元，占河西走廊总面积的19.25%，主要分布在河西走廊东段天祝藏族自治县、民勤县、永昌县，中段的山丹县、民乐县、临泽县和高台县，西段的肃州区和瓜州县的部分地区。

区域条件：从河西走廊的旅游资源条件看，该区域旅游资源分布密度较高，旅游资源品位较高，具备一定的旅游资源基础。从环境承载力方面分析，该区域属于河西走廊东部，大部分属于山地，降水较多；地形比较复杂，有高山、丘陵、河谷平原、荒漠戈壁；山地、丘陵、河谷地带有植被覆盖，荒漠戈壁植被覆盖较少；河谷丘陵、山区生物丰都指数较高，荒漠戈壁生物丰度指数较低。从旅游基础条件分析，该区域平原地区交通便利性较好，山区没有路网分布，交通不便；距离居民点较近，可以利用居民点服务设施；阿克塞和肃北县旅游设施数量较少，东段的民乐县旅游设施较多。从当地的社会经济条件分析，该区人均GDP均较高，第三产业就业人数较少，其原因是当地人口稀少；居民受教育程度整体偏低。从旅游资源、环境承载力、旅游设施、社会经济条件综合分析，该区域与高适宜区的总体条件相比较存在一些不足之处。

主要生态威胁：生态演替异常，森林功能弱化，水源涵养能力下降；公地悲剧、草场退化，土地沙化发展趋势明显。

发展方向：较适宜区的生态系统脆弱，植被覆盖度较低，生物多样性受损。所以该区域在发展过程中应该以保护生态环境为主，适度开展生态旅游。

（三）较不适宜区

区域范围：较不适宜区有442683个评价单元，占河西走廊面积的41%，主要分布在金川区、肃南县和河西走廊西段的金塔县、嘉峪关市、玉门市、敦煌市和瓜州县的部分地区。

区域条件：从生态旅游资源质量分析，该区域旅游资源品位较低，空间分布密度较低，发展生态旅游资源条件较差。从环境承载力即气温、降水、坡度、高程、河网密度、生物丰度指数等方面可以看出，该区域山地降水较多，平原地区降水少；地形复杂，以山地为主；除了阿克塞和肃北县，其余各县生物丰度指数和植被覆盖度较高；从旅游基础设施数量、交通条件以及与主要居民点的距离远近来分析，该地区交通条件比较差，便利性低，旅游景点距离居民点的距离比较远，当地的旅游设施数量不足以完全支撑游客的旅游，同时较少的旅游设施更不能为游客提供较为舒适的旅游环境。从人均 GDP、居民的受教育程度以及在旅游业的从业人数方面来分析，阿克塞、肃北县和肃南县的人均 GDP 较高，其原因是该县人口较少，旅游业的就业人数比较少，居民受到的教育质量水平较低。因此，该区域的综合条件并不利于生态旅游活动的开展。

主要生态威胁：土地沙漠化严重，生物多样性面临严重威胁。

发展方向：这一区域的生态环境比较脆弱，不适宜进行大规模的生态旅游开发。

所以在开发的过程中坚持保护第一，开发第二的原则。加强该地区的旅游规划管理，对草原减牧，保护绿色植被，保护湿地生境，保护湖水水质，传承历史文化，保护历史遗迹。

（四）不适宜区

区域范围：有 355021 个评价单元不适宜开展生态旅游活动，它们占河西走廊总面积的 32.85％，主要分布在河西走廊西段的阿克塞县和肃北蒙古自治县南部。区域条件：从旅游资源质量看，该区域旅游资源分布分散，品位低，不能为开展生态旅游提供基本的资源保证。从环境承载力即气温、降水、坡度、高程、河网密度、生物丰度指数等方面分析，该地区的地表是大量的戈壁荒漠，降水量非常少，植物生长环境恶劣，生物量非常少，生态系统稳定性差。从旅游基础条件分析，该区域交通密度低，交通不便；远离居民点；旅游设施数量少。从当地社会经济条件分析，可以看出该地区第三产业就业人数非常少、居民受教育程度低，对旅游业持排斥态度。综合以上几方面因素分析，可以看出该地区不适宜生态旅游资源的开发。

主要生态威胁：植物生长环境恶劣，水土流失严重，沙丘活化，风沙大。

发展方向：不适宜区生态环境非常脆弱，应该建立生态保护区对其进行全面保护，禁止任何可能对生态环境造成破坏的生态旅游开发。

第三章

河西走廊民族民俗旅游资源开发

第一节　河西特有的民族民俗旅游资源

河西特有少数民族民俗旅游及旅游产品的开发建立在河西裕固族、保安族和东乡族民俗文化旅游资源的基础上，因此，为了更好地开发河西特有少数民族民俗旅游产品，就要先研究河西特有少数民族民俗旅游及旅游资源的开发前提。

开发河西特有少数民族民俗旅游及旅游资源意义深远，能够促进当地的文化繁荣，激发民族自豪感，振奋民族精神，增强民族团结、国际友谊，是爱国主义、国际主义精神文明建设的窗口；为大批农村剩余劳动力提供了就业的门路，解决就业难问题，促进当地旅游经济的发展；有利于优秀传统民族文化的弘扬。在现代文明的影响、经济大潮的冲击下，很多少数民族村庄的"汉化"进程正在加快。一些具有民族特色的民族建筑、服饰、发型正在不断淡化、消失。通过对民族民俗旅游村庄的建设，以及通过人们不懈地挖掘、整理工作，当地优秀的传统文化得以保存并弘扬光大；大量的新信息、新观念传到这里，外来旅游者超前的思想观念必定会促进文化交流、信息交流和思想交流，这些交流势必会给村寨的经济技术发展注入活力；旅游业也可促进第三产业的发展，为吸引劳动力，培养有一定技能的旅游从业人员创造了有利条件。

河西民俗文化旅游资源不仅种类齐全，内容丰富，而且特色鲜明，形成了与自然景观和历史文化资源的有机结合。同时，在空间分布上与现有成熟的旅游线路相结合，具有良好的开发效应。

一、生活习俗及饮食风味旅游资源

作为民俗文化的组成部分——生活习俗和饮食风味旅游资源，它主要包括婚嫁习俗、待客往来习俗、丧葬习俗等。[①] 在表现形式上，河西走廊不同民族生活习俗存在很大差异。在裕固族婚礼中，裕固族和其他民族通婚。男女青年自由恋爱，婚礼一般分两天进行。第一天在女方家，第二天在男方家，男方家比女方家隆重。双方事先都要请好歌手，当新娘离开娘家时，娘家要唱送亲歌。到婆家后，先用手抓羊肉、烧酒招待客人，晚上举行婚礼。婚礼上首先由老歌手唱本民族的历史民歌《萨娜玛珂》，然后唱祝酒歌。当酒兴正浓时，双方歌手开始对唱。歌词大意，一是互相祝贺，二是娘家希望婆家爱护体贴姑娘，婆家答唱的内容是表示夸耀和自豪，并请娘家放心。有时也有互相挑剔的内容。新娘进门时，新郎官会把手里的小弓箭上的三支箭射向新娘，射中了，便意味着两人将相亲相爱，

---

① 陈保霞. 文化传承与民俗文化旅游资源开发 [M]. 北京：北京工业大学出版社，2018：16.

白头到老。射罢，新郎把弓箭折断，扔到门旁，由老人投进火里烧掉。反映了其婚礼文化的独特性。东乡族婚礼高潮期间，人们还戏谑性地将新郎的父亲或叔伯等长辈脸上抹锅黑，反穿羊皮袄，腰系铃铛，头顶破帽，手脚象征性地捆住，或是使之倒骑毛驴"亮相"，人们称之为"戏公公"。

二、民居建筑旅游资源

民居是包含住宅以及由其延伸的居住环境，是在人们生产生活的自然环境、社会经济发展水平、宗教和文化等多种因素的影响下，经过长期不断发展形成的，是人类物质文化的反映。[①] 河西走廊传统民居建筑巨大的艺术容量和强烈的艺术表现力，折射出了其多个文化环境中不同群体的心态，构成了民俗文化旅游资源中一道诱人的风景。例如裕固族主要的传统居住方式为土木结构的房屋和适合游牧生活的帐篷。如今，在当地各旅游景区，帐篷已成为富有民族特色的旅游接待设施。

三、民族服饰旅游资源

民族服饰是各民族人民为塑造本民族美好形象创造出来的，具有鲜明的地域性、民族性、传统性及艺术性，是民族特征的综合体现。灿烂的服饰文化构成了河西特有少数民族民俗旅游风情的独特景观，如裕固族服饰是甘肃省 2004 年确定的首批十个民族民间文化保护工程试点项目之一，更在 2008 年出现在了第二批国家级非物质文化遗产的名录中，具有珍贵、独特、濒危等特点。裕固族男子服饰比较简单，但也有其独特之处。男子头戴金边白毡帽，帽檐后边卷起，后高前低，呈扇面形。也有的帽檐镶黑边，帽顶正中有在蓝缎上金线织成的圆形或八角形图案。身穿大领偏襟长袍，富裕人家多用布、绸、缎等料缝制，贫穷人家多用白羊毛捻毛线织成的褐子缝制。冬季，多穿用绸、缎、布料做面的长袍，差些的则穿白板皮袄或褐面软毡里的毡衫过冬。

男子一般都扎大红腰带，腰带上佩五寸腰刀、火镰、鼻烟壶。衣襟上无论单棉都用彩色布或织锦缎镶边，富人还用水獭皮镶外边。单、夹袍下摆左右开衩，在衣叉和下摆处镶边。上年纪的老人，腰间挂有香牛皮缝制的烟荷包。荷包呈长脖大肚花瓶状，底部垂红缨穗，荷包上还带有弩烟针和铜火盅。旱烟锅是用一尺多长的乌木杆，装上玉石或玛瑙烟嘴、青铜或黄铜烟锅头，总长二尺左右，平时从脖子后面插入衣领，烟嘴要齐耳露在领边。裕固族男子，逢年过节或遇重大活动，长袍上面要罩件青色长袖短褂，左右开小口边。裕固族妇女穿的节日礼服在衣领、衣袖、布靴上都绣有各种花、鸟、虫、草、家禽等图案，在形式和内容上还吸收了汉族的许多特点。"衣领高、帽有缨"是裕固族女性服饰

---

① 巫其祥，陈娅. 陕南民俗旅游文化研究［M］. 西安：三秦出版社，2020：23.

的一大特点。生活方式和文化传统形成了裕固族服饰上的审美标准，服饰的样式、花色、图案都按其民族习惯形成并代代相传。裕固族服饰验证了"水的头是泉源，衣服的头是领子""帽无缨子不好看，衣无领子不能穿"等裕固族民歌。裕固族妇女有戴帽子习惯。这种帽子是用白色羊毛压制的毡子制成，前缘镶有两道黑边，帽檐不宽，后沿微翘，前沿平伸，帽顶缀有红线穗子垂在帽顶周围。有的还饰有各色花纹，戴在头上像一只倒扣的喇叭，很是别致。妇女穿高领长袍，外面套着短衣短褂，在领子、袖子、前襟等处都绣有丝线图案，更是别具特色，美不胜收的喇叭形的红缨帽，是对裕固族女装的概括。东乡族男子多穿宽大的长袍，束宽腰带，腰带上挂小刀、荷包、鼻烟壶和眼镜盒等物，头戴或白或黑平顶软帽，对襟长袍。妇女穿大襟上衣外套齐膝坎肩，妇女一般戴丝、绸制成的盖头。她们戴的盖头是其民族服饰中的一大特色，而且按年龄和婚否有严格的区别，如少女及新婚妇女戴绿色的，中年妇女戴黑或青色的，老年妇女戴白色的。而男子戴的无檐小帽，毛毡帽，和裕固族女子的红缨帽等都是极具民族特色的。同时保安族男子佩带的保安腰刀更能吸引游客们的喜爱和关注。

四、民间艺术与民间工艺旅游资源

民间艺术与民间工艺在适应劳动人民生活需要和审美要求的过程中产生，具有浓郁的民族特色和地方"土味"，其观赏性、收藏性强，既是旅游观光的对象，也是旅游购物的对象。[①] 种类繁多、工艺精巧、民族风格鲜明、极具特色的民间工艺是河西走廊各民族不同的社会历史、风俗习惯、审美观点的反映。如保安族的保安腰刀、陇东的皮影和剪纸、兰州的黄河奇石和刻葫芦、天水雕漆、酒泉夜光杯、卓尼洮砚等，都有极强的观赏、收藏价值。

五、节会庆典、文体活动及民间歌舞旅游资源

河西境内各民族的节会庆典活动形式不同、内容丰富，有着广泛的群众基础，其自身的民族独特性、浓厚的生活气息具有很强的吸引力。如回族、土族、保安族、撒拉族、裕固族等民族的花儿会；东乡族的四大节日：开斋节、古尔邦节、圣纪节、阿守拉节；裕固族的传统农祀活动剪鬃毛；蒙古族的那达慕大会等各种节庆活动。

民间歌舞文体活动反映当地劳动人民的生活与风情，具有浓郁的地方特色和民族特色，是旅游者体验各民族文化最直接的形式。如裕固族的民族文字虽然已经失传，但是民间仍然保留着自己优秀的文化传统。包括神话、传说、寓言、民歌、叙事诗、格言、谚语等。其民歌曲调独特，内容多是表达劳动和爱情。《黄黛成》和《萨娜玛珂》是流行较广

---

① 王秀娟. 民俗旅游开发与管理研究［M］. 长春：吉林大学出版社，2019：33.

的歌曲。裕固族人民人人会唱歌,裕固族民歌有叙事歌、牧歌(东部语称"玛尔至顺"、西部语称"玛尔至耶尔")。牧歌中有牧羊歌、放马歌、放牛歌、牧驼歌。劳动歌中有奶幼畜歌、剁草歌、擀毡歌、割草歌、捻线歌等。风俗歌主要包括婚礼歌和送葬曲。以上这些都反映了河西特有民族的独特民俗风情。

第二节 河西特有的民族民俗旅游开发分析

一、优势分析

旅游资源是旅游业开展的首要基础条件。甘肃省历史悠久、疆土面积大、交通方便、有着丰富的自然、人文旅游资源,为其旅游业的发展提供了基础保障。这里生活着众多民族,有各种各样的民俗风情。特别是甘南地区的藏族风情、裕固族风情、哈萨克族风情等。

除了民俗风情以外,这里还有丰富的旅游资源,如观赏性极强的庆阳陇剧、剪纸、陇东皮影、敦煌曲子戏等;这里宗教文化浓厚,可以游览拉卜楞寺、塔尔寺等,例如,在裕固族人的信仰中,宗教无疑占去了最重要的分量,裕固族人对宗教是执着和膜拜的。

裕固族地区共有九个寺院,寺院建筑宏伟,历史悠久,有塑绘的神像和藏文经典。每个部落都有自己的寺院,故有"什么寺属什么家(部落)"的说法。这九个寺院分别为:古佛寺、康隆寺、青隆寺、景耀寺、长沟寺、水关寺、红湾寺、莲花寺、明海寺。祭"鄂博"是裕固族重要的宗教活动。一般都在农历二月初二。过去的裕固族每家都要祭"鄂博"。"鄂博"是裕固族人心中的神灵,在祭奠仪式上,用一根松木橼子作为鄂博,木橼的尖头缠绕羊毛,选用公的山羊做祭祀许愿用的贡品。

农历六月的时候,裕固族人会手捧清茶,举行每年一次的"过会"。喇嘛会念诵着平安经,裕固族人则会在平安经的伴随之下,往山上泼洒清茶,以此来祈求山神的保佑。每个寺庙对于"过会"的时间安排并不是统一的,所以在祭神的这段时间里,山上总会出现不同寺院设定的祭神地点,到处随风飘动着经幡,却也成为当地独一无二的一道风景。除此之外还有回族四大节日:开斋节、古尔邦节、圣纪节、阿守拉节,裕固族的传统农祀活动剪鬃毛。裕固族不仅有独特的风俗习惯,而且具有丰富多彩的手工技术,他们的生产、生活用品原料多以皮张、毛类为主。他们在生活中穿的毛毡袄、皮袍、皮靴子、戴的狐皮帽、尖尖帽,住的各种帐篷,用的皮毛被褥、皮毛绳、皮毛口袋、皮箱子、皮毛鞭子、皮毛茶袋、皮水桶,以及茶窝子、马鞍、棚草席、草筐等都是自己加工制作的。

随着当地旅游业的兴旺,裕固人的手工技术和思想观念也在不断更新,他们把精美的手工制品当作旅游产品销售给游客。曾经作为生产、生活用品的裕固族手工制品，开始作为商品向外界推销和宣传。当地特色的旅游纪念品很多，它们具有极强的观赏和收藏价值。

二、机会分析

国家的大政方针政策直接影响着旅游业的发展，对民族民俗旅游的发展有导向性作用。随着带薪假期和休闲时间的增多，我国的大众旅游已经进入了快速发展阶段。西部大开发策略的持续推行、河西地区的基础设施建设、特色产业的发展、科学教育的投入等，都为河西特有少数民族民俗旅游的快速发展提供了机会。

（一）政策与政府支持

国务院将旅游业定为西部地区重点优先发展的产业，先后出台了一系列的优惠政策，并提供了专项资金。2021 年 10 月 22 日，甘肃省政府办公厅印发《"十四五"河西走廊经济带发展规划》（以下简称《规划》），规划期为 2021－2025 年，展望至 2035 年，规划范围包括酒泉市、嘉峪关市、张掖市、金昌市、武威市 5 个市。《规划》提出，"十四五"时期河西走廊经济带的发展定位为：国家生态安全屏障、国家新能源产业基地、全省先进制造业基地、全省文旅融合发展集聚区、全国特色高效农业示范区、丝绸之路重要开放廊道。

"十四五"时期，河西走廊经济带发展目标为：到 2025 年，地区生产总值占到全省的 30％左右，固定资产投资年均增长达到 8％左右，支撑全省高质量发展的作用显著增强。生态文明水平显著提高。祁连山生态屏障更加稳固，区域生态治理取得新成效，环境突出问题得到有效整治，地级城市空气质量平均优良天数比例达到 93％，万元地区生产总值用水量较 2020 年下降 16％。城镇布局更加优化。中小城市和小城镇良性互动、协调发展的空间格局逐步形成，常住人口城镇化率达到 60％以上。基础设施联通水平不断提升。城乡、城际公路路网衔接更加有效，铁路路网连接更加合理，航线更加优化，区域交通网络化水平和运行效率大幅提升。现代经济体系初步形成。地区研发经费投入强度达到 1.65％，每万人高价值发明专利拥有量达到 2.33 件。产业绿色化、规模化、集群化、智能化水平显著提升。生态产业占比持续提高，初步形成相对完整的产业链供应链体系。改革开放能力显著增强。利益共享和成本共担机制不断完善，营商环境达到省内一流水平，统一开放的市场体系基本建立。开放水平大幅提升，特色服务出口基地建设取得新突破，文化服务出口能力显著增强，服务外包出口取得新成效。

（二）旅游业发展前景广阔

随着人们生活水平的不断提高，人们亲近自然和了解人类历史文化的愿望随之增强，使旅游成为一种时尚的生活方式，推动旅游需求迅速扩大。据国家旅游局海外旅游者抽样调查结果表明，海外旅游者对中国旅游产品的兴趣主要集中在山水风光、文物古迹和民俗风情等方面，而甘肃省正是这些旅游资源特别丰富的地区，这从不同程度上吸引了海外游客。国际国内旅游客源的不断增加，旅游市场的不断扩大，为甘肃民俗旅游发展带来了无限商机。

（三）旅游市场格局变化

近年来，历史文化旅游已经发展成为世界旅游市场上最具发展潜力、最为热门的旅游项目之一。在文化旅游过程中，游客有机会近距离了解旅游目的地的历史文化、风土人情，亲身体验当地的生活方式，有助于增长见识，增进学识。甘肃省文化旅游资源丰富，全省已查明的文物遗存共有1.37万处，武威、张掖、敦煌、天水等城市被列为中国历史文化名城，甘肃省可以借助这股文化旅游的热潮，大力发展各种文化旅游，从而带动甘肃省旅游业的全面发展。

三、竞争分析

（一）周边省份和地区旅游市场的竞争

甘肃省地域狭长，位于黄河上游，与陕西、四川、青藏、新疆、内蒙古相邻。青海、西藏、四川等地的旅游资源与甘肃省有极大的相似性，在当今竞争激烈的情况下，这种相似性现象极有可能导致客源市场被分割减少。陕西省对甘肃省旅游业的发展产生极大的威胁，陕西交通发达，有着丰富的旅游资源，设施完备，吸引着国内外大批的游客前来驻足观赏；同样与甘肃省毗邻的四川的九寨沟、峨眉山、乐山大佛、大熊猫等旅游资源更是对甘肃省旅游产品具有极大的挤占性；在交通不发达的情况下，导致一些景点，尤其是一些偏僻的民族旅游地的可到达性低。

（二）省内其他类型旅游产品之间的竞争

甘肃省旅游产品类型丰富，很多产品深受旅游者的喜爱，如陇上江南山水、康县阳坝、成县鸡峰山和西峡、礼县先秦文化考古大发现都成为近年的旅游热点。因此，甘肃省民俗旅游产品一定要处理好与其他类型旅游产品之间的"竞合"关系，否则会形成竞争，阻碍民俗旅游的发展。

（三）旅游基础设施相对落后是制约发展的瓶颈

基础配套设施不完善，特别是交通设施成为甘肃省民俗旅游可持续发展的重要制约因素。甘肃省地域广大，东西狭长，民俗旅游景点点多线疏，受交通不便制约严重。除敦煌、嘉峪关外，其他地方都没有民航支线机场，兰州中川机场也因为航线少、航班密度低而极大地影响着旅游接待工作。铁路、公路建设也比较落后，尤其是支线建设和景区景点连接道路的建设没有及时跟上，影响旅游整体效益的发挥；景区景点内设施不完善、不配套，满足不了游客需求，甚至有安全隐患。城市综合功能不完善，中小城市缺乏符合旅游规范要求的服务设施。

改革开放以来，旅游业正成为甘肃经济的支柱产业。在甘肃省委、省政府的指导下，借助中国加入世界贸易组织、旅游业的进一步开放、西部大开发的进一步落实、世界旅游需求的不断增长等"东风"，相信这一切都为甘肃省民俗旅游的快速健康发展提供良机。

第三节　甘肃省特有的民族民俗旅游开发策略

一、开发思路

（一）突出自身特色，加大对外宣传

甘肃省的多民族性，决定了它的民俗文化必将有着异彩纷呈的特色，为其开发特色民俗旅游提供资源基础。民俗文化相对于其他类型的文化来讲，有着独有性的特点，针对这一点积极开拓国内外旅游市场。旅游活动本身就是一种文化生活，发展旅游业有利于对甘肃悠久丰富文化的宣传与传播。要更好地开拓民族民俗旅游市场，就是要大力做好宣传工作。人们选择旅游目的地的重要前提是旅游资源的独特性，对旅游者有极大的吸引力。所以，要想让更多的旅游者来本地旅游，就要让他对我们的旅游资源产生欲望。[①] 欲望的产生条件之一，就是要对该事物有认知，这就要求旅游目的地做好针对性的宣传，"酒香不怕巷子深"的传统说法已经不能适应市场的规律，如果不采取有效的宣传营销方式，许多民俗旅游资源只能面临"孤芳自赏的境地"，因此要加大宣传。例如制作高质量的旅游宣传品，通过各种营销途径，如网络营销、人员营销、价格折扣等，使有效信息到达旅游者那里。带领游客到少数民族地区观赏具有异域特色的民族婚礼，品尝特色美食、购买具有当地特色的旅游纪念品，获得好的旅游感受，会使旅游者成为我们的宣传员，扩大产品的知名度。

（二）多方筹措资金，增加开发投入

资金对民族民俗旅游的开发至关重要。制约甘肃省特有少数民族民俗旅游发展的一个重要原因就是资金不足导致的基础设施不完善。在以后的时间里，要在国家相应扶持政策的引导下，营造良好的投资环境，开创多元化的投资渠道，广泛调动全社会办旅游的积极性。要让民族民俗旅游快速发展，促进甘肃省少数民族民俗旅游业的发展，资金的投入非常重要，要采取各种方法筹集资金。如"全社会办旅游""以旅游养旅游"，政府加大对民俗旅游的投入等。选择极有特色的农户，给他条件，让其挂牌经营，这样不仅增加了农户

---

① 王义，郭玉虎，邱正保. 陇南旅游文化［M］. 北京：中国文联出版社，2007：68.

的收入，也增加了旅游收入，同时也使民俗文化获得深化；还可以采取政府牵头，酒店宾馆、旅行社、运输公司等联合起来建设一个民俗旅游企业，扩大就业、增加收入。

（三）向无形价值转变，实现品牌创新

甘肃省特有少数民族民俗旅游资源是旅游价值的重要组成部分，它虽然有较高的文化价值、审美价值和历史价值，但要想在竞争惨烈的旅游市场占有一席之地，仅依靠民族民俗自身的价值是很难做到的，旅游资源的地理区位和服务是旅游者选择旅游目的地的重要因素，要依靠它来提升品牌竞争力。作为旅游产品，人们更注重的还是精神层面的满足，因此，甘肃省在打造民俗旅游地时，除了要积极加强交通等基础设施建设，还要努力打造有自身特色的标准化旅游服务，促进无形价值的转化，增加文化旅游的附加值，取得旅游者对民俗旅游产品的认可，提升甘肃省特有少数民族民俗旅游品牌的竞争力。

一个产品要想获得长久发展，需要不断进行创新。品牌创新是要以科学的品牌战略使品牌的内涵和外延得以延伸，从而保持其长盛不衰的活力。品牌创新实质就是赋予品牌要素以创造价值的新能力的行为，即通过技术、质量、商业模式和企业文化创新，增强品牌生命力。因此旅游业发展同样离不开创新，甘肃省保安族、东乡族、裕固族等民族旅游地、当地的经营者要不断更新观念，接受新思想，积极进行创新，着重从经营、管理、服务、推广等方面着手打造自身新的民俗旅游产品。不断推出适应旅游者需求的品牌，使旅游者获得轻松愉快的享受，并力争使当地品牌的周期尽可能延长。

当然，这需要依赖甘肃省旅游部门开发出的独特资源作为基础，配合服务，不断地挖掘其文化内涵，加强管理，树立良好的品牌形象，并将之传播出去。

（四）加强人才培养

在生态资源开发保护的过程中，有很多问题亟待解决，而对民族民俗旅游资源的开发和保护，主要依靠一些历史、民俗和社会知识丰富的专家、学者，因此需要培养一大批专家，促使队伍的壮大。由于民族民俗旅游的研究比较滞后，赶不上时代的发展，因此有待于进一步科学化、系统化地加强研究工作。

人口素质是经济腾飞的基础之一，在当前旅游业竞争日趋激烈的情况下，人的观念与素质已日益成为旅游业持续健康发展的重要因素。一段时间以来，甘肃省内缺乏专业的民族民俗导游，民俗文化的直接传播受到一定的限制。因此，甘肃省应积极采取措施培养和引进相应的专业人才，确保能够深入地挖掘各地民俗文化的内涵，弘扬传统民俗文化。利用旅游培训中心，加强对导游、饭店从业人员的培训；有计划地依托各高校、旅游学校的教学条件，培养出更多的民族民俗旅游专业人才，使其投入到民族民俗旅游开发中来，从而提高民族民俗旅游服务的质量。

（五）点线面相结合

点即景点，线是相互连接景点而成的旅游线路，面则是众多线路相交而形成的网络，这种结合既可以是民俗之间的结合，也可以是与其他类景点的结合。由于民俗旅游是一项参与性很强的文化旅游，因此它的开发利用不应固定于民俗风情的某些方面，而要从文化综合概念的角度加以概括。但是，这里的综合不应排斥民俗旅游"拳头产品"的制造，我们可以利用其中的特色来带动相关风情乃至其他旅游活动的开展。因此，在对旅游景点进行开发时，就必须以综合的思维开发出综合的旅游产品，由点到线再到面的集中开发。根据甘肃省特有少数民族地区民俗旅游资源的分布及开发状况，其民族民俗旅游开发重点首先应定位于民俗旅游资源较多的裕固族，不断创造条件，开发合作保安族、东乡族，形成协调发展。甘肃省特有少数民族地区民俗旅游未来开发战略布局可设想为：延长游客滞留时间，开发潜在消费，融民俗风情、自然风光、边境风情于一体，建设各具特色的民俗旅游点，同时可对民间歌舞、餐饮、游艺、历史文化等民俗文化进行系列开发。民族民俗旅游的一个特征就是参与性，所以对它的开发利用不应只着眼于某一方面，而应放眼文化旅游的方方面面，同时，在照顾综合时，还应该有自己的主打产品，用主打产品来带动相关旅游产品的发展，相信这样，一定会对这民族民俗旅游的开发具有促进作用。

二、民族民俗旅游产品的开发

（一）习俗、节庆产品开发

节庆对少数民族来说，是一个特别的日子。人们穿上民族盛装，或载歌载舞，或尽情歌唱，或男女青年谈情说爱，人人喜气洋洋，这是民俗活动的大展示，它很好地反映了劳动人民的生活与当地风情，具有浓郁的地方特色和民族特色，是旅游者体验各民族文化最直接的形式。针对游客乐意参加具有深刻民俗特征的节庆活动，旅游地可以根据当地的实际情况，利用时间和空间作为主线，把民俗节庆旅游产品串起来。游客通过在节庆时的参观游览，能够更直接地了解当地人们的生活方式、习俗特点，可以增长见闻，使身心愉悦。例如，农历四月下旬，裕固族人就要举行隆重的剪鬃仪式，为了庆祝各家的马驹健康成长了一年，亲朋好友都会赶来欢聚一堂。仪式开始时，人们要唱着《剪鬃歌》，剪下马鬃，供在佛像下求得神灵庇护，然后客人和主人把酒言欢，并且夸赞骏马，主人会骑着满一岁的马驹绕帐篷行走，吉祥话儿也会顺着马驹走过的地方飘洒一路。

作为中国的一个少数民族，保安族传统婚姻习俗与其他民族有着相同的内容，即提亲、定亲、送聘礼和娶亲，又有较为独特有趣的一些礼仪，如"四色礼"、"叫客"和"转客"、"奴工木哈钱"、"五色米"、"贴对联"、"抬钱"等。例如，在婚礼中使用"四色礼"是保安族独有的特色之一。而且，在定亲、下聘礼、娶亲、吃席的整个婚礼过程中，"四色礼"都相伴始终。在保安族的婚俗中，媒人受男方家的委托，到女方家提亲，在女方父母和本人同意的情况下，选择日子进行"定茶"，也称为"落话茶"，即订婚仪式。保安族在"定茶"上送"四色礼"，即将冰糖、桂圆、茶、核桃分别用红、黄、雪青、橘红四色纸包装好，装入头小底大的盒中，订婚仪式这一天，媒人和男方家的亲属（主要是男方父母的长辈），共8人提上"四色礼"及衣料一套、鞋一双、茯茶一块，到女方家提亲。除送给女方家"四色礼"外，还要给女方近亲如伯伯、叔叔、哥哥、舅舅等家送"四色礼"，多者达50盒。定亲时，女方会备好宴席，盛情款待客人。接过"四色礼"后，就算正式定亲了。定亲之后下一个传统礼仪就是聘礼。

裕固族的婚嫁仪式颇为独特。当天，女家的亲朋好友聚集在姑娘家中。来客带着洁白的哈达，敬献给女方的父母，表示对姑娘出嫁的祝贺。傍晚，主人请客人们在毡房中席地而坐，男客在左，女客在右，在一片欢笑声中拉开了婚宴的帷幕。

（二）民间歌舞、文体开发

民间歌舞是民俗文化的组成部分，甘肃各少数民族人民在改造自然的过程，运用歌舞表达情感，歌唱生活，民族歌舞欢快的节奏、热情的氛围，很能感染带动游客情绪，使他们忘记烦恼融入其中。如东乡族玩"咕咕杜""耍火把"；裕固族的《萨娜玛珂》《放牧歌》等都反映了甘肃特有民族独特的民俗风情。蒙古族人有一个传统的娱乐项目——摔跤。而作为多民族融合而成的裕固族，也有着这样的传统，裕固族男子互相较量体力、耐力的同时，也比拼着技巧与智慧。最后胜利的一方会被人们赞扬，并且获胜者在裕固族语言中有一个好听的名字——"巴特尔"。顶杠子既是裕固族体育竞技活动，又是日常生活中的娱乐活动，来源于生产军队中相互进行赛力竞技，并逐步发展加入了技巧竞技的内容，并在生产之余、娱乐宴席和传统体育竞赛中出现、演变，具有浓郁的游牧特色、劳动特色和军事战斗特色，别具风情。其竞技形式以比赛体力、臂力、稳定性和技巧为主，两人为一组，以一根长杆为工具进行比赛。

保安族有着丰富多彩的文化艺术。在民众中流传的民间故事、诗歌、谚语等，内容以叙述民族历史传说、青年男女纯朴爱情的居多。保安族能歌善舞，绝大多数保安人都会唱民歌《保安花儿》。该民歌独具一格，分"保安令""脚户令"和"六六三"等曲调，即兴编词入唱，优美动听。舞蹈吸收了藏族舞的某些特点，动作节奏鲜明，欢快豪放。男子喜欢奏丝竹乐。

（三）服饰的开发

甘肃省各少数民族因其民族或部落历史渊源和发展不同，在服饰上也存在很大不同。即使是相同民族，不同地区、不同年龄、不同性别的服饰也有分别，女性的头饰、首饰，男性的刀具都会引起旅游者很大兴趣。但就帽子来说，保安族女性服饰中，重点突出了"咪哪盖头"、"柔"、"绑身子"、绣花鞋、绣花裤等，其中"咪哪盖头"是保安族妇女的标志。

在保安族传统服饰中，男子穿大裆裤，裤腿极宽。上身内穿衬衫，外套一件长袍，名叫"柔拉"，像藏式长袍。长袍为夹制，布料为高级平绒或丝绒料，也有带皮里子的。长袍袖口沿饰以宽度不同的紫红、格形布边。右斜下襟边外系一小带子，既可作为装饰品，也可用来扣绊衣服。袍外面腰系红、蓝、绿、桃红等丝绸带子，长约一丈，宽约六寸至一尺，在腰上围三围后外吊尺许。腰挂保安腰刀。冬季穿翻领大襟紧袄，脚穿靴子和"罗蹄"（用牛皮做成，周围有褶皱，内装草、羊毛等取暖的鞋子）。男子头戴大檐帽（与藏礼帽相似）和"号头"（一种黑布顶、蓝布边的圆形帽）。足穿长筒皮靴或布鞋、布棉鞋，脚上穿棉皮、麻布袜子或羊毛织的毛袜等。女子传统服饰有未婚少女和已婚妇女之分。少女常戴饰有褶皱边、布制、圆顶、圆形的"绌绌帽"，多淡蓝或粉红色，帽左侧缀饰一朵牡丹花图案和两条红丝穗。此外，少女还围戴一种红或粉红色的布或绸制的叫做"咪哪"的长条带子，带子两端宽、中间窄，上绣花卉或蝴蝶图案，两端各缀一条长约一尺的绿色绸布细带。妇女则多用黑布包头，上戴黑或绿色绸纱盖头。保安族女性还喜爱在头上插戴花朵，少女插戴时花朵朝上，妇女插戴时花朵朝下。保安族女子上身内穿花绸缎斜襟软衬衫，外套长袍或"夹夹"（马夹）。长袍至膝下，斜大襟，和尚领子，一般为青色、蓝色等。"夹夹"分为长短两种。长"夹夹"长至膝下，斜大襟，腰身呈直筒形，紧身。襟摆处绣花边或蓝布边。短"夹夹"短至腹部，也是斜大襟，黑色布制，绣花，有花布边子，圆领，多为年轻妇女穿用。长短"夹夹"都是无袖的。女子下身穿大裆裤，花布裤腰，老年妇女一般穿黑色大裆裤，多为夹的，也有棉的。

裕固族男、女均穿戴镶边白毡帽，身穿高领偏襟长袍，束腰带，衣袍袖口、下摆口、两侧衩口镶有多色图案花边，足穿高腰子翘头皮靴或花边布鞋，按季节、地区分为坎肩、夹、绵、毡、布、皮衣，视经济条件由绸、缎、布、褐、皮作料。男女喜欢戴耳环、手镯、戒指。其中已婚妇女头戴喇叭形高顶红缨白毡帽，帽檐缝有黑色花边，耳垂大银环，服饰称"凯拜什"，胸前佩戴两条红、黑布料作底并镶有五色丝线、珊瑚、珍珠、玛瑙、孔雀石、海贝、银牌的长方形"罕"和用铜环连接成 3 小节小正方形带穗子的"鲍斯玛"，后背垂有长约 1.2 米，用红、黑布作料，镶五色丝线，上缀 24 块大小不一的白色海螺圆块，下连红、绿线穗的"董地斯"饰物，脖颈戴有珍珠项链。裕固族男子头戴圆顶金边扇形白毡帽，帽顶镶有金色或黑色的图案。用金丝边作料的习俗，是裕固族东迁时传下来的，表示富贵平安。同时还有戴耳环、佩短刀、悬绣花烟袋、火镰、小酒壶、佛像等生活习俗。裕固族少女头戴用红布料作底，上缀各色珊瑚、海贝、珍珠和丝线的宽带子。带子前下边缘连有各色珍珠帘，垂在前额上的称"沙尔达戈"，头后连接两条长飘带，脖颈戴几串珊瑚、珍珠、耳垂玉石，胸前佩戴红布料做的方块胸饰，上缀海贝、珊瑚，下垂五色珠串成的线穗，称为"舜尕尔"。后背上辫子连着的用红布料作底、五色丝线镶边、镶满珊瑚珠的饰物，称为"格吾赛"，足穿翘头高腰布鞋。姑娘出嫁时穿婚服，改戴高顶红穗白毡帽或扇形皮帽，身穿绿色偏襟长袍，系红腰带，用蓝色纱布罩面，表示蓝天覆盖着春天的绿色草原，以草原换来新生活。

（四）特色饮食的开发

民族饮食习惯是在长期的历史发展中演变的，它体现着民族心理、自然环境、民俗习惯、宗教心理等，而烹饪、饮食礼仪则更为饮食文化增添了浓郁的民族色彩，也很有吸引力。

但要注意的是要结合游客口味进行创新，还要注意食品安全、卫生。如裕固族的揪面片、酥油炒面、烧烤饼、酥油摊饼、炸食和饺子，部分地区也做拉面吃。饺子以肉馅为主，或羊肉，或牛肉，比起汉族地区，个大肉多。需要说明的是，裕固族剁饺馅时和汉族地区有较大的区别，实际上不是"剁"，而是用两把尖刀交叉划割，无论使用的工具还是切割方式，都具有典型游牧特点。面食品种的增多显然是近代生活影响所致。酥油煎饼是裕固族最精美的食物，现原料除酥油外，还要加白糖，在煎的过程中，掺加酥油，所以香甜酥软，只有最尊贵的客人光临才制作。裕固族有一则传说，说裕固族刚到祁连山时，当时祁连山被"红帽子"人占据，"红帽子"人和裕固族人谈判，做酥油煎饼招待裕固族人，而裕固族人在回请红帽子人时，却在煎饼中放进了石头，于是，红帽子人认为无法与裕固族人共事，双方发生了冲突。经过几次战争，裕固族人将红帽子人赶出了祁连山，正说明酥油煎饼很早就是裕固族人的美食。酥油炒面是裕固族人的日常食物之一。裕固族人有一日"三茶一饭"之说。过去一般一日只做一餐饭，其他均食炒面、茶。炒面不同于汉族地区，其原料为青稞，磨得较粗，不去除麸皮。

东乡族特别喜欢饮茶，一般每餐必有茶。最喜用云南春尖茶和陕青茶，招待客人则以"三香茶"。在盖碗内放有茶叶、冰糖、桂圆或烧熟的红枣、葡萄干等物，叫"三泡台"。东乡族的吃"鸡娃"是招待客人的盛宴。吃鸡十分讲究，鸡宰完、煮熟，分成十三块，要求分得恰如其分，以鸡尾最为贵重，必须给最年长或最尊贵的客人食用，这是对客人最大的敬意。手抓羊肉是东乡人待客最重要的东西，双碟端上，一冷一热，再用小碟盛上椒盐、大蒜。羊肉在装盘子的时候很有讲究，从全羊的羊脖子到羊腿，每一部分各放一块，称"端全羊"，以表示对客人的敬意；男客由男主人陪伴，妇女要退避，女客要主人坐陪。忌抽烟和喝酒，所以东乡族中抽烟喝酒的较少，特别是上了年岁的老人中，就更为少见。保安族多以小麦、玉米、豆类为主食，他们擅长面食的制作，平时喜欢吃馒头、面条、油香、指甲面片、散饭或搅团（在开水锅里撒面粉，搅成糊状，稠的是搅团，稀得为散饭），在这些种类齐全的面食中，最佳食品是被称为"河州第一"的油香，凡是尝过其美味的客人，都赞不绝口。以上这些都充分体现了各地各民族独特的饮食文化。

第四节　河西走廊少数民族地区旅游业个案研究

一、甘南、临夏旅游发展研究

甘南是甘肃省旅游资源最丰富的地方，全州一市七县可供开发的旅游资源约有 7 类、

33 种、146 处之多。甘南州的自然旅游资源与人文旅游资源在全州内交叉分布、类型多样、形式各异。临夏现可开发的旅游景点有 107 处，平均每 76 平方公里有一个景点，远高于全省 1250 平方公里一个景点的平均水平。全州馆藏文物多达 11040 件，各类文物保护单位 79 处，其中国家级 1 处、省级 16 处。

（一）甘南、临夏的区位优势

甘南北距兰州市 260 公里，西距西宁 400 公里，在兰州到甘南的必经之地上。而且，甘南恰恰处在 "中国西北丝路文化旅游资源区" 和甘肃省南部 "兰州——拉卜楞——九寨沟" 黄金旅游线路上。目前甘南大地上已形成一条黄金旅游线路从省城兰州出发到拉卜楞寺领略佛教文化的风采，赴则岔汲取山光水色的灵气，去杂海湖畔同戏水的天鹅同乐，然后驱车再奔腊子口拜谒革命丰碑，再赴堪称天下第一水的四川九寨沟。

甘南州内主要以公路交通为主。境内现有国道 1 条（G213 线：兰州—云南景洪）；省道 5 条（S312、S313、S316、S311、S210）；县道 28 条，乡道 34 条。另外，甘南州正在下大力气抓域内以 "三纵三横" 为主骨架的旅游路网，为游客旅游在空间及时间上提供了的便利条件。如今在临夏州已初步形成了以州府所在地临夏市为中心，以国道为骨架、县道为支线、乡道为经络，连接州内外、贯穿各县市、通达各乡镇的公路网络，实现了 "古道变通衢、游路连四方"，全州干线公路实现了线型标准化、路面沥青化、桥梁永久化、路旁林荫化。甘肃省通往大西南的重要通道，连接临夏、甘南两个少数民族地区的公路——临夏至合作段二级公路改建工程正式通车。临合公路起点位于甘肃省临夏回族自治州临夏市南陇镇，终点位于甘南藏族自治州合作市，与已建的合作至郎木寺公路相连，全长 98.65 公里，使这一区位优势更为明显。

（二）甘南旅游的亮点

1. 民族风情

世代生息在海拔 3000 米以上的碌曲、玛曲、夏河高寒草原的藏民族，坚忍强悍，素有 "草原雄鹰" 之美誉；居住在海拔 3000 米以下的舟曲、迭部崇山峻岭的藏民族，能歌善舞，有羌、苗民族的风采；安居在洮河之畔的临潭、卓尼藏民族，尚保持着明、清时期的衣着服饰。民族节日庆典淳朴多彩，以拉卜楞寺为主的各大寺院正月十三晒佛节、正月十四跳绳节、正月十五酥油灯会、七月和十月的大法会和藏戏、草原香浪节、赛牦牛、莲花山花儿会等新颖独特的节庆活动，民族特色浓郁，均对异乡异国游人有很强的吸引力。若加以整理，通过巧妙的、精心的组织和安排，定能成为一种别开生面、引人入胜的旅游活动，颇受国内外游客的欢迎和青睐。

2. 自然奇观

甘南自然风光、文物古迹、民族风情、风味特产，组合得恰到好处，著名如石林艺术大观园——则岔石林风景区，青峰竞秀的冶力关避暑胜地和莲花山六月六花儿盛会，还有气势磅礴的玛曲大草原，以及"黄河之水天上来"的首曲风光。从气候上来讲，甘南夏秋季节凉爽宜人，是理想的避暑胜地。从地域上来讲，甘南旅游环境容量大，各景区、景点每年可容纳 20 万人次。随着人们生活水平的提高和审美品位的提高，到大自然中去的人会越来越多，甘南将更加引人注目，成为吸引游客的"仙境"。

3. 古遗迹遗址

甘南古文化遗迹有马家窑文化和青铜器时代的辛店文化。八角城遗址、牛头城遗址、明代边墙等古城遗址，都曾经是当时的政治、交通、经济中心，今虽已荒废或埋没于地下，但都保存有大量的文物，有的还保留着当时城市的轮廓和部分建筑遗迹。这些古遗址遗迹经考古发掘和整理，向旅游者开放，对旅客具有特殊的吸引力。既具有重要历史研究价值，又具有引人入胜的观赏价值，是探古寻幽览胜之地。

4. 特产优势

甘南的传统名特产品如虫草青稞酒、木耳蘑菇、鹿茸熊胆等，都享誉中外，受到旅游者的青睐，有不少已成为旅游者品尝、购买的主要对象，因而成为重要的旅游商品。开发旅游资源，是甘南经济和社会发展的重要部分。发展旅游业，不仅能增加甘南的经济收入，促进地区交通、建筑、工艺美术、饮食等行业的迅速发展，提供更多的就业机会，为甘南积累资金，改变当地经济结构，而且能扩大甘南人民与祖国各地乃至国际友人的往来和文化交流，增强民族自豪感，使人们对甘南的历史和文化更加了解，在领略美丽风光和民族风情的同时，主动地向外界宣传甘南，促进区域社会发展。

5. 客源市场多元

目前的游客主要来自三个方面：首先是兰州客源，其次是临夏、定西、陇南、阿坝、黄南等地州的客源，最后是来自东南亚、日本、西欧、北美等地的外国游客，因此，如果基础设施和服务质量得到改善，来甘南旅游的中外游客一定会大大增加。

6. 旅游节庆的制度化

甘南旅游业的发展，无疑会促进甘南地区经济的发展，增加财政收入，创收外汇。这对于促进精神文明建设，扩大就业机会，加强科技文化交流和友好往来具有重要意义。甘南旅游业的起步虽然较晚，但其发展速度却很快。

（三）临夏旅游的亮点

1. 文物古迹丰富多彩

临夏古称"袍罕"，又叫河州，有堪称世界之最的侏罗纪时代的恐龙足印群；有距今1500～1300 万年的古脊椎动物化石群；有以"马家窑文化"为代表的各类文化遗存星罗棋布；现珍藏于中国历史博物馆的精美绝伦、闻名全国的"彩陶王"就出土在临夏积石山县；驰名中外的国家级文物保护单位、有"十万佛"之称的炳灵寺石窟，就坐落在永靖县。

2. 旅游产品种类繁多

在临夏，有原国民政府时期的西北军阀马步芳、马步青的宅院红园、东公馆、蝴蝶楼等，这些建筑，将回族的砖雕、汉族的木刻、藏族的彩绘等艺术融为一体，在祖国的建筑界享有盛誉。临夏的清真食品花样繁多，酿皮子、甜麦子、醪糟、伐子面肠、手抓羊肉以及三炮台、黄酒、酸奶等风味独特。冬虫夏草、天然地耳、当归、藏菜、发菜和花椒、蚕豆、桃杏等绿色食品更是受人喜爱。民族手工艺品工艺考究、匠心独具，尤以保安腰刀、手工仿古地毯、民族服饰、锁袋、荷包、仿古彩陶、雕刻葫芦、麦秆贴画、角制工艺品、洮河奇石、根雕等驰名中外。

3. 中国的"小麦加"和"花儿"之乡

临夏以回族、东乡族、保安族等穆斯林群众居住集中而著称。全州信仰伊斯兰教的少数民族达 100 多万，约占全州总人口的 56%。据统计，临夏有清真寺 1700 多座，仅临夏市就有 80 多座，如此众多的清真寺矗立在只有 80 多平方公里的土地上，在中国恐怕除了临夏，再找不到第二处。鳞次栉比的清真寺、满眼望去的穆斯林服饰，形成了浓郁的伊斯兰教氛围，"小麦加"名不虚传。每年农历六月初一至初六，临夏康乐莲花山上举办有汉族、回族、土族、藏族、东乡族等民族参加的以对歌为主的"花儿会"。"花儿"是我国西北地区各民族喜闻乐见的一种山歌，"花儿"曲令丰富多彩，在西北广泛流传，因此被专家视为西部民歌的瑰宝。莲花山"花儿"是西北民歌"花儿"主要流派之一——洮岷"花儿"的故乡。"临夏花儿"在中国民歌中独树一帜，因此它不但有着重要的文化史意义和民俗学价值，而且旅游开发的价值也极高。

4. 不断完善的基础设施

临夏先后建设了投资 1200 万元的永靖县黄河三峡风景区、1500 万元的和政县松鸣岩风景区重点设施、1286 万元的莲花山旅游基础设施、新建了投资 810 万元的刘家峡恐龙国家地质公园一号展馆、投资 100 多万元的黄河水上项目投入运营；和政古动物化石博物馆建成开馆，总投资为 3000 多万元的二期工程于八月初竣工。先后建成了临夏市畅沁园、九眼泉度假村、后杨度家村、龙汇世界、罗家洞等一批景点。红园、东郊公园被文化和旅游部正式评定为 2A 级的旅游景区，松鸣岩森林公园被评定为 4A 级的旅游景区；刘家峡水电站被审批确定为"全国首批工业旅游示范点"。接待能力也逐步增强。先后投入 2 亿元建成了临夏饭店贵宾楼、鸿瑞假日大酒店、鑫源宾馆、龙汇财苑、黄河宾馆、松鸣岩度假村等一批较高档次的宾馆饭店。截至 2020 年，全州已建成二星级宾馆 7 家，三星级宾馆 1 家，永靖鸿瑞假日大酒店正在申报四星级。建设开通临夏旅游网，架通了临夏旅游走向世界的桥梁。加大对旅游从业人员的培训，培训各类旅游服务人员 4000 多人次，为促进临夏旅游业的快速发展奠定了良好的人才基础。随着旅游业的发展，相关服务行业纷纷兴起，全州旅游直接从业人员已达到 3000 多人。

（四）甘南、临夏旅游开发对策

1. 实施多元化战略

市场导向与政府主导相结合，使旅游开发的各种要素得到合理整合，将国内旅游发达地区的技术、资金、管理、市场引入甘南，打破现有封闭格局。按照这样一种思路，就可以遵循市场经济的一般要求并贯彻政府意愿，建立良好的旅游业发展机制，解决旅游业发展资金投入和技术管理问题。多元化战略是指实现政府主导、社区参与区域联合。临夏地区的旅游更需要政府部门的协调，应及早聘请旅游规划专家制作切实可行的高水平的规划，从而避免现阶段低水平、无序的重复建设以及对生态环境的破坏，并在政策、资金上有目的的倾斜，引导开发投资的多元化。社区参与指让当地少数民族群众参与旅游开发，这对挖掘、整理、保护、弘扬民族文化，发展本地落后的经济，提高生活水平起到积极作用。树立大旅游的观念，实现区域联合开发、利益共享就显得尤为迫切。要在打破行政界限的基础上，拓展旅游范围，寻找最佳配置资源，发挥区域"规模经济"效应。

2. 实施管理经营的科学化战略

科学的管理和经营是旅游业得以健康发展的软环境。甘南、临夏地区人口受教育程度普遍较低，因此先进的景区管理技术、经营理念和高级旅游管理人才的引入是先决条件。在加强旅游区基础设施、旅游设施建设的同时，应及早着手培训旅游服务人员、导游人员，积极招纳有才干、懂市场、善经营、会管理、通微机的旅游贤才，借鉴成功景区的管理经验，实现各景区人力资源的共享，适应今后快速发展的需要。

3. 加强基础设施建设，改善旅游交通条件

甘南大部分公路交通基础设施等级低、质量差，也没有航空运输，这些都在一定程度上限制了游客的自由流动。兰州至夏河已基本实现高速公路运营，极大地促进了当地的旅游业，"交通先行"的做法亟待在甘南全州推行。临夏内部各景区之间还没有形成环线，且通往各景区的道路也急需整修拓展。依托莲麓、冶力关、峡城三地，进一步增强旅游接待能力，实现区域旅游合理空间布局。通过优惠政策吸引外商、东部沿海的企业、旅游集团以及兰州的旅游饭店等前来投资开发。

4. 精品战略旅游产品是旅游业经营的主体，强化宣传促销

通过政府推动和企业联合，有计划、有重点地在国际国内主要客源市场建立营销网络和宣传渠道，把诸多级别各异、相对独立的景区有机组合起来，作为统一的整体进行包装、设计和对外宣传促销，树立甘南旅游的鲜明形象。针对临夏客源市场的需求潜力和资源特色，深挖多民族文化内涵，加大宣传力度、广度和深度，把松鸣岩、莲花山花儿会和藏族、回族、土家族多民族风情等培育成一批旅游精品，有着较为深远的意义。本区适宜开展生态旅游、探险旅游、宗教旅游、会议旅游，是人们休闲度假、消夏避暑的好去处。还要以兰临高速公路为契机，着力营建兰州市的后花园。同时，临夏土特产品丰富，旅游

商品开发潜力巨大，要将此资源充分盘活起来。

二、河西少数民族地区旅游发展研究

河西少数民族地区地处河西走廊的祁连山北麓地带，包括武威市的天祝藏族自治县、张掖市的肃南裕固族自治县、酒泉市的肃北蒙古族自治县和阿克塞哈萨克族自治县。区内土地多为林地、草地，以高山、高原为主，野生动植物资源丰富，开发利用生态旅游的潜力和价值很大。但是由于受地理、历史条件和经济因素等的制约，该区的旅游业起步较晚，基础薄弱。

（一）河西少数民族地区的旅游资源

1. 河西少数民族地区的旅游资源

河西少数民族地区有峡谷、冰川、雪山、森林、草原、丹霞地貌等自然旅游资源。如风景优美的天祝黄河三峡、景观奇特的"七一"冰川（肃南）与"透明梦柯"冰川（肃北）以及马牙雪山（天祝）、布尔智原始森林（天祝）、抓喜秀龙草原（天祝）、石门沟风景区（天祝）、苏干湖（阿克塞）等以及丰富的野生动植物资源；还有石窟、寺院、古城遗址以及绚丽的民族风情等人文旅游资源。如历史悠久的马蹄寺石窟群（肃南），建筑辉煌的天堂寺（天祝），还有著名的佛教寺院，如华藏寺（天祝）、文殊山寺（肃南）等，艺术价值很高的石佛崖石窟（肃南）、榆木山岩石画（肃南），古老的明海古城遗址（肃南）、皇城遗址（肃南），壮观的引大入秦的渠首工程（天祝）等。自然风光与人文景观相互交融，为生态旅游的开发打下了坚实的资源基础。

2. 良好的景观、地域组合和区位条件

河西少数民族地区自然景色原始秀美，民族风情异彩纷呈，与丝绸古道、大漠绿洲景观交相辉映。同时，旅游资源地域组合良好，资源之间共赢性较强。天祝、肃南、肃北和阿克塞分别与甘肃省最大的客源地——兰州、历史文化旅游名城——张掖和武威、东风航天城——酒泉、国际旅游名城——敦煌都比较近。天祝东距省会兰州市144公里，距兰州中川机场80公里，距武威市132公里，312国道和兰新铁路自南向北横穿县境。肃南地处河西走廊中部祁连山北麓，距张掖市97公里，张（掖）——肃（南）公路紧密连接两地。肃北和阿克塞都位于酒泉市西端，其中红柳湾镇距敦煌市105公里。

（二）河西少数民族地区旅游的特色与分类

1. 民俗风情游

河西少数民族地区是四个分别以藏族、裕固族、蒙古族、哈萨克族为主的少数民族自治县，区内各民族在宗教、语言、服饰、饮食、节日、婚丧、居住等方面都保持了各自独特的文化特征，构成了河西走廊独特的民族风情线。特别是居住在肃南的裕固族，它是全国独有的少数民族，有自己独特的风俗。如在服饰方面，裕固族男子以长袍、毡帽、皮窝子鞋为主，女子头戴尖顶红缨帽，穿高领偏襟长袍。在饮食方面，裕固族主要吃酥油炒面、手抓羊肉，喝青稞酒。如在喜庆活动中，还要按客人的辈分举行"献羊背子"仪式。另外，天祝的藏族风情、肃北的蒙古族风情、哈萨克族风情都各具魅力。

2. 宗教朝觐游

肃南裕固族自治县和天祝藏族自治县内有众多的佛教寺院和石窟，开发宗教旅游具有得天独厚的优势。肃南的马蹄寺、文殊山寺、石佛崖石窟、泱翔寺石窟、榆木山岩石画以及位于天祝的天堂寺、华藏寺、石门寺等宗教旅游地以及众多的虔诚信徒，形成了浓厚的宗教文化特色，这无疑会对游客产生很强的吸引力。

3. 森林草原生态游

这四个民族自治县森林茂密、草原广布，具有开发生态旅游的资源基础。区内有神秘的祁连山布尔智原始森林、广袤的抓喜秀龙草原等大面积森林、草原，与戈壁风光相互依托，是避暑休闲的好地方。然而，作为河西"生命之源"的祁连山遭到不同程度的退化。因此，要计算出区域资源的合理环境承载量，坚持走生态旅游之路。

4. 雪山冰川探险游

河西少数民族地区境内有肃南的"七一"冰川和肃北的"透明梦柯"冰川以及天祝的马牙雪山，这些独特的景观对那些喜欢登山、探险的游客更具有挑战性和刺激性。

5. 野生动植物观赏游

河西少数民族地区野生动植物绝大多数属于国家保护的珍稀物种和种群。天祝是世界上珍稀畜种——白牦牛的故乡，有白牦牛 3.9 万头（其中纯白个体有 7000 头），是世界只此一家的垄断性旅游资源。另外在肃南、肃北、阿克塞境内还有大量的白唇鹿、白臀鹿、野马、野牛、野驴、野骆驼、雪豹、蓝马鸡、盘羊、岩羊、藏羚羊、猞猁、雪莲、云杉、圆柏等国家级保护动植物。区内的祁连山自然保护区（肃南）、盐池湾自然保护区（肃北）、安南坝野骆驼自然保护区（阿克塞）、康隆寺国际狩猎旅游区（肃南）、哈什哈尔国际狩猎旅游区（肃北）、哈尔腾国际狩猎旅游区（阿克塞），旅游开发价值也很大。通过建立保护区和狩猎场吸引游客，在旅游中培养保护野生动植物资源的意识，有利于该区旅游业的持续发展。

（三）河西少数民族地区旅游开发的对策

河西少数民族地区生态旅游资源的开发，不仅是把保护和开发融为一体，而且保护是开发的根本前提，即"保护性开发"。

1. 三位一体的开发战略

生态旅游开发需要实行政府主导、群众参与、区域联合的方略。西部大开发战略为这里的旅游带来了历史机遇，退耕还林和天然林保护工程的实施，也为生态旅游开发提供了有力的政策支持。河西少数民族地区的生态旅游更需要各级政府在政策和资金上的支持和倾斜，实行开发投资的多元化。群众参与是让少数民族群众参与到旅游服务中，增强民族地方特有的文化氛围。更为重要的是让社区居民真正从旅游中受益，既能实现旅游扶贫，又能使景区环境得到保护。区域联合是指河西少数民族地区应当根据当地旅游资源的分布特征、景区地域组合条件等其他经济条件，打破行政区划界限，采用"保护性开发"的战略模式，把天祝划为兰州旅游圈，肃南划为张掖旅游圈，肃北和阿克塞划为敦煌旅游圈，以丝绸之路为主轴，依托三座城市，带动区域经济和环境的保护。

2. 科学布局，合理开发

应根据民族地区实际理性规划，使开发出的旅游产品既有地方民族特色，又能保护环境，决不能只顾眼前的经济效益，而忽视了长远的社会和生态效益。河西少数民族地区应及早培训旅游服务人员、导游和管理人员，积极招纳懂市场、善经营、会管理的旅游人才，借鉴其他地区开发生态旅游的成功经验，实现旅游资源优化配置。

3. 多方面的环保措施

生态旅游的核心是保护，在旅游开发的过程中，我们要采取多种环保措施。一是生态旅游开发必须制定和遵循相应的保护法规。二是用经济手段进行旅游环境的保护和管理。与经济利益挂钩，更易引起旅游经营者和旅游者的注意。河西少数民族地区要保持"原汁原味"的生态环境，就必须对破坏当地生态的游客和经营者实行经济制裁。三是采用科学技术手段来保护旅游区的环境。如改变燃料结构，从而优化大气状况，净化生活污水，无害化处理景区垃圾等。四是加强自然环境保护的宣传教育，河西少数民族群众从小与大自然和谐相处，具有天然的环保意识，是宣讲和监督景区卫生的主力军，依托他们的力量再加上全民环保意识的增强，相信可以将破坏环境的负面影响降到最低。河西少数民族地区地域辽阔，资源丰富，涵盖四大少数民族，再加上依托河西这一甘肃省相对富裕地区，属丝路旅游热点地区的范畴，虽然民族地区旅游还未形成规模，但却拥有最大的开发潜力。目前，较为实际的依然是稳扎稳打，靠自身生态旅游的特色在甘肃省河西走廊的旅游市场上占得一席之地，逐步塑造新兴旅游目的地形象。

三、张家川旅游发展研究

张家川回族自治县位于甘肃省东南部，属黄河中游黄土丘陵沟壑区。东接陕西省陇县，南邻清水县，西连秦安县，北与华亭、庄浪县接壤。全县总面积 1311.8 平方公里，属天水市管辖，现辖 2 镇 17 乡。总人口 30.84 万，其中回族人口 21.36 万，占总人口的 69.27%。

（一）张家川旅游点资源概述

1. 自然景观

张家川县东部的关山，古称"大陇山"，林木茂密、群山接壤，有天然林 28.78 万亩。

这里集中了张家川县的大部分自然景观，是旅游、观光、避暑的好去处。古木参天、怪石林立，形成了"清、幽、弯、雅、雄、奇、险、峻"的自然风景。自然景观有五龙山、老龙潭、斩蛇崖、小麦积山、五指山、青石崖、石人峰等。该景区内动植物资源丰富，森林覆盖率达56%，其余均为草原面积。

2．人文景观

首先，张家川的人口构成方面具有显著特色，是全国回族人口比例最高的少数民族自治县。周边地区多为汉族聚居，这种状况决定了张家川的回族在风俗习惯方面具有自己的特点。其次，这里是皮毛业的中心。龙山皮毛市场系中国第二大皮毛专业市场，清末就以西北最大的皮毛集散地驰名全国。改革开放以来，这一传统优势焕发出勃勃生机，形成了具有民族特色的产业优势。皮毛加工、贩运、屠宰业是全县三分之一的税收来源。近年来，市场总面积26680平方米，建筑面积4615平方米，吸引着全国各地的客商，在开展商贸旅游方面有着得天独厚的条件和优势。再次，宗教景观宣化冈拱北，又名北山拱北，始建于清德宗光绪十五年（1889），兴建于民国4年（1915）。"宣化冈"即"宣扬、教化"之意。宣化冈拱北是一座经三代人建造、具有一定规模的建筑群，占地面积19.94亩。1958年被拆除。原建筑为张家川第一名胜古迹。诗词匾额为这里增添了人文历史的景致，冯玉祥题赠有"述祖穆圣"匾额，还有吉鸿昌题赠"仁德风雨"匾额，等等。随着近年来对宣化岗拱北建筑的不断修复和完善，使其具有很高的旅游价值。近年来发掘的文化古迹（遗址）有104处，出土的北周建德二年的造像碑、北魏的王司徒墓志碑、汉代的铜器、明正德年间的方鼎，这些都是民族文化的瑰宝。县博物馆现有各类馆藏文物2700件，标本300件，古钱币2万多枚，其中国家一级文物16件，二级文物300件。

旅游资源是旅游业赖以运行的物质基础。张家川旅游开发的有利条件体现在自然、人文景观兼备，而且相对集中，利于开展旅游。天宝公路纵贯全境，旅游景点相距较近，乘车观光十分方便，适合开展一日或半日的短途旅游。宣化岗拱北每年有全国各地的回族群众来此上坟，人数从几千人到上万人不等，将宣化岗重点建设，可以增加其人文意义和游览价值。张家川旅游开发的不利条件反映在旅游基础建设亟待加强。关山景区尚无宾馆，游客游玩过程中无处歇脚。尽管天宝公路穿过关山，但是路况差。还有个别景点只能步行前往；财政力量有限，因此旅游投入不足。

（二）张家川发展旅游业的对策

1．突出特色，分类开发旅游产品

民族风情旅游：以宣化冈拱北为中心，以城区清真寺和街市为基础，向游人展示回乡特有的民族风情和人文魅力。商贸旅游：借助中国第二大皮毛专业市场的声誉，力争把龙山皮毛市场建成集商贸旅游为一体的商业景点。体育探险旅游：在关山开展狩猎、骑马、野营、滑冰、远足等体育活动，让游人在领略原始森林风光的同时，为其旅途增加猎奇探险色彩。生态旅游：在五龙山风景区，充分利用优美的自然风光、迷人的人文景观以及丰富的动植物资源三者相结合的优势，使游人亲身体验人与自然和谐相处的乐趣。保健旅游：甘肃省的温泉资源基本上分布在陇中和陇东，张家川、清水毗连处也有分布。沐浴温泉，可以驱除多种疾病，并可起到很好的保健作用。

旅游资源在开发中需要注意不同特色的交叉运用，这就牵扯到"旅游资源间价值激发"的概念。旅游资源间价值激发是指在一定范围内的不同旅游资源由于其间具有一定关系而产生作用，使其中一个或几个旅游资源产生新的价值或使原有价值得到提高。以关山为例，自古咏赞的诗句就不少，如唐代骆宾王的诗句"陇坂高无极，征人一望乡"、南宋诗人陆游的诗句"陇头十月天雨霜，壮士夜挽绿沉枪"等。因此，可以发掘自然景观的人文内涵。为了宣传关山，县上曾邀请作家、诗人、记者在风景如画的关山举行笔会，在省、市媒体上发表以关山为题材的文学作品近百首（篇）。类似做法值得提倡，同时建立以"自然关山、人文关山"为主题的观光节也值得考虑。民族风情旅游与商贸旅游也完全可以结合起来。游客不仅耳闻目睹了回族群众的民情风俗，也了解了张家川回民的经济生活，赋予了旅游促进民族地区发展和增强民族团结的双重意义。

2. 走招商引资与旅游开发相互促进的路子

张家川应在龙山皮毛市场上做文章，不妨筹办全国范围的皮毛行业展销会，一面招商引资，一面发展商贸旅游。为了实现这一良性循环，政府相关部门应该制定一系列优惠政策，引入各类资金进入张家川旅游市场，探索多元化经营的新路子。不仅要"请进来"，而且要"走出去"，以出租、出售的方式与投资方合作。商贸旅游要既有"商贸"，又有"旅游"，还应该鼓励张家川当地的有眼光的民间企业家身体力行搞旅游。俗话说得好："要想富，先修路"，重中之重是公路建设，只有与外界资金流、信息流畅通无阻，旅游才会有大的改观，反过来旅游业又会对县域经济的壮大起到推动的作用。

3. 加强区域旅游合作

与张家川毗连的清水县，近年来的温泉旅游在甘肃省内有一定影响。那里将温泉工人疗养院改造成集疗养、洗澡、食宿、娱乐为一体的服务中心，还承办了一些会议。另一相邻县——陕西省陇县也在关山附近开辟了旅游区，每逢双休日，西安、宝鸡、天水等城市的客人驱车来到这里游玩。"五一""十一"期间，游客更为集中，平时来此的人也络绎不绝。周边旅游业的发展，为张家川提供了很好的客源。

张家川应该加强与两县的合作，再拓展与关山周围市县的联系，紧紧依托关山这个天然宝库，开发一系列的旅游产品。同时，张家川的旅游离不开所属的天水市。天水是国家历史文化名城，古称秦州，而张家川城南一带的川地，有秦朝先祖封地秦亭遗址，关山草原又是秦非子牧马之地，因此借助名城天水和关陇秦文化的辐射，也是张家川提高旅游文化品位、吸引客源的思路之一。

4. 一定要走旅游开发与生态保护的道路

张家川的旅游资源尤其是自然景观，特点就是原生态，有一种未经人工雕琢的自然之美。关山旅游风景区使游客能就近找到这么一个贴近大自然、安静放松的佳处。然而通常的模式是游人多了，旅游收入上去了，环境却会多少受到影响。如果只盯着经济效益而疏于对旅游环境的治理，张家川原生态旅游的优势也将消失殆尽。不能再走"先污染、再治理"的老路，这就提醒张家川旅游规划部门要未雨绸缪，在开发的同时注重保护，尤其是在开发初期就要开个好头，平时从点滴处着手旅游区的养护，使张家川原生态旅游走上经济效益与生态保护良性循环的可持续发展道路。

第四章

河西走廊
红色旅游资源开发

第一节 河西红色旅游开发现状

近年来，红色旅游成为我国一种独特的旅游方式，是一种旨在培养革命精神和爱国主义的旅游活动，具有特殊的政治教育、经济发展、文化交流等功能，越来越成为现代旅游中一种新型的主题旅游，日益受到旅游者的关注。河西地区是中国红军西路军悲壮历史的见证地。因此通过整理归类河西五市红色旅游资源，分析河西走廊红色旅游开发现状及优越性，为努力建设"红色河西"，针对存在问题寻求适宜河西地区发展红色旅游的可能路径，实现河西地区红色旅游蓬勃发展。

一、河西红色旅游资源分类及特点

为了清晰了解河西地区红色旅游资源数量、特点，先统计整理出河西五市的全部红色旅游资源，再根据相关分类标准，对河西地区红色旅游资源进行了归类分析。经过整理归类后发现，从类型上来说，河西红色旅游资源主类3个，分别是遗址遗迹、建筑与设施、人文活动，有亚类7个，基本类型13个，主要单体示例44个。其中以建筑与设施类为主，占资源数量的大部分，遗址遗迹次之，人文活动类最少；从数量上来看，河西地区红色旅游资源数量大，且布局合理，资源赋存状况较为理想。从地域分布来看，河西红色旅游资源呈沿兰新公路东西链状分布的特点，这是由于受龙首山和合黎山地形的影响。因此整体来说，河西红色旅游的景观数量大，资源品质高，且呈链状分布的特点。

二、河西红色旅游开发现状及存在的问题

（一）河西旅游与红色旅游发展现状

近年来河西地区旅游业呈持续向好发展，在2010年以后进入了快速发展阶段，特别是经过2015年的"丝绸之路旅游"年之后，河西地区旅游接待人数增长显著，增长幅度较大。凭借丰富及特有的红色旅游资源，不断加大的旅游宣传和不断完善的旅游接待设施，河西红色旅游也成为河西五市旅游业发展的新亮点，总体发展趋势较好，且随着河西红色旅游产品和其他类型的旅游产品的不断开发和完善，河西地区红色旅游会打开更加广阔的旅游市场。

（二）河西红色旅游发展存在的问题

河西走廊地区位于甘肃省西部，是古丝绸之路上的黄金段，也是历史遗迹最为丰富的一个地区，保存有大量丰富的红色旅游资源。但在多种旅游项目中，红色旅游的发展仍然处于落后位置，主要存在以下问题。

1. 接待设施不完善，可进入性差

河西地区的城镇受地形影响，主要沿东西走向纵深发展，受自然条件等因素影响，整体经济水平偏低，也导致了河西旅游行业发展缓慢。河西地区不少景点接待设施不完善，市场服务体制不健全，特别是通往景区的公路等级低，路况差，没有可直达的交通干线。大部分景区没有停车场或者停车场很小，对大规模团队游客缺乏接待能力，大部分还处于待开发或正开发阶段。

2. 文物保护意识淡薄，景区管理体系不完善

红色旅游资源是集保护、传承、教育等功能为一体的文化资源，一方面要进行合理传承与保护，另一方面又要科学地开发利用。近年来，由于对文化遗产保护的意识不足，全国红色旅游资源遭受一定程度的破坏。特别是在广大农村地区，不可移动的红色资源被遗忘；一些革命旧址、旧居没有得到有效保护，红色景区景点及周边环境未得到有效管理；红色文化遗产及知识产权不断受侵害，而且长时间损毁严重，保存下来的也不完整，许多遗迹已难以恢复原貌，而如果修复重建则会影响到原生性。

3. 开发力度不足，缺乏经典红色旅游线路

就河西走廊红色旅游的发展来看，河西地区大都是普通的生活用品以及会议遗址，旅游景点单一，外观平淡，布展普遍缺乏创新，红色旅游产品较少，对游客的直观吸引力不足，旅游开发深度不够，红色旅游线路缺乏"亮点项目"，没有主打的红色旅游线路。

4. 资源整合力度不够，区域合作不高

随着市场经济的发展，各行政区、各部门、各景区会从自身的利益考虑，出现各自发展的情况。单个区域内和整片区域内的资源整合力度不够，且相邻行政区的革命历史尤为相似，都以中国工农红军西路军抗战为主线。虽然河西地区旅游业的发展在区域合作方面已经有了不小进步，但资源整合力度不够，未能形成与其他资源的联动开发。

第二节　河西走廊红色旅游资源分析及开发策略

一、河西走廊红色旅游资源分析

（一）河西走廊精品旅游线路已经形成

自汉武帝设立河西四郡以来，丝绸之路的开辟便横贯河西走廊，丝绸之路的兴盛，东西方文化的交融碰撞，赋予了河西走廊历史文化博大精深的内涵。古道驿站、雄关漫道、

佛寺石窟比比皆是。自东向西分布着武威、张掖、敦煌三座国家级历史文化名城，敦煌莫高窟和嘉峪关两个世界文化遗产，国家地质公园敦煌雅丹地貌，鸣沙山月牙泉，嘉峪关长城等国家名胜。这里有"大漠孤烟直"的雄浑景色，也有"西出阳关无故人"的苍凉气氛，更有河西四郡遗留的多彩民俗。它们与历史一脉相承，是河西悠久历史的缩影，也是中华民族绚丽多彩文化的反映。大漠戈壁、森林草原、雪山冰川、雅丹丹霞，这些散布在丝绸古道上的自然风光，五彩缤纷，各具特色。河西走廊称得上是一幅人文景观和风景名胜的长卷，一条荟萃中国古代艺术的文化长廊。河西走廊如此丰富的旅游资源在国内旅游资源中是独树一帜的，其强大的文化感召力和资源吸引力对提升河西走廊红色旅游资源整体竞争力提供了有力的保障。

（二）机遇

1．国内红色旅游的大环境

自 2004 年红色旅游发展以来，从中央到地方都对红色旅游的发展给予高度的重视和支持。国家投入大量的财政支持，用于打造红色旅游品牌，并且重点支持中西部红色旅游配套基础设施建设、干线公路建设和环境整治。近几年来，由于旅游市场的火爆，红色旅游发展方兴未艾，成为越来越多旅游者青睐的旅游项目，为河西走廊红色旅游发展提供了良好的外部环境。

2．地区环境机遇

甘肃省红色旅游资源丰富。会宁会师地、腊子口战役遗址、哈达铺长征纪念馆、岷州会议纪念馆、榜罗镇革命遗址、南梁苏维埃政府旧址、兰州八路军办事处和高台烈士陵园 8 个旅游景区景点被列入以延安为中心的陕甘宁红色旅游景区及 100 个红色旅游经典景区的建设规划。甘肃省政府对红色旅游高度重视，正在大力开发红色旅游，打造红色文化之旅。这将为红色旅游资源的开发带来前所未有的机遇，河西走廊红色旅游资源作为甘肃省红色文化的重要组成部分，也必将促进河西走廊红色旅游资源的发展。

3．"一带一路"倡议给河西走廊旅游业发展带来新机遇

"一带一路"倡议的提出，再次掀起丝路旅游的热潮。随着"一带一路"倡议的深入实施和有关政策的发展要求，丝绸之路旅游成为人们关注的焦点。作为丝绸之路精华段的河西走廊，首当其冲融入"一带一路"倡议的发展潮流，将旅游资源优势和区位优势转化为经济优势。河西走廊红色旅游依托河西走廊旅游业发展的背景，抓住发展机遇，必将迎来新发展。

（三）挑战

1．周边高知名度红色旅游资源的影响

甘肃省高知名度的红色旅游资源众多，如会宁会师地、腊子口战役遗址、南梁苏维埃政府旧址、两当兵变纪念馆等都是开发较早且知名度高的红色旅游资源，它们都与河西走

廊的红色旅游资源构成了空间上的竞争。在这样的旅游环境下，如果河西走廊的红色旅游资源开发不成熟，将难以与这些红色旅游资源形成竞争优势。

2．河西走廊其他旅游资源的屏蔽作用

河西走廊优质旅游资源相当丰富。敦煌莫高窟，以其超高的艺术价值和历史文化价值享誉世界；雄踞大漠戈壁的嘉峪关巍峨壮观；神舟飞天，酒泉卫星发射中心名扬中外；威震四海的金张掖拥有全国室内第一卧佛，拥有全国最大的宫殿式雅丹地貌及亚洲第一军马场——山丹军马场；银武威是西藏归属祖国版图的历史见证地（百塔寺）、中国葡萄酒故乡、马踏飞燕的故乡、丝路文化、敦煌文化、石窟艺术、民族风情等旅游资源不胜枚举；绿洲大漠、冰川雪山、雅丹丹霞等自然景观交相辉映。这些优质的旅游环境，对河西走廊红色旅游资源开发所产生的屏蔽作用将是无法估计的。

二、河西走廊红色旅游资源开发的策略

（一）做好河西走廊旅游发展总体规划

做好河西走廊红色旅游发展总体规划是十分必要的。没有调查就没有发言权，红色资源开发前，应加强调研，深入河西各市县对红色资源的现状等情况进行实地调查，积极借鉴国内其他红色旅游资源开发的经验，吸取相关专家的意见或建议，在各种红色资源开发的相关精神指导下，制定好河西走廊红色开发的总体规划。为促进河西走廊红色旅游资源的发展，打造属于河西走廊的红色旅游品牌提供有力的决策依据。

（二）打造红色旅游精品线路

河西走廊红色旅游的发展必须打破长期以来丝路旅游一窟扬名的弊端。河西走廊红色旅游开发必须依托优势资源进行整合开发，优化组合，打造以西路军历史纪念为主题的又一条精品旅游线路。首先，加大对西路军珍贵资料和历史文献的搜集整理工作，真实还原西路军历史，通过现代网络等多媒体技术，做好宣传工作。其次，要以红色为基调，紧紧围绕红色这个特点，挖掘红色旅游资源的潜在内涵，开发多种形式的旅游产品。如开展"吃一顿红军饭，走一段红军路，找一句红军标语，唱一首红军歌，听一堂红军课，扫一次红军墓"等大型体验性旅游活动，留住游客，将红色旅游资源的爱国主义教育意义与增加游客的吸引力结合起来，既达到教育目的，又提高了旅游品味[1]，这样能使河西红色旅游成为一个内涵高、吸引力强的精品旅游项目。

（三）走开发与保护同步的路线

红色资源同其他人文景观一样，具有不可再生性。开发和保护不当就会造成资源的破坏，所以在红色资源开发过程中应坚持先保护后开发的原则。对河西走廊红色资源的开

---

① 徐仁立. 中国红色旅游研究［M］. 北京：中国言实出版社，2020：53.

发，不仅仅应从珍贵历史事实的搜集调查和战斗遗址的保护方面进行，还应该对红色历史文化和历史故事进行整合，要真实恢复历史的原貌，尊重历史，重视史实。在做好保护的基础上，按照制定的红色资源开发规划，有条理地进行开发，将资源保护与旅游开发结合起来。

（四）将传统旅游与现代网络技术结合

在经济全球化和知识经济迅速发展的今天，科技对旅游业的贡献越来越大，现代旅游业的发展要与现代化网络技术接轨，大力推进"旅游＋互联网"深度融合，用信息技术全面武装旅游业，这样才能为旅游业的发展插上翅膀。网上预订系统（订机票、车票、景点门票、住宿等）、网络咨询、网络旅游互动等一系列的网络活动都与旅游活动紧密关联。因此，河西走廊红色旅游发展应该建立相关网络平台进行红色旅游的宣传，推出以网络服务为主题的旅游营销理念，将西路军纪念游这一红色旅游线路宣传出去，做成品牌旅游线路。

河西走廊作为西路军悲壮历史的见证地，承载着那段用鲜血染红的厚重历史。在"一带一路"倡议和有关政策提出的新要求下，河西走廊旅游业要站在更高的起点上，跳出河西走廊旅游圈子，将河西走廊红色旅游放置在全国红色旅游和省旅游业发展的大背景中，找到河西走廊红色旅游进入全国、全省旅游业的关键节点，拓展后续的发展空间。

第三节　非对称优势下河西红色旅游线路规划及产品整合开发研究

红色旅游，即人民群众通过参观游览革命历史文化遗迹的方式，重现革命先辈们的丰功伟绩，学习他们遗留下来的宝贵精神的一种旅游方式，其不仅可以丰富群众的历史文化知识，而且还在促进人们的思想意识发生深刻改变方面具有教育和激励作用。新中国成立以来，人民的物质生活水平有了一定程度的提高，对精神文化方面的需求也越来越高，河西走廊在中国工农红军西路军特色文化背景下，红色旅游成为爱国主义教育的主要实施方法，红色旅游便由此展开。河西五市各级政府更加重视本地区红色旅游文化发展，加大对各红色旅游景点的经费投入，积极响应国家出台的各项关于红色旅游的政策。在河西走廊经济发展中，旅游资源的整合开发必将是关键环节，而红色旅游是旅游产业中独具特色的主力优势，河西走廊红色旅游必将迎来新一轮的发展和挑战。

笔者通过查阅资料、实地调研和问卷调查的方式，对河西走廊地区的张掖红西路军烈士纪念馆等9个红色景点、瓜州县红柳园战斗遗址等5个战斗遗址进行实地调研，并对其中的 12 名景点工作人员进行了逐一访谈。调研发现：2015—2020 年，随着河西走廊全域旅游发展态势良好，其红色旅游发展质量和发展成效得到相应的提升，但依然存在一些制约红色旅游高质量发展的现实问题。站在"两个一百年"交汇的新起点，梳理当前河西走廊红色旅游发展路径具有重要的学术价值与时代价值。

一、文献回顾

自 1999 年，我国首次提出红色旅游的概念，并将 2005 年定为"旅游发展年"，我国红色旅游开始进入一个快速发展的阶段；2011 年 3 月，中共中央办公厅、国务院办公厅联合印发《2011—2015 年全国红色旅游发展规划纲要》，大力推动红色旅游的研究和发展。时至今日，我国红色旅游研究已经具备一定的规模，研究形式多样化，经过 20 多年的研究和发展，红色旅游在国内已经广泛开展，每个地方都根据自己地域的特点和发展现状，在红色旅游的开发和发展中形成了自己的特色。总体来看，国内红色旅游的发展取得了良好的综合效益。徐仁立认为红色旅游的时代价值体现在 4 个方面：促进爱国主义教育；弘扬民族精神，发扬光荣传统；倡导保护革命历史文化遗产；推动革命老区经济发展。[1] 吴春焕认为红色旅游的价值主要表现在有利于保护革命文化遗产、发展旅游经济。[2] 刘建平研究了红色旅游与乡村旅游的整合问题，提出了如下策略：加大人才引进和培养力度；完善旅游公共服务体系；挖掘红色旅游文化内涵，开发体验性产品；树立品牌，科学管理；加强宣传，拓宽市场。[3]

二、河西走廊红色旅游发展现状

河西走廊辖金昌、武威、张掖、酒泉和嘉峪关 5 个地级市，现有常住人口约 490.6 万人，包括天祝县、肃北县、肃南县以及阿克塞县 4 个少数民族自治县，红色旅游资源丰富，教育意义极其重要。随着人民物质生活水平日益提高，旅游活动已成为人们享受物质文明的首选项目，因此红色旅游成为本区旅游产业发展的一项重要内容。从《2011—2015 年全国红色旅游发展规划纲要》的颁布，到 2014 年甘肃省委、省政府出台《关于促进旅游业改革发展的意见》，兰州至星星峡的红色旅游线路被确定为需要重点打造的 4 条省域红色精品旅游线路之一；2016 年 2 月甘肃省旅游工作会议决定，推进全国红色旅游国际合作创建区和国家级红色旅游基地创建工作，争取将张掖市发展为全国红色旅游国际合作创建区，政府出台的种种政策措施都为河西走廊红色旅游的发展提供了保障。2021 年 4 月，

---

① 徐仁立. 中国红色旅游研究 [M]. 北京：中国言实出版社，2020：17.
② 吴春焕. 红色旅游的社会效应研究 [M]. 北京：旅游教育出版社，2019：7.
③ 刘建平. 韶山红色旅游发展的创新模式研究 [M]. 湘潭：湘潭大学出版社，2020：15.

甘肃省文化和旅游厅在张掖市高台干部学院举办"党史学习"教育主题的红色精品文旅线路发布会，面向省内外游客发布了甘肃省 6 大主题、20 条红色精品旅游线路，从而为全国各地游客前来参观革命圣地提供了指南。

笔者整理河西地区红色文化资源后并进行了分类。从数量上来看，河西地区红色旅游资源丰富，战斗遗址数量较多，资源品质较高，资源赋存状况理想；从地域分布来看，河西地区红色旅游资源呈沿兰新公路东西链状分布的特点，受到龙首山和合黎山地形的影响。整体来说，河西走廊红色旅游发展潜力较大。

相比较于旅游经济发展较好的地区，河西走廊旅游产业发展存在落后、迟滞等现象，虽然 2015—2019 年底河西走廊旅游市场呈现井喷式发展，旅游产业收入呈递增趋势，但红色旅游资源的线路规划及产品开发依然存在不足。第一，开发力度不足、资金投入欠缺。由于红色旅游资源的独特性，决定了其在保护和开发阶段需要较多投入，虽然河西地区各初级、次级行动集团对红色旅游加大了财政投入，但并未从根本上解决当下红色旅游产业发展与游客需求的供需矛盾。第二，红色旅游线路呈现"点""散"现象，各红色旅游景观和战斗遗址未能"串"成红色线路或"组"成红色区域。长期以来，政务接待和节庆活动是红色景点的主要经营业务，在经济实体方面未能有效与市场完全接轨，未能完全实现市场化的转变。第三，市场营销力度不足，宣传效果不佳。当前红色旅游景观和战斗遗址主要承接散客业务，多依靠国庆节、建党节等国家红色节日，完成政务接待以满足自身基本运营需要。第四，红色景点可进入性较差、受众性较弱。其对外宣传缺乏独特吸引力，缺乏特色且没有艺术创新，难以深层次地从体验感等方面提升游客的满意度。第五，产业链条短板依然存在。第六，科教水平有待提升。在展陈方式、业态活化和红色旅游消费需求的深度变革背景下，反观河西地区红色景点和战斗遗址，与前沿科技融合相对滞后，部分红色旅游场馆、纪念设施未能融合虚拟现实技术、增强现实、人工智能等高科技手段，红色旅游体验仍然无法满足广大人民群众体验红色文化、接受革命教育、铸就时代精神的实际需求。

三、非对称优势对河西走廊红色旅游发展的启示

所谓非对称优势，是指竞争者应该避免直接进入对手的优势领域，把对手引离优势区，或者寻找与对手差异化的领域进行竞争，保持自身独特的吸引力，从而创造核心品牌竞争力。在红色旅游中，非对称优势即通过差异化的方式提升红色景观和战斗遗址的自身独特品牌价值和感召力。

（一）线路规划

响应党史学习教育的号召，讲好红西路军故事，吸引游客重温红色经典，规划好红色旅游线路。红色旅游线路规划，可着重提升游客体验感，即"红色旅游＋体验"模式，推

出研学丝路、红色沃土等线路。

（二）河西走廊红色旅游产品整合开发的路径

1. 转变政府的主导管理模式为协调模式

政府除加大财政投入力度外，河西走廊地区县级初级行动集团及地市级次级行动集团要充分统筹协调，给予各红色景点和战斗遗址管委会必要的自主权，并使其从传统的体制机制向市场机制转变，使其切实融入旅游经济发展的市场竞争中。简化职能部门对红色景点的管理权，充分调动景区管理人员的工作积极性和创造性，这样可以更快地找到各利益主体的平衡点。以张掖市平山湖大峡谷景区为例，受张掖七彩丹霞景区经营权转让而达到的经济效益和社会效益影响，政府于2014年将景区经营权转让给张掖市黑河水电公司（国企）。在此之前当地居民多以牧业、打工为生，现受旅游发展的影响，更多地参与到旅游发展的行列；同时景区收益既可以增加当地政府财政收入，也可以进行再投资增加收益，证明旅游景区管理方积极参与旅游市场是正确的选择。

2. 加强现代传媒的营销手段，扩大客源市场

2019年9月，河西地区经甘肃省委组织部批准设立高台干部学院，该学院设有3个培训室、5个研讨室、图书室、阅览室及餐厅住宿等设施，学院充分利用高台县的红色资源优势，先后举办省内外培训班，开展爱国主义教育和发扬红西路军精神的课程，取得了良好的效果。随着红色旅游的发展，要对其基础设施等进行完善。另外，相较于甘肃省以东地区红色旅游的知名度和宣传度还是有所欠缺的，所以在提升知名度方面要形成一种持续的宣传效应。全面宣传红西路军的历史战绩以及重要红色精神，通过电视、网络、电影等媒体手段进行宣传，邀请业界知名人士担任红西路军纪念馆的形象宣传大使；抓住互联网传播的优势，与各个旅游平台建立合作关系，加强与在线旅行社的合作进行宣传推广。

3. 丰富体验活动，提高游客参与度

河西走廊地区红色旅游景观和战斗遗址内有专门的讲解员和场景再现环节，尤其是通过高清投影仪，采用高清仿真动画极力还原当时红西路军血战高台的画面，又配置了可控可变色的灯光和音频多媒体，立体、生动地展现了当时的战斗画面。在此基础上采用VR体验技术，借助VR眼镜，模拟出红西路军当时的环境，让游客穿红军服装，重走红西路军道路，提升游客的体验感；同时也能宣传红色文化精神、提升红色文化教育功能。从"体验经济"理论的顾客需求来看，游客的体验感较低成为红色旅游业发展的短板，可以根据各红色景观和战斗遗址建筑群，建立若干"真人CS模拟战斗"场地，即根据红西路军血战高台的历史背景，设置真实的战场，在历史背景指导下，借助虚拟体验技术，让游客进行模拟战斗，以此来增加游客的参与度。

第四节　河西红色旅游发展路径探析

面对机遇，河西走廊地区应发挥地理位置的优越性，利用红色资源优势，把握当下政府政策扶持，遵循旅游市场经济的规律和要求，进行资源整合，区域联动，在全国、全省"红色旅游"发展的大背景下，针对红色旅游发展中存在的问题进行整改，寻求河西地区科学合理、具体可行的发展路径，实现河西五市红色旅游的向好发展。

一、加大投资力度，提高可进入性

甘肃省河西地区旅游发展相对滞后，设施设备和服务水平有所欠缺。加大景区建设的投资力度，完善县及以下地区交通路网建设以提高可进入性，加强纪念馆、博物馆、博览园的设施设备投入，搞好河西地区红色景区"硬件""软件"建设。同时加强宣传力度，整合线上线下资源，建立旅游宣传平台，运用互联网网站，电视广告、报纸、刊物等可行性的媒体手段加强宣传，可选择在景区建立官方网站信息化解说系统。

二、加强红色资源的修复和保护，完善管理体系

政府应注重红色旅游资源的保护，以及破坏、破损西路军战役遗址、抗战旧址、钟鼓楼、烈士墓的修复工作，如武威的横梁山战役遗址、中国工农红军西路军总指挥旧址等。同时完善管理体系，制定遗址遗迹等保护法律法规，建立以"保护为主，开发为辅"的开发理念，维护河西地区红色旅游资源的本真。

三、深度开发，制定河西精品旅游线路

河西走廊应根据红色旅游发展规划的要求，结合河西走廊自身红色旅游资源的独特优势，在红色旅游发展中充分利用这一优势，打造以"西路军魂，河西丝梦"为主题的河西红色旅游品牌形象。通过各红色旅游景区整合开发，设计精品河西旅游路线，最终形成红色"全域旅游"的河西旅游品牌。

一方面，以"追寻红色足迹，传承革命精神"为主题，将红色旅游资源单体串联起来，设计成精品旅游线路。吸引革命军人、党员等群体参与进来，让他们再次感受红色政权的来之不易，激励他们走好新时代的长征路；结合建党等周年庆大型纪念活动，组织民众开展河西红色旅游活动。将红色旅游主题活动和建党、建军、建国等纪念日紧密契合，适时推出一些特色旅游产品，积极做好河西地区红色旅游推介，激活红色旅游市场。例如

线路：武威烈士陵园—永昌烈士陵园—八坝阻击战战斗遗址—高台烈士陵园—肃南石窝会议纪念馆。

另一方面，红色旅游的发展对于新时期爱国主义教育，继承红色革命精神的推进同样具有重要意义。结合近年来市场火热的"研学"旅游，推出以红色旅游产品"故事＋游客参与"的开发模式。针对不同年龄的受众，设计不同难易程度的讲解词，使整个过程既有知识性又有情感性，让他们既能学习历史知识又能感受革命先烈的精神力量。同时，参与性会增加游客体验的乐趣，可以利用科技手段，设计"河西红色旅游"App，设计形成中国工农红军西路军历史战况的模拟还原。将战争战役地点、人物角色、兵力分布和服装道具都加入到场景之中，策划穿越、探险、大小型赛事等体验性项目。

四、整合资源，联动发展

河西走廊可借助"丝绸之路"大背景下的敦煌丝路博览会，融入国家"一带一路"的倡议中来。将红色旅游资源与其他自然、人文等旅游资源结合起来，使河西地区景区景点形成"以点成面，以线成片"局面，逐步实现区域合作发展，将河西五市打造成一个以红色旅游项目为主的大型多功能旅游区，以此提高河西红色旅游的吸引力、影响力。

河西地区自然旅游资源和历史文化旅游景观极其丰富，丝绸文化、佛教文化、民俗风情、石窟艺术和历史遗迹的独特性，与雪景、冰山、林海、草地、戈壁、丹霞地貌交相辉映，优缺互补，自然与人文的结合，形成多种类型资源综合的旅游线路，让游客体验到河西走廊的整体风貌。以张掖为例，"红色旅游＋自然观光"线路：张掖丹霞地质公园—梨园口战役纪念馆（临泽）—倪家营子、三道柳沟战斗遗址—马蹄寺—七一冰川；"红色旅游＋人文活动"路线：张掖大佛寺—张掖市博物馆—玉水苑—高台烈士陵园。"红色旅游＋民俗风情"线路：肃南马蹄寺—肃南石窝会议纪念馆—肃南裕固族风情园。

五、加大红色旅游人力资源开发

（一）红色旅游人力资源的要求与特点

1. 群众性强

我国红色旅游资源的年代并不久远，红色革命旅游地中有不少老人曾经亲身参加过革命战斗，见证了红色革命的那段历史，同时我国社会主义建设还处于发展阶段。红色旅游景点附近的居民也是社会主义建设的直接见证人，加之我国长久以来人民群众深受红色文化的熏陶，这使得我国红色旅游具备了较为广泛的群众基础。

2. 政治性强

红色旅游不仅承担着满足游客对精神文化生活的需要，同时红色旅游还肩负着一定的政治功能。在红色旅游的过程中，要让红色文化以及红色精神在潜移默化中影响游客，使游客在缅怀革命先辈付出之不易的同时，能够更加珍惜当下的美好生活，坚定对马克思主义、共产主义的信仰。因此，在红色旅游的过程中，旅游向导及其他红色旅游服务人员需要具备较高的思想政治素质。

3. 知识性强

红色旅游从业者不仅需要掌握营销技术知识和手段，使游客能够选择红色旅游方式，同时从业人员还需要熟知红色革命历史和红色革命精神，并在游客游览红色旅游地时，能够绘声绘色地将相关历史和精神讲述给游客，进一步增强和丰富游客的旅游体验和感受，使游客能够加深对红色旅游地以及红色文化的了解。

4. 兼容性强

我国红色文化包含的内容十分丰富，在几十年的红色革命和建设发展过程中，我国各行各业都取得了重大的发展成就，各行各业都涌现了大量的优秀人才。在政府倡导产业融合的背景下，各行业优秀人才不仅在其岗位上发光发热，同时也为红色旅游产业的发展贡献了力量。

5. 创新性强

红色旅游的服务对象是游客，而游客游玩的目的是追求新奇的体验。因此在发展红色旅游的过程中，红色旅游行业相关人才需要在遵循正确价值导向的前提下，创新红色旅游服务和红色旅游周边产品，为游客提供新奇的红色旅游体验和感受，从而增强红色旅游景点对于游客的吸引力，而这就要求红色旅游产业人才具有较强的创新能力，能够以红色文化为主题进行旅游服务创新。

（二）加强河西红色旅游人力资源开发的对策

1. 更新观念，加强红色旅游人才工程建设

在河西红色旅游资源的开发和建设过程中，人力资源是非常重要的因素，只有红色旅游行业从业者充分发挥自身的主观能动性并结合红色旅游景点的特点与特色，才能够较好地实现旅游景点的开发，打造旅游景点独特特色吸引游客。除此之外，在红色旅游景点建设和开发完毕，对游客开放的过程中，也需要专业的旅游人才为游客提供旅游景点红色历史和文化介绍等旅游服务体验，并且旅游业从业者水平的高低直接影响到了游客的游览体验。由此可见，红色旅游人才资源对于红色旅游发展的重要性。因此，红色旅游产业及企业在发展的过程中需要更新观念，充分重视对红色旅游人才的招聘与培养。

2. 合理开发和优化红色旅游人力资源结构

（1）制定统一的全国及地方红色旅游人力资源开发规划。为了全面提升我国红色旅游地的从业人员质量和水平，我国需要制定统一的红色旅游人力资源开发规划，针对红色旅

游发展过程中需要的科研人才、营销人才、导游人才、教学培训人才进行系统的规划和培养，并对相关人才的年龄结构、性别比例以及受教育程度进行系统的规划，从而达到不断提升我国红色旅游人力资源质量的目的。

（2）进一步完善红色旅游人力资源开发培训制度。首先，人力资源培训不仅需要进行岗前培训，同时还需要对人力资源培训进行长远的规划，从而使得红色旅游从业人员的能力和水平能够得到持续提升；其次，在对红色旅游从业者进行培训的过程中，不仅需要重视对其进行旅游行业技能方面的培训，使其能够为游客提供更好的旅游体验，同时还需要对从业人员进行思想政治培训，提升从业人员的道德修养；最后，培训结束后，需要对从业者的培训效果进行测试和评估，从而提升从业者在接受培训期间的认真程度，达到提升培训效果的目的。

3. 提高红色旅游人力资源培训质量

（1）整合教育资源，完善人才培养体系。当前我国在红色旅游人才培养过程中的内容较多，且红色旅游教学内容较为零散，这导致我国对红色旅游人才的培养缺乏系统的内容体系，为此，我国需要根据当前对于红色旅游人才的能力需求，建立较为完善和统一的红色旅游培训内容体系，为红色旅游人才培养提供适宜的教学内容资源。除此之外，红色旅游教育仅仅由政府部门开展无法满足红色旅游的发展需求，因此政府部门需要加强对高校教学资源等社会教育资源的调动，提升多种形式和多样化的红色旅游培训，从而完善红色旅游人才培养体系。

（2）加强师资队伍建设。红色旅游人才培训过程中，培训讲师是影响培训效果的重要因素，为此我国红色旅游培训过程中要想提升培训质量，就必须加强对优秀培训讲师的引进与吸收，同时，为了增强现有培训讲师的水平，旅游产业还需要为优秀的培训讲师提供进修机会和资源，进一步提升培训讲师的能力和水平。除此之外，邀请高校优秀旅游管理专业教师对旅游业从业者进行培训也能够为从业者提供较为专业、系统的培训，达到提升红色旅游师资队伍的目的。

第五章

河西走廊旅游文化和
演艺产品开发

第一节　河西走廊旅游文化和演艺产品的开发现状

2019 年 3 月，文化和旅游部印发《关于促进旅游演艺发展的指导意见》（以下简称《意见》）。作为国内首个促进旅游演艺发展的文件，《意见》提出要将旅游演艺培育成文旅融合更好的载体。河西走廊文化旅游资源类型多样，如以敦煌莫高窟为代表的石窟文化、以嘉峪关关城为代表的长城文化、以中国工农红西路军战斗遗迹为代表的红色文化、以甘肃省特有的少数民族裕固族为代表的民族文化、以阳关和玉门关为代表的古城址文化。

一、河西走廊旅游演艺的分布及特点

（一）河西走廊旅游演艺资源

河西走廊文化旅游资源丰富，但相对而言旅游演艺较少，在旅游旺季并不能满足游客体验河西文化魅力的需求。

河西走廊旅游演艺主要以敦煌市的《丝路花雨》《又见敦煌》《敦煌盛典》和张掖市的《回道张掖》《甘州乐舞》为代表。虽然河西走廊现存旅游演艺较少，但竞争力同样很大，如不重视建设提升仍然有被淘汰的风险。《甘州乐舞》是张掖市最早的旅游演艺节目，但其在发展中不能与时俱进，逐渐退出了旅游演艺的市场，到 2019 年底已很少有演出场景，被新开演的《回道张掖》所取代。

敦煌是县级市，区域面积较小，《敦煌盛典》演出地点距离敦煌市区仅仅 4 公里，坐出租车到演出剧场约 10 元左右。《又见敦煌》和《丝路花雨》演出地点距离市区较远，坐出租车费用约 20 元左右，自行驾车抵达比较方便。《回道张掖》演出剧场在丹霞口旅游度假小镇，坐出租车则需要 100 多元，自己驾车过去也需要 50 多分钟，但丹霞口旅游度假小镇距 5A 级旅游景区七彩丹霞近，可以在参观完七彩丹霞景区后去欣赏《回道张掖》旅游演艺。

河西走廊几个城市旅游演艺发展并不均衡，旅游演艺节目主要在敦煌市和张掖市境内，敦煌市旅游演艺在河西走廊发展时间相对较长久，发展较为成熟。张掖市旅游演艺正处于发展期，在探索中求发展。2018 年张掖市游客总量已经突破了 3000 万人次，武威市游客总量超过了 1500 万人次，嘉峪关市旅游人次刚刚突破 1000 万大关，金昌市游客总量超过 495 万人次。从游客人次可以看出，武威市、嘉峪关市和酒泉市的旅游发展略逊色于张掖市。武威市、嘉峪关市和酒泉市旅游暂时尚无旅游演艺品牌，嘉峪关市政府鼓励发展旅游演艺，目前正在在积极组织、筹备发展中的旅游演艺品牌有《金戈铁马嘉峪关》《天下雄关》等。

（二）河西走廊旅游演艺的特点

《敦煌盛典》展现了以古代敦煌为代表的市井文化和以莫高窟为代表的佛教文化的交流发展，展示古代敦煌盛大辉煌的场面。《又见敦煌》作为室内情景体验剧，从敦煌历史中选取典型的情景、人物线索，连起整部演艺的脉络。《丝路花雨》以极盛时期的唐朝为背景，讲述古丝绸之路中国妇女救助波斯商人的动人故事，它将敦煌壁画以舞台的形式进行展现，再现了敦煌文化的博大精深。《回道张掖》以张掖市历史文化为载体，深入挖掘张掖市独特的民俗民风创作而成。整部演艺保留了原汁原味的张掖市文化特色，其中还穿插了河西独有的宝卷念唱的表演方式，用河西特有的民俗民风和最真实的历史生动再现古丝绸之路的辉煌。综上，河西走廊现有的旅游演艺都以河西走廊本地历史文化和民风民俗为主线，加上现代科学技术的舞台机械设计，配合演员的演出，给人以视觉冲击，使游客穿梭在古往今来繁华的场面之中。

（三）河西走廊旅游演艺的现状

河西走廊旅游演艺与国内其他旅游城市相比较，发展起步较晚。目前河西走廊旅游演艺处于发展萌芽阶段。《敦煌盛典》在 2015 年 8 月起开始演出，《又见敦煌》在 2016 年 9 月上演，《丝路花雨》虽然是自 1979 年开始首演，但进行常态化演出是在 2017 年 5 月。《回道张掖》开演时间更短，直到 2019 年 7 月才正式开演。河西走廊的旅游演艺进入常态化演出都在近几年内，这意味着河西走廊的旅游演艺发展仍然处在初级阶段，还有很多地方需要去完善改进。

二、河西走廊旅游演艺的发展对策

（一）政府加强支持引领

旅游演艺行业内仅 9% 左右的项目处于盈利状态，11% 处于收支平衡，大部分项目亏损严重。旅游演艺的前期投资成本大、费用高，如若没有政府的支持，将很难收回巨额的投资成本。因此，政府出台一些配套支持政策，给予一定的资金资助，可以有效减轻企业压力。同时，政府在政策上的引领可以有效防止企业盲目跟风和粗制滥造地开发旅游演艺产品，在开发一些新的旅游演艺节目满足游客需求的同时，让旅游演艺遵循市场的规律科学合理地发展。

（二）创新营销模式

河西走廊旅游演艺不能拘泥于传统的营销模式，而要充分利用现代新媒体进行营销。不仅可以借助微博、微信公众号、抖音、快手等平台大力宣传，也可以借助影视剧来提高旅游演艺的品牌影响力。基于河西走廊旅游淡旺季分明的显著特点，还可针对这一现象实行有效的措施。例如，在旅游旺季，门票本身供不应求，则可以按正常票价出售门票；在淡季游客数量比较少，很多游客家庭出游也因门票太贵望而却步，基于这个原因，在淡季期间可以实行优惠政策，给予小孩、老人等群体一定的票价优惠。

全国现存旅游演艺较多，主要分布在东南沿海、北京、云南和四川等地区，这些地区的旅游演艺起步早、发展成熟，反观河西走廊旅游演艺较少且起步较晚。因此，河西走廊在拥有丰富的历史文化旅游资源的条件下以及甘肃省旅游强省战略背景的政策支持下，应当抓住机遇迎接挑战，在旅游演艺发展过程中更上一层楼。

第二节　河西走廊旅游文化和演艺产品市场 需求调查与分析

一、游客对旅游商品的需求旺盛

调查发现，64.9％的游客愿意购买旅游商品，35.1％的游客对购物无所谓；64％的游客对旅游商品感兴趣，11％的游客对旅游商品不感兴趣，5.8％的游客对旅游商品一般感兴趣。根据甘肃省统计局、国家统计局甘肃调查总队 3 月 20 日公布的《2019 年甘肃省国民经济和社会发展统计公报》，甘肃省全年接待国内游客 3.7 亿人次，比上年增长 24.0％；国内旅游收入 2676 亿元，增长 30.0％。接待入境游客 19.82 万人次，增长 98.0％。其中，接待外国游客 11.37 万人次，增长 99.8％；接待港澳台同胞 8.45 万人次，增长 95.6％。国际旅游外汇收入 5904.6 万美元，增长 108.7％。旅游人均花费 716 元，比上年增加 34 元。

随着甘肃省旅游业的持续发展，旅游商品开发的水平不断提高，游客对旅游商品的需求将会很大，旅游购物市场蕴藏着巨大的开发潜力。

二、游客首选旅游纪念品和名优特产

调查数据显示，有 61.8％的游客购买旅游商品的目的是留作纪念，有 58.1％的游客购买旅游商品的目的是赠送亲友，而有 32.4％和 18.4％的游客因为旅游商品本身具有收藏观赏性和有实用性才愿意购买的。在调查游客喜欢购买何种旅游商品时，大部分游客选择了旅游纪念品和土特产，其他依次是：工艺美术品、生活用品和其他（如表 5－1 所示）。这个问题的调查可以反映游客购物的偏好。

表 5—1　您在甘肃省喜欢购买何种旅游商品？（多选）

旅游商品种类	土特产	工艺美术品	旅游纪念品	生活用品	其他
比例（%）	48.9	41.8	50	15.4	5.9

三、民族宗教等特色旅游商品知名度较高

调查数据显示，在甘肃洗砚、刻葫芦、百合等 12 种开发比较成熟的旅游商品中，虫草的知名度最高，有 54.4% 的游客听说过，其次是唐卡等宗教商品，占有 50%，其他依次是夜光杯、锁阳等中药材和养生保健品、《读者》杂志、洗砚、香包、刻葫芦、百合、木雕、水烟、漆器。旅游目的地的民族文化、具有地方特色的旅游商品深受旅游者欢迎，知名度较高（如图 5—1 所示）。

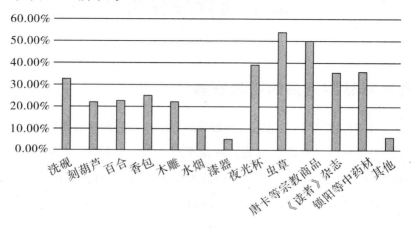

图 5—1　关于游客听说过的甘肃省著名旅游商品（多选）

四、游客比较青睐价格实惠的旅游商品

调查数据显示，37% 的游客在旅游商品上的消费占整个旅行费用中的 20%～30%，12.6% 的游客会花费整个旅行 30%～40% 的费用来购买旅游商品。只有 15.6% 的游客会花费 10% 以下的费用来购物。在调查游客能够接受的旅游商品价格时，数据显示，能接受商品价格在 50～100 元之间的游客占 36.8%，能接受 100～500 元之间的游客占 35.3%，能接受 50 元以下的游客占 18%，只有 8% 和 5% 的游客分别能接受 500～1000 元和 1000 元以上的旅游商品。旅游六大要素"食、住、行、游、购、娱"中的"购"是旅游者旅行不可或缺的一部分，也是避免不了的市场行为，但由于旅游商品本身的特点，所以大多数游客比较青睐价格实惠的旅游商品。

五、游客喜欢具有一定规模和交通便利的购物场所

调查数据显示，来甘肃省旅游的游客一般选择购物场所的顺序依次为大商场或商业街、旅游景点、旅行社指定的旅游定点商店、旅游商品专卖店、饭店商场和其他（如图5－2所示）。游客购买旅游商品时选择购物场所看重的是导购服务，商品质量有保障，希望有较大的集中购物中心，且交通便利、购物环境好。

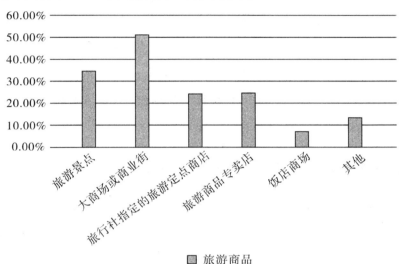

图5－2　关于游客在哪儿购买旅游商品（可多选）比例图

六、游客主要凭借自己的经验和喜好购买旅游商品

调查得知，游客选购旅游商品的信息来源主要有以下几种：根据亲友的介绍占33.8％，参考商家的推荐占21.3％，凭借自己的经验和喜好占70.6％，听从导游的意见占10.3％，其他途径约占6.6％。可见，投游客之所好，开发游客喜欢的旅游商品是最有效的营销方式。

第三节　河西走廊旅游文化和演艺产品市场供给分析

河西走廊区域历史悠久、文化灿烂、自然景观独特，近几年旅游得到很大的发展，但在提供给市场的旅游产品当中，仍以观光旅游产品居多，休闲度假产品较少，满足不了游客日益增长的个性化、多样化旅游需求。因此，如何调整河西走廊区域旅游供给的总量和结构，满足来河西走廊旅游游客的旅游需求，成为当前河西走廊区域所在城市共同面临的一个新课题。

一、旅游商品地域特色不足，主题旅游商品不明显

调查整体数据显示，河西走廊目前发展比较成熟的旅游商品有多种，但游客了解的旅游商品甚少，对河西走廊品牌更没有概念。在"您对河西走廊旅游购物有何意见和建议"的调查中，大多数游客表示应该有能够代表地区特色的商品。在"您认为什么是能代表河西走廊的旅游商品"的调查中，大多数游客提出应该是能体现人文与旅游资源相结合、历史文明、民族特色等的旅游商品，调查数据显示河西走廊具有民族特色的旅游商品知名度较高，虽然拥有丰富多样的文化旅游、红色旅游、绿色生态旅游和民俗旅游资源，但是旅游商品地域特色不足，主题旅游商品还不够明显，没有形成一定的发展序列。河西走廊旅游商品的发展基本是无序的、自由的，缺少科学的理念指导，在旅游商品的宣传、销售、开发等方面没有形成可行的实施机制。

二、旅游商品缺乏专业开发人才，开发层次不高

调查数据显示，有48.5％的游客认为河西走廊旅游商品质量一般，38.8％的游客认为比较好，6％的游客觉得不好，5.2％的游客觉得很好，1.5％的游客认为很差。对于旅游商品来说，大多数的游客认为质量很重要，认为质量重要的游客占27.4％，认为质量不重要的游客占1.5％。部分游客提出河西走廊旅游商品存在相似度高、购物环境差、不便携带等问题。旅游商品的质量是第一位的，是游客最看重的，有一半的游客认为旅游商品的纪念性意义比较重要，有33.1％的游客认为包装比较重要，42.6％的游客认为便于携带比较重要。但河西走廊旅游商品在质量保证、造型设计、包装设计、功能设计等方面缺乏先进的技术和专业的开发人才，导致商品开发层次不高，急需加强和提高。

三、旅游商品欠缺良好的营销平台

游客来河西走廊旅游之前对河西走廊旅游商品了解甚少，诸多旅游商品中只有少数几个类型在游客心目中有一定的影响，这说明河西走廊旅游商品营销力度不够，导致游客不知道河西走廊到底有哪些旅游商品或者认为河西走廊根本没有什么值得购买的旅游商品。河西走廊旅游商品销售公司有三家，分别是陇萃堂、渭河源和三江源，但分别只有12.5％、22.8％、52.2％的游客了解它们。52.2％游客主要选择在大商场或商业街购买旅游商品。游客外出旅行主要是以"游"为主，景区（景点）是他们必去的地方，但只有35.3％的游客在旅游景点购物，其原因无非是旅游景点缺少购物场所或者旅游景点购物场所缺少游客需要的旅游商品。说明河西走廊旅游商品销售场所建设不完善，没有形成固定的、具有一

定规模的销售平台。

四、旅游基础设施不完善，旅游基础设施供给不足

近年来，河西走廊区域各市旅游发展快速，旅游经济带动显著，但是与其他旅游发达地区相比较还有很大提升空间，最显著的就是旅游基础设施不健全或布局不合理。据问卷调查统计，来丝绸之路旅游的游客反映最多的问题就是自驾前往景区时，公路指向标识牌不清晰或不完善，沿途服务区或临时停车休息区分布不均匀或者较少，厕所数量和沿途旅游购物商店数量非常少等影响游客体验的现实问题。一次难忘的旅游当中，旅游目的地给游客留下难忘印象的不仅是当地的人文自然景观和民风民俗，当地的一些基础辅助设施，如景区内的观光亭、卫生间、垃圾桶、停车场、景区内外的指向标识牌、接待中心、服务中心等基础设施，也都会让游客对旅游目的地有难忘的评价和印象。且调查还发现，购买地方特色商品的游客呈日渐增多趋势。但这一趋势在提供并开发旅游商品方面，并未能引起河西走廊各市旅游部门的高度重视。很多游客不清楚河西走廊各地有哪些特色旅游商品，也不知道在旅游参观结束后去哪里能购买到代表该地域的特色旅游商品，就连河西走廊的一些本地人也不清楚哪些物品最能代表自己家乡的特色。

五、旅游整体区域宣传力度不够，亟须塑造新的旅游品牌形象

近年来，河西走廊旅游获得突飞猛进的发展。河西走廊也不仅仅局限于对厚重历史文化的挖掘，各种独具特色且类型丰富的自然景观和旅游资源也让很多游客有了情怀上的向往。但游客对于河西走廊的认知却还是传统的认识和评价，"丝路飞天"和"大漠戈壁"是游客对河西走廊固有的认知。可以说，在旅游飞速发展的新时期，河西走廊整体旅游形象不鲜明、品牌定位不清晰的问题依旧没有得到有效突破和解决。河西走廊各个区域所在城市在旅游宣传上也是各自为战，比如张掖在宣传"七彩丹霞，戈壁水乡"、武威在宣传"中国旅游标志之都"，金昌在宣传"紫金赏花、骊靬揭秘"等。每个城市都有自己的旅游宣传主题，但问题是除了敦煌美誉度和知名度很高之外，很多海内外游客对河西走廊其他城市的认知度并不高。而这些各自为战的旅游宣传主题和口号并不能将河西走廊整体旅游形象宣传出去，游客也不能从这些宣传中很好地感知河西走廊的整体形象，因此这也是河西走廊旅游业发展所面临的瓶颈问题。

六、旅游商品价格管理不规范

在旅游商品价格方面，很多游客反映商店随意定价，不同地区同种商品不同价的现象相当普遍，14.9%的游客明确提出了河西走廊旅游商品价格太贵，难以接受。针对河西走

廊旅游商品价格的调查表明，44%的游客认为价格比较高，43.3%的游客觉得价格比较合理，7.5%的游客认为价格比较便宜，5.2%的游客认为价格很高。而在游客对旅游商品的价格是否有重要性方面，有调查显示，认为价格很重要的游客占53.7%，认为价格重要的游客占38.2%，认为价格不重要的游客占5.1%，无意见的游客占2.2%（如表5-2所示）。旅游商品不是生活必须消费品，游客对价格比较敏感，旅游商品的价格是否明码标价、是否物美价廉都会影响购物的成败，根据调查可见，河西走廊旅游商品价格偏高，应该加强价格管理。

表5-2　您对旅游商品各方面的重要性如何看待？

单位:%

特征	很重要	重要	不重要	无意见
价格	53.7	38.2	5.1	2.2
质量	70.6	27.9	1.5	0
款式	33.1	50.7	13.9	1.5
包装	16.2	33.1	36.8	12.5
服务	52.2	37.5	3.7	5.1
纪念性	43.4	47.8	3.7	2.9
民族性	57.4	30.9	7.4	3.7
携带型	32.4	42.6	16.2	4.7

七、旅游产品同质化严重，旅游产品供给不足

近年来，随着河西走廊经济的发展和人民生活水平的提高，人们的旅游需求逐渐扩大，但是，河西走廊区域旅游产品供给跟不上消费升级的需求。尽管河西走廊各地有很多旅游项目建成运营，如嘉峪关方特欢乐世界、金昌骊轩文化产业园、张掖中华裕固风情走廊、瓜州张芝草圣故里、张掖丹霞地质博物馆、张掖方舟温泉水世界、黑河生态城花海景区、玉门文化博览园、武威丝绸之路文化博览园、阿克塞大漠狩猎园等。但旅游有效供给依然不足，最主要的原因是现有开发的旅游项目及旅游产品开发水平低，品牌效应不够，产品以静态展示为主，并不能满足游客个性化、多样化的旅游需求。休闲旅游、农家采摘、亲子游、温泉疗养、研学旅游等项目，是近年来最受游客欢迎的几种方式。然而，河西走廊各地此类的休闲旅游项目相对缺乏，观赏产品较多，互动娱乐产品较少。除了敦煌在旅游旺季提供《又见敦煌》《丝路花雨》《敦煌盛典》等反映地方特色文化的夜间旅游演艺活动外，河西走廊其余地方的旅游演艺活动基本为空白。因此对旅游者休闲旅游消费需求还不能形成有效供给。

八、导购服务欠佳，导游推荐可信度低

河西走廊购物景区售货员的服务态度成为阻碍游客购物的因素。数据调查显示，游客

对导游的推荐，认为可信的游客占 45.3％，不可信的游客占 35.8％，半信半疑的游客占 18.9％。对于旅游商品来说，游客认为导购服务很重要的占 52.9％，重要的占 38.1％，认为不重要的占 3.7％，无意见的占 5.2％。在问游客对河西走廊旅游购物有何意见和建议时，大多数游客提出了河西走廊旅游应该规范旅游购物市场。而河西走廊旅游商品供给中存在的问题的深层原因是旅游商品服务管理不到位及资金投入、政府支持力度不够等。

第四节　河西走廊旅游商品开发对策研究

一、建立推动河西走廊旅游商品繁荣发展的开发机制

（一）确立河西走廊旅游商品开发目标和战略选择

根据河西走廊旅游商品市场的调研分析结果及河西走廊旅游商品开发管理中存在的诸多问题，河西走廊必须确定明确的旅游商品开发目标，立足地方特色，以市场为导向，以效益为中心，增加投入，创新机制，着力培育地方特色鲜明的土特产品、旅游纪念品、旅游工艺品、旅游服饰、旅游食品、旅游营养保健品、旅游装备及旅游活动用品等旅游商品，使旅游购物成为河西走廊旅游业新的利润增长点。组建省级旅游商品专业研发、销售机构。创新机制，挖掘、策划、制作地域特色突出的文化旅游商品；大力开发地方土特产品，使其成为河西走廊旅游商品的主力军，带动农业、工业、手工业、包装业、运输业等相关产业的快速发展；积极引进和使用新工艺、新技术，加强创意设计，赋予传统工艺品新的理念和表达方式；挖掘具有潜在市场价值的旅游商品，实现河西走廊旅游商品的推陈出新；按照现代人的消费理念和生活习惯，制作组合礼品，打好旅游商品的"组合拳"，满足不同消费群体的需要。重点支持发展兰州百合、青城水烟、党参、黄芪、牦牛肉干、土豆制品等土特产品，祁连玉、鸳鸯玉、雕刻葫芦、洗砚、天水雕漆、环县皮影、庆阳香包、保安腰刀等旅游工艺品，敦煌壁画临摹制品、彩陶、铜奔马等文物仿制品，唐卡等宗教艺术品和反映地方传说、民俗、故事的文学作品、书画作品、影像制品。通过统一商品品牌、统一市场运作、统一服务规范，实现效益最大化、特色旅游商品系列化和品牌化。建立《河西走廊优秀旅游商品推荐目录》，引导旅游商品品牌化发展。通过全国公开招标、组织全省旅游商品开发大赛等方式，支持旅游商品设计、开发、生产销售项目，重点开发农副土特产品、丝绸之路文化旅游商品、宗教文化旅游商品、特色工艺纪念品等旅游商品系列。

1. 坚持特色发展战略

河西走廊旅游商品开发要以特色、优势、名优、精品为龙头和主攻方向，充分挖掘丰富的自然文化资源和传统工艺，着力开发一批品质高、卖点强，集地方性、文化性、艺术性、纪念性、实用性、便携性、收藏性和馈赠性于一体的旅游商品，这些特色旅游商品源于河西走廊的不同景点、不同区域、不同文化、不同习俗，具有纪念性差异，能够反映旅游者的不同的旅游体验。

2. 坚持品牌战略

河西走廊旅游商品开发要集中打造体现河西走廊旅游形象特征并反映本省人文自然特色的各类旅游商品，强化河西走廊旅游品牌，包括品牌名称、品牌标志和商标。品牌商品要进行商标注册，注册商标要反映河西走廊旅游形象，商品包装上要统一使用河西走廊旅游形象标识，让旅游商品成为河西走廊旅游形象的新载体和传播符号。

3. 坚持培育和扶持骨干企业

在旅游发展统筹资金中专门设立旅游商品发展基金和经营风险基金，在一定优惠的条件下有偿使用、逐年回收，形成投入产出的良性循环机制。通过政策引导资本和民营企业的大规模介入。要扶优扶强，培育和发展壮大骨干企业，激励他们苦练内功，改变生产规模小而分散的状况，大力提高旅游商品设计水平，提高科技含量，形成旅游商品生产的企业集群；要加大知识产权保护力度，形成科研、生产、供应、销售一条龙的机制。

(二) 集中研发市场主题旅游商品

河西走廊开发出的比较成熟的旅游商品不多，甘肃省并未形成一定的旅游商品序列。河西走廊若想在旅游购物市场的份额有所突出，必须围绕本省特色旅游品牌，着力打造旅游系列商品，形成专业化的旅游产业链。

1. 礼品系列

根据河西走廊旅游形象特点，精选5~8种商品作为河西走廊礼品，从包装到商品本身能充分反映河西走廊旅游形象，作为各类博览会、商务和公务活动中的馈赠必备品，充分利用党政机关、各类组织和全省公民的人脉资源广泛营销河西走廊旅游。

2. 丝绸之路文化旅游商品系列

该类商品主要围绕丝绸之路文化主题进行研发。甘肃塞纳河文化传播有限公司生产的"梦里敦煌"系列可以入选。另外，还主要包括文物复仿制商品系列，如武威市汉代铜车马阵、麦积山石窟汉唐陶艺品——东方微笑、波斯古钱币、马踏飞燕及天马文化产品系列、马家窑彩陶、临夏彩陶系列复制品等；家居服饰商品系列，以敦煌莫高窟壁画和丝绸之路相关文化信息为题材的丝织挂毯、领带、丝巾、真丝服饰、十字绣品等轻纺编织品，茶杯、咖啡杯垫、桌垫、麻质桌布等居家饰品。

3．宗教文化商品系列

主要有桃木雕为主的崆峒道家产品系列，如桃木剑雕等，唐卡、佛珠等藏传佛教系列文化商品。

4．特色工艺纪念品系列

如酒泉祁连玉、武山鸳鸯玉夜光杯系列产品，雕刻葫芦、洮砚、天水雕漆（点螺、漆盘、插屏）系列产品，陇南山核桃工艺系列产品，嘉峪关戈壁风雨石等。将以敦煌飞天"天宫伎乐""飞天伎乐"等代表形象为原始题材创作敦煌飞天艺术挂毯、丝织品等，根据敦煌壁画中出现的典型乐器造型进行仿制，生产古琴、筝、笙、箜篌等迷你型古乐器仿制品。制作敦煌壁画中的演奏场景和敦煌古乐的演奏者塑像。以"马踏飞燕"为题材制作金属雕塑、木雕、字画等中高档工艺品，以及小型纪念章、钥匙链、手链等中低档工艺品。

5．民族民俗旅游纪念品系列

如张掖肃南裕固族风情系列挂件、庆阳香包系列、庆阳环县皮影、保安腰刀、河州锁袋、天祝藏族自治县的白牦牛工艺品系列、阿克塞哈萨克族特色工艺商品等。

6．农副土特产品系列

深度挖掘河西走廊地方农副土特产品，进行精深加工和文化包装，打造农副土特产陇货精品系列。如"兰州玫瑰"系列、兰州百合、兰州（青城）水烟、大板瓜子系列、干鲜瓜果系列、党参等养生中药材和医药保健品系列、定西土豆及淀粉加工产品、狼肚菌等山货系列、牦牛肉干、各类小包装精品杂粮系列、河西走廊酿造系列（如紫轩庄园葡萄酒系列、莫高葡萄庄园酒、啤特果饮品等）、陇菜菜品的真空包装产品。

7．文物仿制品系列

河西走廊精品、重点文物的仿制销售。如铜奔马、黄河古象、恐龙化石、飞天塑像等。

8．图书影像商品系列

该系列商品主要包括《读者》、河西走廊系列风光片、彩陶、敦煌艺术、佛教文化、民族风情等系列文化地图，河西走廊自助游全攻略，《大梦敦煌》《丝路花雨》《花儿与少年》《官鹅情缘》等品牌演艺和反映地方艺术形态的音视频产品等。

（三）全方位提高旅游商品设计能力

"游"是旅游活动的核心，也是旅游的主要目的。旅游者到旅游景区游览，一般喜欢购买一些与景点、景区主体相一致的旅游纪念品，因此具有巨大的开发潜力。为保障有多样化的旅游商品，河西走廊应在市场调查和需求分析的基础上通过技术革新进行旅游商品设计和开发，根据自身条件，最大限度地利用本地技术、人口和原料，生产具有河西走廊旅游文化气质和内涵且符合游客需要的，同时体现民族文化、传统工艺并具有美观实用、方便携带特性的名优旅游商品。如河西走廊的"黄河文化""丝绸之路的历史文明""特有的民族风情",形成省级、市级、县级、村级的主体旅游商品,各个旅游商品应各标新意,达成"一寸一品"的生产模式,使游客在游览中不仅步移景异,而且能使游客的购买欲步步攀升。

1. 旅游商品的造型设计

河西走廊旅游商品的造型设计要深入挖掘本地文化,用艺术手段来表现,还要强调审美。不仅要实现旅游商品的基本功能,还要兼顾旅游商品造型的独特结构。如运用自然材料的原始创意,幻化出许多独特的形象结构,以此激发旅游者的购物冲动。

河西走廊可以重点从以下几个方面进行深层次的挖掘,打造旅游商品。一是重点体现景区(点)特色来设计旅游商品造型。例如,兰州水车园设立独卖商品馆,主要出售水车系列造型的旅游商品,如水车特征的文具台座。二是将实用功能与观赏功能相结合来设计商品造型。如可以将游客头像雕刻在兰州葫芦上,并且拓展技术,烙画、浮雕等,也可以定制刻有各种画面的葫芦,还可以用小葫芦组合制成毛笔笔架等,这些物品挂在墙上、摆在台前,既有装饰、纪念意义,又有实用价值。三是旅游商品的造型设计要展现一定的情趣。情趣是旅游商品的灵魂和内涵,例如,仿照羊皮筏子的造型制成烟灰缸,烟灰缸的一头坐着一个叼着烟头的乘筏人等。根雕模样的沙发墩,中间是空心,放置杂物。四是反映历史文化。即通过商品造型来表现旅游目的地的历史和文化信息,这也是旅游商品造型设计创意的来源之一。河西走廊省会城市是全国唯一一个黄河穿城而过的城市,河西走廊可以请知名画家作为"甘肃黄河文化的使者",以黄河流经路线为主调,绘制一套能够体现黄河流经各个省份的春季最美画面的《黄河春游全景图》,甘肃省兰州市会因黄河穿城而过在画面上独领风骚。而且《黄河春游全景图》临摹品可打造成学生拼图、画册、钥匙扣、装饰画、十字绣等特色旅游商品,书画艺术品可全景呈现也可分城市片段呈现,游客可根据来源地和爱好选择相应画面的商品。五是系列设计造型。即将同一造型或图案运用不同原材料应用于不同商品中,或者采用不同的色彩变化来形成一系列的旅游商品。例如,甘肃省旅游标志飞天,可以生产各种印有飞天的纪念品,如印有飞天像的盘子、飞天巧克力、飞天鼠标垫、飞天领带、飞天饰品、飞天 T 恤、飞天系列文具等。游客们可以依据自身喜好和需求选择商品,无论大小、材质,在这一系列的商品中总有一款会适合他们。

2. 旅游商品的包装设计

旅游商品包装主要是指销售商品时的包装,可分为独立设计包装和通用设计包装两种。独立设计包装是指对每一种商品进行单独包装设计;通用包装设计是指对不同种类、不同层次的商品采用统一的包装设计,即系列化设计,包装大小不同,形式设计一致,如包装纸、包装袋、包装盒等，这样有助于品牌的塑造。

河西走廊旅游商品开发包装设计时应考虑四个因素。

（1）品牌。品牌形象是安全与信誉的保证，品牌包装的有效识别可以使游客进一步认同商品本身，所以品牌是商品包装设计应该第一个考虑的因素。

（2）特色。在产品高度同质化的时代，商品包装是一个无声的推销员，要想在短时间内打动游客，就必须要有独特、新颖的设计，使商品脱颖而出。如在河西走廊百合的包装跟其他土特产一样采用纸盒包装就很难识别，若采用竹质或花叶质感的材料进行包装，或许能达到意想不到的效果。当然，商品的特色一方面体现在材质的特色上，另一方面还体现在所蕴涵的地方文化的特色上。

（3）方便携带。包装对于旅游商品来说，首选应是携带方便。游客在游览过程中具有随时的流动性。所以，旅游商品的包装设计要从旅游消费者的实际用途和实用功能角度去考虑。许多旅游商品畅销最主要的原因就是方便携带。如河西走廊许多大型旅游商品可采用简易拉杆箱的方式包装，商品本身可以做纪念，拉杆箱后续还可以使用。

（4）视觉效果。包装视觉设计主要是由色彩、图案、文字、肌理、品牌、条码和包装形体结构等要素组成的，其中色彩、图案、文字和肌理可以形成商品包装的完整画面，因此旅游商品包装的视觉设计应着重考虑这四个要素。色彩设计应该考虑旅游者的审美情趣和审美心理，图形的选择应注重信息的传递和吸引力，文字的配置应说明商品的规格、品种、成分、产地、使用方法等，包装材质、纹理的选择应尊重"原味"，尊重游客的喜好，发挥不同材质的魅力。如兰州玫瑰系列旅游商品，可运用玫瑰本色打造温馨、浪漫的馈赠情调。

3．旅游商品的销售空间设计

旅游商品销售空间内容设计主要是指旅游商品销售实体店的空间设计，包括空间的出入口设计、通道设计、色彩设计、通风设计、声音设计、气味设计等。

旅游商品的销售空间设计应立足于自身条件，根据目标市场、主体商品，进行市场化、主题化和特色化设计。广义上一般是指空间使用、空间营造、空间美感、空间意义的设计等。针对河西走廊旅游商品销售空间的特点，可以从两个方面进行销售空间设计。

（1）外部设计。商店或是商场的外部经过灯光、标志、建材及橱窗的装饰后，可以成为重要的促销工具，吸引游客的注意力，并能够刺激消费者的购物欲望。橱窗是商店外观的一个重要部分，它们可以向旅游者、购物者说明该商店出售何种旅游商品，是人们了解商店内部商品的窗口。所以在进行销售空间的外部设计时，应考虑天气、成本、施工时间、维护的难易程度以及与相邻商店的和谐气氛等。灯光可以提升商店或商场橱窗、入口和门前的效果，若运用得当并富有品位，灯光可以美化店面，并吸引游客关注自己感兴趣的商品。适宜的灯光还可以帮助客人与雇员之间建立一种无形的信任。标志是旅游消费者最先看到的外观设计的重要元素之一，醒目的标志能够吸引客人，传达商品信息并加快人们对商店的识别。所以标志需要足够的亮度照明，才更容易让路人看到。门廊和入口是从外部环境到内部的过渡。门廊设计要考虑安全方面的要求，同时营造轻松的气氛，入口处的通道设计应考虑防风、遮雨、阻挡严寒的作用，同时也可以节约能源。

（2）内部设计。旅游商店或商场的内部设计应该营造令人愉快的氛围，这有助于消费者选购商品。首先，内部环境设计应该能够容纳丰富的商品，内部商品货架和商品的布局不能让客人一扫而过，而应该起到吸引客人目光的作用。如商店或商场内部环境应能够满足目标市场的需求；商品陈列应能引导客人在卖场中绕行一圈，以便所有区域都能够被关注到；提供让顾客驻足休息观瞻的地方；出售率高和利润高的商品应该摆放在让客人有冲动购买的地方；指示灯、商品说明以及标价方面的标记十分重要；等等。商店内部的灯光是达到销售目标的有益工具，也是最重要的装饰物之一。商店或商场的内部灯光主要为了刺激消费者购买，使商品更加醒目，能引起客人关注，进而促进销售，也可帮助弥补商品空间结构的缺陷，通过美化商品的外表来达到取悦客人的目的。此外，商品陈列也是有讲究的。商场或商店一般情况下会将大量的商品放在自选架上，但也有将每种商品的几个样品摆放出来，大部分存货都放在储藏室的展示方式。在进行商品陈列方式设计的时候，不要过多关注考虑展示产品的固定装置，商品才是关键、焦点，展示本身不能使顾客视线偏离商品中心，而让其他因素"喧宾夺主"。商品陈列还可以尝试营造主题环境。例如，户外运动商品可以陈列在一个模拟的野外环境中，使具有创意的商品陈列方式达到恰当的感觉，刺激消费者购买意愿。另外，还应考虑旅游商品的类型和空间分配，如销售区可以被分成条状，类似的产品可以分组等。

（四）发展多种旅游商品生产方式

我国生产了许多精美的旅游纪念品，高质量的商品销售于世界各个角落，我国也因此赢得了"世界制造工厂"的美称。但许多景区或景点出售着相同、相近的旅游商品，几乎没有本景区的特色和纪念意义。进行深入分析后发现，造成这种内外有别的现象的原因主要是一些企业对旅游商品的理解过于狭隘，只注重旅游商品实用价值，而忽略了旅游商品的纪念意义和其他作用。当然，造成河西走廊旅游商品市场疲软的原因还有企业生产资源分散、规模小、技术开发不足、组织协调薄弱等，因此，河西走廊旅游商品的生产应注意开拓多种生产方式。

1. 绿色生产

绿色生产是指以节能、降耗、减污为目标，以管理和技术为手段，实施工业生产全过程污染控制，使污染物的产生量最少化的一种综合措施。推行绿色生产，被认为是当今实现旅游商品可持续发展的必由之路，并已成为环保领域中的世界性潮流。绿色生产要求在旅游商品的生产管理过程中，尽量节约原材料和能源，多选择易于回收再利用的原料。而且，旅游商品的命名能体现绿色主题，如绿色食品、有机食品等，达到符合绿色环保标志的要求。这类旅游商品的包装材料应该无毒性、易分解。河西走廊旅游商品研发机构可以通过研制提升产品设计、对产品结构进行调整、优化生产流程、改进工艺流程、防止物料流失、对废物进行综合利用和采用环保新型包装材料等方式来实现对绿色生产的要求。

2．传统手工制作与机器生产合作

传统生产工艺面对机器生产的更新换代已经呈现出一定的劣势。纯手工制作的民间工艺品对游客的吸引力虽然更大，但由于手工工艺花费时间长，明显限制了市场供应数量，造成市场缺口，这就为机器生产准入提供了机会，而且现今机器的批量生产具有价格优势，因而传统工艺就失去了市场竞争力。所以随着旅游商品市场的需求量增大，机器生产的存在和被需要便具有了客观合理性，而且这个市场还会更大。但机制品并不是可以完全取代手工制品，尽管传统手工制品呈现出生产萎缩的态势，但是随着旅游者的理性化、个性化和成熟性消费时代的到来，传统的手工艺品的品牌将会迎来一个复兴的时代，如各种美术工艺品、文物仿制品、民间手工艺品、中药材和保健品等，因为手工制作蕴涵着原汁原味的民间工艺，具有当地特色，其艺术性、独特性和真实性始终受到游客的青睐，成为旅游市场的重要卖点，但手工生产必须在营销上下功夫，以便能够体现出手工制品与机器制品的最大不同，从而赢得值得消费者购买的局面。所以，在一定程度上，两者的科学有效结合才是旅游商品发展的最好出路。例如，庆阳的香包就是手工和机器绣花相结合的典范。

3．原产地生产

本地生产体现的是旅游商品的特色和纪念价值。随着消费市场的国际化，许多商品尤其是一些名牌商品有了自己的生产基地，那么是否是原产地生产就成为游客选择商品的一个衡量标准。在国际上，许多知名品牌对原产地生产的产品实行地标制和原产地认证制度，以保证商品的纯正性和地方特色，树立品牌产地。我国也已经实行了原产地证明制度，以此来保护地方特色商品的生产和销售，它主要是将地理标志和原产地名称纳入证明商标的制度中，属于《商标法》的范畴。注册商标的时候可以将本地生产的水果、茶叶、酒、矿物、药材、陶瓷制品、传统工艺品进行原产地的证明商标管理，利用原产地生产和原产地出售的优势，来吸引消费者购物。如莫高葡萄酒、兰州的刻葫芦、兰州佛慈制药等就可进行商标原产地认证。

4．自助式生产

自助式服务最初是由快餐店推广起来的，像麦当劳、肯德基等洋快餐就是采用自助经营的方式。后来，随着消费市场的扩大，消费观念的转变，人们越来越喜欢自助式服务，如自助存款、自助缴费等。事实上，自助式服务它不仅可以节约社会运行成本，提高效率，更重要的是，它向我们传递了一种视劳动为天职，并且在劳动面前人人平等的观念。在旅游业的发展过程中，研究者发现旅游者在旅游活动中逐渐由被动静态式欣赏转变为主动参与，如主动设计、安排行程，游客的参与性、积极性越来越高。在旅游商品方面，就意味着一种自助式生产方式的出现。早在云南丽江，一些蜡染工艺品商店已经开始尝试让游客自己设计花色图案，然后由蜡染房按照游客的设计来生产工艺品，不少手工艺商品还留出工艺品生产的最后一道工序，让游客参与其中完成点睛之笔，因此吸引了很多的旅游者，受到游客的欢迎。河西走廊莫高葡萄酒厂就可以开辟自酿酒作坊，让游客自己动手现场制作小包装酒，游客可以自己选择不同的瓶形或酒壶，自己压盖，自己贴标签。

5. 外包式生产

外包式生产衍生于外包式生活。外包式生活是指生活中的各个环节都"外包"给专业人士代劳。由于时间和压力，不少人选择了外包，在现代中国人的生活中，可以"外包"的项目越来越多，从婚礼、孩子起名、照顾老人、葬礼等，只要存在消费支出，都可以请到专业人士量身定制。这种"外包式"衍生到旅游商品方面就是外包式生产，是指那些自身无条件或没有能力进行研发、生产和销售的旅游商品，旅游商品开发经营公司可以将其委托给有能力的公司进行生产。旅游商品的外包生产必然要选择各个领域最佳的外包提供商，委托商可用公开招标的形式吸引众多企业单位参加投标竞争，并对投标单位的长期发展能力、信誉度和产品质量进行比较评价，选择合适的外包伙伴定标。委托商与外包商协商制定旅游商品的生产标准，商品统一包装，统一贴牌，设置固定销售点，签订合同，形成伙伴关系，当然品牌属于委托商。外包式生产有利于"取长补短，互惠互利"，即外包商可以发挥生产优势，保证产品质量，缩短生产周期，而委托商提供创意和思路生产所需商品，可谓厂商互补、实现双赢。如河西走廊很多旅游商品的包装跟不上时代，景区（景点）缺乏适销对路的产品都可以采用这种外包式的生产方式。

（五）构建多元化旅游商品销售网络

河西走廊应构建多元化立体旅游商品销售网络系统。所有进出河西走廊的交通工具上应该放置河西走廊特色旅游商品目录和画册，销售易于携带的旅游商品。首先要使旅游商品流通渠道保持通畅，使旅游消费者的需求得到满足。河西走廊很多具有代表性的旅游商品都散落于"民间"，需要打造一个平台让旅游商品各放异彩，这就需要设立固定且具有一定规模的销售空间。

一是要增加旅游商品销售网点，所有跨省区边界加油站和高速公路服务区要有陇货之窗，所有交通节点城市要有旅游商品专柜。对飞机配餐实施补助，鼓励为乘客配发陇菜和小吃，发放河西走廊旅游地图和纪念品。

二是在客流量比较集中、人口流量大、商店林立的场所与景区建立专营旅游商品的商店或商场，或者在综合性商场超市内设立旅游商品专柜。

三是重点扶持集采购、营销、研发、团购、零售、配送、服务和管理于一体的旅游商品经营公司，引导这些旅游商品生产企业建立完善的市场营销体系，扩大旅游商品的市场份额。主要在商业中心和景区设立该公司的联营店或连锁店，所有门店由公司统一形象策划（包括统一的商标、统一的店面形象、统一的员工服饰、统一的包装、统一的广告宣传），统一供货，统一指导价格，统一业务模式，统一服务规范，形成"千店一面"的局面，实现统一管理的高品质营销网络。建立这种连锁店的好处是让游客相信品牌的作用，可以放心的购物和消费。

四是在全省乃至全国的优秀旅游城市建立优质旅游商品销售大商场。这样既可以方便游客购物，又可以使旅游商品供应商通过良性竞争，向游客提供物美价廉的旅游商品。同时，由于销售场所相对比较集中，便于主管部门的监督和管理，以此维护旅游消费者的权益。这种旅游商品大商场如果发展良好的话，还会形成一个旅游景点，成为游客心目中的"必去购物场所"。

五是规范已存在的旅游商品销售场所，明确旅游市场准入门槛。旅游行政部门可以联合工商部门对景点景区的商品摊点予以整顿，帮助景区景点规划规范商业网点。要求所售旅游商品必须与景区景点相关度达到 30％以上才可以开业。同时要鼓励那些销售商品与景区景点关联度高、销售量大的商业网点，并给予税收、房租等方面的优惠和奖励。

六是鼓励特色土特产品和旅游商品产销专业村（镇）建设。旅游商品专业村是指那些立足当地资源，利用传统民间工艺，生产出独具特色的旅游商品，形成了"一村一品"的旅游商品专业村。这一销售模式深层次的意义在于可以"品"带"村"，使村形成一个新的旅游景点，让游客可以在"游"中完成"购物"。

二、完善河西走廊旅游商品开发支持系统

（一）加大旅游商品开发的扶持力度

1. 政策扶持

各级政府及相关部门应在国家政策允许的范围内，积极从工商、税收、价格、贷款等方面对旅游商品的开发产销给予一定的优惠和扶持；要加大力度，将旅游商品作为重要资源与其他旅游资源进行同步开发，优化政策和制度环境，增加旅游商品研制、开发与推广等方面基础设施的投入，鼓励多种成分所有制参与产品开发，设立专项孵化资金或实行优惠的税收政策，保护企业对特色旅游商品开发创新的积极性。

2. 资金扶持

各级政府应针对旅游商品生产企业规模小、资金筹措能力弱的状况，对现有旅游商品生产厂家、产品、设备、技术、职工素质、企业管理现状进行分析、筛选，并为优秀的企业提供资金扶持；同时省财政每年安排一定的专项资金，采取贴息和补助的方式，支持培育发展旅游商品产业的项目建设，积极争取国家对我省培育发展旅游商品产业项目建设的财政支持。各地市政府也要结合实际，安排资金支持培育发展旅游商品产业的项目建设。

3. 销售推广扶持

从宣传推广上，注重销售环节，对规模大、集中销售旅游特色商品的商场、超市、专柜按销售规模和数量给予奖励，加大成果转化力度，引导商家集中销售和批发销售，逐步由分散经营向集约经营转化，逐步推行专卖制，最终形成"前院销售，后院生产，游人可参与体验"规模化销售的"四季"旅游商品一条街。

加强网络、电视、报纸等媒体的宣传力度。利用网络进行旅游商品的促销，是信息时代旅游宣传促销的新选择。河西走廊应该利用这一广阔的传播平台，加强互联网宣传力度，对网民进行大规模的宣传。宣传的形式可以多种多样，如开设旅游博客、大量投放商品广告、举办旅游商品网络设计竞赛、开展旅游商品网上宣传促销及咨询和预订服务，完善旅游统计和信息发布工作，以网络化进行旅游商品的促销，以信息化促进旅游业的发展。

（二）着力构建旅游商品开发人才培养的新途径

旅游商品在河西走廊旅游业中的地位举足轻重，河西走廊在旅游商品方面有着独特的优势和充分的潜力。河西走廊旅游商品种类繁多，涉及到工艺、美术、食品、轻工、书籍、医疗保健等行业，但河西走廊的旅游商品开发一直未能得到应有的重视，发展不尽如人意，深究其原因，主要是极其缺乏高素质的旅游商品开发人才。应在旅游商品产地创设专科学校，制度化培养专业技术人员，使有志于进行传统商品生产的年轻人投身到旅游事业中；通过与同行业商品、不同行业的商品或其他产业的交流，累积知识与经验，让生产技术得以传承；重视培养生产领域的人才，也应该大力培养知识储备深厚、能力素质全面的管理人才。但为了要适应国家旅游业的发展需要，必须构建培养旅游商品开发人才的新模式，要从文化素养、品牌意识、营销意识、会展文化等方面加强对旅游商品开发人才的培养。

1. 大力提高旅游商品开发人才的地域文化素养

提高旅游商品开发人才的地域文化素养，对开发具有当地地域特色和文化内涵的旅游商品具有重要的意义。例如对黄河文化、丝绸之路的历史文明、民族文化等的充分认识，可以帮助设计工作人员开发出具有地方特色以及深刻的文化内涵和朴素的哲学思想的旅游商品，这些应该是河西走廊旅游商品开发的重点领域。

2. 着力提高旅游商品开发人才的品牌意识

在旅游商品市场上，几乎任何一种新的旅游商品一旦上市热卖后，马上就会遭到仿冒。开发一个新产品，往往要耗费大量的物力和财力，但遭到仿冒拷贝后，形似而神不似，且消费者难辨真假，游客投诉不断，因此创新产品也难有起死回生之力。这种现状应该予以改变，旅游企业旅游商品开发人才要关注品牌，要重视品牌意识的培养，更要注意保护和树立品牌，如采取注册商标的方法。

3. 重视培养旅游商品开发人才的营销意识

随着人民生活水平的提高和旅游活动的普及化，购买旅游商品已经成为一种文化生活时尚。游客购买旅游商品往往注重其纪念性、收藏性和文化意义。首先，旅游商品若能展示文化的魅力，在商品设计上表现得自然流畅，就能引发购买者的购买兴趣和购买欲望。旅游商品是文化的重要载体，为旅游商品注入了灵魂，能够提升旅游的文化品位，为旅游商品的发展开辟了新的空间。推动旅游商品与旅游文化相结合，促进两者的共同发展，为旅游商品生产和销售市场的发展带来新的动力，值得旅游商品开发人才认真研究和对待。因此旅游商品开发人才要有营销观念，不仅要注重商品的外形包装，更要在内涵上下功夫，以此激发旅游者的购买欲望。

4. 旅游商品人才培养应该注重会展文化

旅游商品会展业的发展，已经成为河西走廊旅游业发展的亮点，河西走廊已连续成功举办几届旅游商品交易会，推动了河西走廊旅游商品的发展，推动了河西走廊旅游商品人才队伍的建设，其发展前景十分广阔。河西走廊各级政府及相关部门应在国家政策允许的范围内，积极扶持旅游会展，从工商、税收、价格、贷款等方面给予优惠和扶持。旅游商品开发也要与会展经济结合，与会展主办单位、参展企业等极力合作，开发具有针对性的旅游商品。

三、加强旅游商品市场的管理

（一）物流管理

物流管理是指在商品的生产过程中，物质资料通常会实体流动，为了保证各项物流活动能实现最佳的协调与配合，并降低物流成本，提高物流效率和经济效益，必须对物流活动进行计划、组织、指挥、协调、控制和监督的行为活动。现代物流管理是以系统论、信息论和控制论为理论基础的。旅游商品的物流管理主要是指对旅游商品的进货、运输、储存、销售等渠道的一系列管理。进真货、保证商品质量、价格公道是物流的基本要求。具体而言，物流管理应根据旅游商品的不同材质和保障需求，采用不同的流通保障手段。如在保管陶瓷等易碎的商品时应注意防潮湿和轻拿轻放。

（二）质量管理

质量管理是指在质量方面指挥和控制组织的协调活动。质量管理，通常包括制定质量方针和质量目标以及质量策划、质量控制、质量保证和质量改进。旅游商品的质量包括商品质量和服务质量。质量是一个受到设计、制造、使用等因素影响的复杂系统。旅游商品的质量管理应以商品质量为中心，动员全员参与，坚持按商品标准组织生产，强化质量检验机制，实行质量否决权，设置质量管理点或质量控制点，建立系列化的质量体系。河西走廊旅游商品质量保证主要依靠规范供货渠道，加强与旅游商品生产企业、旅游商品研发基地的合作等手段来实现；服务质量可以通过对员工定期系列培训、制度考核等标准化的服务来保证。

（三）价格管理

价格管理是指在社会主义市场体制管理下，国家通过制定价格政策和价格计划，颁布价格管理法规，建立价格管理体制，健全价格管理规章制度，对价格的制定、调整和执行进行有效的组织领导、协调和监督的总称。它是社会主义国家的一项重要经济职能，是国民经济管理的重要组成部分。河西走廊旅游购物的价格投诉最为集中，游客对价格的敏感度较高，消费者普遍反映价格偏高。旅游商品的价格管理主要是监管、监督旅游商品市场做到明码标价，杜绝价格水肿、质次价高，同时完善旅游商品的出口退税管理。

由于旅游购物不是旅游消费者的基本消费和必须消费品，游客对旅游商品的价格相对敏感，所以物美价廉的旅游商品一直是许多国家和地区吸引游客购物的重要方法。目前很多地区采用免税价和低价出售的方法提高旅游竞争力，河西走廊可以通过流通体系的改造和价格改革，制定低价格，实现旅游商品价格平民化。

1. 购物环境管理

购物环境包括购物空间、场所及其提供的设施设备和购物服务。研究表明，购物时顾客接触的商品和空间会影响消费者的购物满意度，有些时候会促发或阻碍顾客购买的冲动。河西走廊旅游购物环境的满意度较差，尤其是购物服务这一环节很滞后，因此应以产品为导向，讲究效率和时效价值。通过对购物空间、商品展陈方式、辅助设施和导购服务等方面的安排和管理，为游客提供一个"享受购物"的优美环境。如以温馨的氛围、导购人员的微笑服务等招徕游客。

河西走廊作为旅游目的地，要从保障游客的权益出发，加大信息透明度，规范、改善、提高旅游商品管理与服务，配置亲情化的硬件设施，提供人性化的导购服务，以此增强旅游者购物的满意度。如建立旅游商品购物中心、旅游商品步行街、旅游商品夜市、旅游商品超市、电子商务等多形式销售网络，在景区增加休息区、饮水机、自动取款机等人性化的服务设施，以符合现代消费者的消费习惯，满足旅游者的全方位需要。另外，旅游购物服务人员可以通过各种设施、设备、方法、手段和"热情好客"的态度为旅客提供物质和精神的双重需要。运用客观细致的语言，为购物环境创造一种和谐的气氛，商品介绍能够触动旅客情感，唤起旅客心理上的共鸣，使旅客在接受服务的过程中产生惬意、幸福之感，进而乐于交流，乐于消费。总之，河西走廊应该提供最佳的旅游购物空间布局，提供满足现在旅游者需要的购物设施、购物环境和购物服务，使旅游购物环境亲情化，导购服务人性化。

2. 购物服务管理

服务管理的核心是服务质量。从广义的服务质量角度来看，高质量可减少返工成本，进而导致高利润；高质量可以导致顾客高满意度，可达到效率提高、成本降低的目的；高质量可吸引竞争者的顾客，产生高的市场份额和收益。因为利用现有顾客的口碑宣传吸引新顾客，可达到增加销售和减少广告费用的效果，所以有研究表明，持续的服务质量改进不是成本支出，而是对顾客的投资，其可以带来更大的收益和利润。旅游商品购物服务管理涉及对旅游商品销售场所的员工管理，还涉及相关旅行社、导游、司乘人员的利益关系的处理，像如何与旅行社协商购物佣金等。另外，旅游商品销售人员还需与旅游商品生产企业、设计单位等相关部门及时沟通，担任好信息服务角色。因而，旅游购物服务管理是一项持久性的工作，而且管理是全方位的，需要了解各种服务的类型，更要为旅游商品销售人员提供相应的岗位技能培训，如接待游客的技巧、推荐商品的方法、营销语言艺术和技巧、收银员服务技巧、游客纠纷处理技巧等。

（四）提供人性化导购服务

1. 旅游商品介绍

优秀的导游员一般会在讲解中自然融入旅游商品与购物等相关信息，并通过幽默有趣的讲解、自然细致周到的分析，让客人对导游员产生信任，产生购物的兴趣。河西走廊的导游在这一方面需要加强学习，导游员可以把旅游目的地的旅游商品当成是一种存在的旅游资源向游客介绍和推广，但要注意介绍的方式和方法。如对旅游商品进行包装，赋予故事和传说，让游客在获知旅游目的地人文内涵的过程中，自然地接受了旅游商品的信息。对相关旅游商品的介绍，需要转换思路和角度，强调游客需要什么，而不是注重旅游商品本身的优点，讲解要有针对性，让游客感兴趣。

2. 购物场所推介

来河西走廊旅游的游客普遍反映导游经常指定购物场所，不能自由购物。事实上，河西走廊景区（景点）的购物场所比较有限，游客选择的余地不大，游客之所以这样投诉不是反感购物场所而是反感导游的"强行推荐"。所以，导游员在进行购物场所推荐时要注意技巧和方法。如与旅行线路上的景点结合起来，让游客自然接受，欣然购物。同时，为游客推荐购物场所，需要为游客给旅游商品质量把关，对商品的价格和特色进行实事求是的介绍，赢得游客的信任，使游客放心购买。

3. 现场导购

导游在购物点现场导购时，既要显示出导游员的水平，积极地为游客献计献策，还要作为整个旅游团队的组织者，统筹安排，照顾所有的游客。当游客不了解商品时，急需有人来引导和建言，这时导游若能现身说法，及时对旅游商品的产地、特色、种类、价格和分辨真伪的标准等进行恰如其分、实事求是的介绍，必然会促成游客的购买决策行为。

4. 购后服务

购后服务是指针对游客在购物之后产生的各种行为活动所采取的应对办法。购后服务涉及游客要求退货、换货或者要求在行程外购物等情况。如若发生游客购买了商品之后想退货的情况，导游首先要问清原因，了解退货的原因是发现所买商品有瑕疵，或是认为价格与价值不符，或是在购物前考虑欠妥冲动购买等，然后酌情给予积极的协助。应提醒游客退货时要带好购物凭证，帮助写好便条，标明商店名称、地址以及请求商店给予协助和解决等。一般情况下，导游不应以任何理由拒绝游客的要求，必要时还要陪同一起前往。总之，导游员在整个引导游览过程中应该将景点讲解放在首位，购物服务居于次位，遵守旅行社制度与相关法规，做好本职工作，为游客提供优质的购物服务。旅游商品开发管理研究也应分析并重视这个角色作用的挖掘和优秀导购的培养。

四、河西走廊民族地区旅游产业与文化产业融合发展对策

（一）产品融合方面

1. 深度开发民族文化旅游产品

河西走廊地区多民族文化资源是文化产业与旅游产业融合的"原材料"，如果民族文化资源挖掘不足，资源融合便是"无源之水""无本之木"。在深入挖掘民族文化资源的基础上，如何将民族文化资源打造为文化旅游产品是产业融合的关键。在产业融合初期，文化产业具有融入旅游产业各环节的机遇，此时，产业融合处于隐性的发展阶段，隐含很大的发展契机，政府和企业只有找准和把握文化与旅游产业融合的融合点，才能顺利将文化资源打造为文化产品，在满足游客消费需求的同时，使传统文化重获生机。根据市场需求，以市场为导向，把具有民族特色的文化资源转化为旅游产品，以民族文化旅游带动经济发展。例如藏族特有的腰刀和手工艺品，藏文化中蕴涵的人物传说和风俗习惯等非物质文化遗产都可以体验性方式呈献给游客。在将文化资源打造为文化旅游产品的产业融合过程中，坚持市场导向有助于避免产业融合的盲目性，开发合适的文化产品。首先，把握易

于改造的民族文化，如经典故事、文化符号（地标）、生产生活原型场景、民歌、舞蹈、神话传说等；其次，对民族旅游纪念品、工艺品、消费品的生产进行深加工；最后，塑造民族旅游产品自有品牌，例如，依靠保安族腰刀和民族服装特色．实现民族文化市场化和产业化，实现这种由文化价值向经济价值转换的过程。

2. 创新发展民族旅游产品

创新是产业融合的本质特征，如果缺乏创新，产业之间不可能跨越彼此的边界发生联系，进行融合。在融合过程中，政府和企业要采用新技术、新方法发现产业融合的契机。产业的融合离不开政府的"外力"推动，更需要市场这双无形手的"内生"拉动，通过政府和企业刺激旅游消费。我们的民族地区旅游业可以学习一些成功的经验，由相关文化公司、旅游集团和媒体各方投资成立项目制股份公司，通过合作运营、共担风险、共享受益的模式联合运营，大胆创新商业模式。旅游企业在对旅游产品开发过程中，要摒弃过多的模仿，利用先进技术融入文化资源，着重对旅游者的文化背景、需求喜好等进行调查，真正了解客户市场需求，把旅游和文化的优质资源转化为消费者青睐的优质产品。例如开发民族音乐节，开发民族民俗创意产业园等，在国家"丝绸之路经济带"建设的背景下，这些带有民族元素的创新思路都是具有可行性的。从民族特色去入手，打造旅游产品，如果把"花儿"艺术与特色烧烤联合起来，使游客在享受美食的同时，也一睹民族瑰宝艺术，就有可能收到与众不同的效果。

（二）产业融合方面

1. 推进文化旅游产业集团化建设

文化产业与旅游产业融合的最终结果就是产生具有竞争力的文化旅游产业集团。这个集团产业不仅仅是旅游产业和文化产业的简单叠加，而且是产生一个由民族特色文化资源所形成的具有核心吸引力的企业。企业是一个各环节相互协调、按照专业化分工和协作关系共同形成的互相联动的复杂系统，加强区域文化旅游企业之间以及跨区域的文化旅游集团之间的交流合作，形成具有地方特色的大型文化旅游集团组织。在当前中国旅游市场迅速扩展的时代背景下，中国旅游集团亟须通过引进外资进行行政整合和自主创新，产业融合与新业态成为旅游集团化发展的重要推动力量。贯彻"创新体制、转换体制、面向市场、壮大实力"的改革思路，对出版、发行、广电网络等经营性文化单位进行转企改制，培育成自主经营、自负盈亏的国有或者国有控股的集团公司。按照"政府引导、市场运作、名人参与"的模式，推进文化企业和旅游企业资源整合，从市场主体促进两个产业的融合。可以通过加强地方政府引导，整合当地文化旅游企业，组建大型企业；文化旅游企业整合当地的民族文化资源开发，尤其是丝绸之路沿线地区，可以依附丝绸之路经济带建设的大好前景，加强企业区域合作，或者吸引大型文化产业或旅游产业集团进行文化旅游投资，建设大景区。各地区应本着构筑地域大文化、谋求区域联合的原则，坚持"大旅游、大市场、大产业"的指导思想，按照"平等互利、自愿参加、优势互补、各得其所、逐步发展"的原则，进行文化旅游资源的共享与重组、旅游产品的更新与开发、区域旅游功能的划分，共同参与相互旅游市场的开拓，以及旅游企业的共同经营管理，从而实现旅游业的可持续发展。

产业集团的高端形式就是文化跨国公司。文化跨国集团可以实现文化生产和对外文化贸易，尤其在丝绸之路经济带背景下，依托河西走廊民族文化开拓中亚、西亚，进行文化产业投资。丝绸之路经济带的建设也增强了各国文化产业之间的相互依赖性，不同文化跨国企业通过投资、贸易参与东道国的文化产业集群和协作网络，形成全球分工协作的文化价值链、文化资源的供应链和文化品牌的服务链。目前我国仅有保利集团、大连万达和中国港中旅集团对外涉及文化产业，所以丝绸之路建设的背景，为我国文化跨国公司提供了机遇，"一带一路"本身具有深厚的人文资源和悠久的交流传统，需要联合中国和相关国家的力量。

2. 在重点产业部门推动文化产业与旅游产业的融合发展

利用河西走廊民族地区的鲜明的民族文化资源，发挥民族民间文化，进行有重点、有特色、有深度的开发，使其成为具有浓厚民族风情的旅游地区、旅游村寨。发挥少数民族能歌善舞的才能，开展丰富多彩的文艺活动，建设文化墙、娱乐城、演艺中心、民族特色动漫中心、工艺品街区、民族美食街等，支持民族歌舞聚会和各种民俗艺术表演，形成旅游目的地的文化品牌形象。少数民族饮食文化可以为游客带来与众不同的精神享受。要突出河西走廊民族地区烤肉系列、面食系列、野菜系列和山珍系列，将这些民族风味饮食开发成地方特色的餐饮产品，突出"原产地域"概念，从而为旅游者带来精神上的享受。大力创作反映河西走廊民族地区的自然风光、民族风情、宗教文化、美食特色的电影、美术、摄影等文学艺术作品，打造一批具有国际影响力的文艺作品。通过民族工艺品创意开发延伸旅游和文化产业链，在甘南旅游旺季或者"花儿"艺术节等旅游旺季建设大规模的"民族民间手工艺品销售及技艺展示中心"，并轮流举办"民族民间手工艺品展销会和评奖大会"，推动民族手工艺品研制迅速成长。例如，20世纪80年代以来，随着旅游业的发展，民族地区的民族工艺品复苏，滇西北形成了大理、丽江古城两个主要的民族工艺品市场和大理周城、剑川狮河与鹤庆新华三个产业化开发基地。

3. 进行区域联动，品牌创作

河西走廊民族地区分布虽然比较分散，但主要也分布在丝绸之路沿线，区位条件较佳。甘南藏族自治州和临夏回族自治州与青海、四川两省毗邻，周边都是民族地区，旅游区位的重要性不容忽视。游客对甘南和临夏的旅游景点的认可度比不上四川的九寨沟和黄龙，但是随着国道 213 线和 212 线的开通，带动了兰州—九寨沟的旅游线，甘南和临夏民族地区正是旅游线上的要塞，"兰九"公路将成为连接甘川两省乃至西北、西南地区的最短最佳通道之一。但是甘南临夏地区周边是四川和青海，也是民族地区，分布着许多品牌旅游线路，甘南和临夏地区要想脱颖而出，只能"借力打力"，首先完善"兰州—临夏—甘南—九寨沟"旅游线路的相关服务设施，打造以民族风情为主题的旅游品牌；利用丝路线的国际品牌影响力，加大河西走廊以南地带民族文化旅游资源的开发，叫响河西走廊民族旅游品牌，培育丝绸之路国际旅游线路的新名片。要以民族旅游资源为纽带，将具有民族文化特色的旅游资源进行整合，实现多区域合作。构建若干条有文化特色的旅游线路，丰富旅游文化内涵，同时加强产品包装和推介，打造自身文化旅游品牌。

河西走廊与周边地区加强合作，联手开发、推广民族文化旅游，联合举办节事活动，为实现河西走廊旅游产业的多元化发展提供机遇。

（三）融合动力方面

1. 构建多角度支持体系

各民族自治地区可以建立专项基金，专门用作旅游产业与文化产业融合发展研究、市场开拓等。制定相关支持政策用于鼓励旅游文化企业研究开发新产品，开拓市场的同时，宣扬本土民族文化。旅游产业与文化产业分属于两个不同部门，部门之间各有分工，部门间的壁垒也限制了产业间的融合。首先，相关部门应该在融合理论指导下，摒弃行业规制壁垒，鼓励旅游和文化企业的互动、合作，清除制度障碍。通过建立健全相关的法律法规，对由旅游与文化产业的融合发展产生的产品创新、运营方式创新、专利权等相关知识产权进行保护。对任何违规违法行为都要诉诸于法律。我国应加大产业融合政策扶持力度，制定鼓励旅游业和文化创意产业融合发展的宽松的产业政策，建立健全产业融合发展的技术标准体系，推动产业结构的"创意转向"，加强旅游业与文化创意产业的深度融合。其次，人才是文化和旅游产业发展的主要影响因素，人才方面的支持更是不可缺少的。甘肃省地处西北地区，属于边远落后地区，缺乏旅游产业和文化产业人才，当地缺乏相应的人才培养基础和培养机制，仅仅依靠兰州一个城市进行人才培养是不够的，而且民族地区的条件落后，留住专业人才是很难的。所以河西走廊民族地区要认清当前的形势，为旅游业发展提供一个业内交流的平台，吸引沿海人才到民族地区进行科研实习，在吸取国内外先进经验的同时做到因地制宜，消化、吸收、再创新。最后，当地旅游局可以与市内高校、科研院所合作，组织相关的培训和咨询测评，对相关部门进行职业教育，培养具有旅游文化知识的复合型人才。

2. 挖掘、拓展旅游业的内涵与外延

为响应国家、省政府调结构、促发展的产业发展新部署，各民族地区要重视民族文化

产业的发展，重新认识和定位文化旅游产业，实现旅游文化资源优势转化为经济优势。要注重传统民族文化的弘扬与保护，深挖其经济价值，使文化形成产品流入市场。另外，加强宣传作用，积极参与配合文化旅游资源的融合开发。要依托市场动力发展民族文化旅游，应以甘南拉卜楞寺、马蹄寺等较成熟的旅游产品作为重点，以深蕴的民族文化内涵、独特的民族文化风情来吸引游客。

（四）融合路径方面

1. 选择符合地区发展战略和目的地形象的路径

旅游产业和文化产业的融合不是独立发生的，在当前经济状况下，旅游产业和文化产业的融合已经成为国家经济发展的必然趋势，符合国内外经济发展的潮流。文化产业和旅游产业的发展可以借助河西走廊民族地区多样化的资源丰富产业内涵，扩宽文化产业与旅游产业发展的路径。目前的河西走廊民族地区，文化产业与旅游产业的发展与国内其他地方相比，主要体现在多姿多彩的民族特色方面，那么河西走廊民族地区的文化产业与旅游产业的融合也必然以特色的民族资源为基础，将现有的文化和旅游要素进行系统整合，实现最优化效益；目的地整体形象的提升和功能定位的实现，则是文化产业与旅游产业融合系统发展的核心和目标。

2. 地区联合发展民族旅游圈

甘肃省的少数民族地区除甘南和临夏外，其他自治县主要分布在河西走廊地区，具有地区联动发展的可能，在市场驱动机制影响下，旅游产业与文化产业要素在一定区域内自由流动，极大地推动了区域范围内文化产业与旅游产业的系统整合，加上逐步优化的交通体系，使跨区域、大区域、多元化的文化旅游成为可能。临夏周围每年的文化盛会有"花儿会""香浪节""毛兰木节"等节日，然而这些节日因分散在各地，举行的时间又各不相连，所以，对于一个千里迢迢而来的游客而言，观赏了康乐的"花儿会"，需要等待半个月的时间才可以观赏甘南的"香浪节"，但是一个游客外出旅游的时间都是相对集中的，所以这半个月的等待是不可能的。如果我们发展民族旅游圈，走民族文化旅游联合之路，在举行本地区民族文化旅游活动时，可以邀请其他少数民族的人们一起前来参加，搞一些综合性的项目，即"你中有我、我中有你"，使游客通过一个"民族文化旅游节"就能够充分领略临夏周围各民族的文化特色。临夏走联合旅游之路有得天独厚的资源优势，临夏本身就是全国回族文化比较浓的地方之一，号称"中国小麦加"，境内有保安族、东乡族，过了临夏与青海省的分界线大力家山，就是循化撒拉族聚居区。从大禹治水的源头——保安族的聚居地，到土族的家乡官厅，离临夏不远就是甘南藏族自治州的首府合作市了，从地理位置上看，临夏地处民族地区的中心地带，而且，从临夏市到以上各地，都是两个小时的车程。最远的也就是循化，一百多公里，游客可以观看到各地有名的风景名胜和风土习俗，从临夏的刘家峡水库、恐龙脚印化石、黄河三峡，到临夏州东乡县的首府锁哪坝、循化的孟天池、甘南的拉卜楞寺等，集中度比较高，很容易组成文化圈。如在河西少数民族地区可开发狩猎游、生态农业观光游、冰山雪峰游、少数民族风情游等。注重发挥民族地区生态旅游区的优势，逐步塑造民族品牌旅游精品。

3．基于地区优势进行融合路径选择

地区优势主要表现在资源优势、技术优势、市场优势、区位优势、产业基础优势几个方面。其中资源优势相比其他产业要素更具有优势，在其产业分工链条上具有主动融合的趋势，可以将民族文化资源嵌入到文化旅游产品的价值链环节，形成基于资源优势的旅游产业和文化产业融合路径；运用技术手段建立旅游产业和文化产业之间的联系，扩展旅游产业和文化产业的发展空间，虽然相比其他地区，河西走廊民族地区没有技术优势，但是可以参照发达地区的文化主题酒店、动漫旅游、影视旅游等技术优势，进行适当的引进。在当前旅游多元化需求下，民族地区的文化旅游具有一定的市场优势。文化产业或旅游产业内部各企业或同对方产业的企业存在共同的市场开拓领域，为实现共同利益而采取并购、合作等多种形式的融合发展路径；甘南临夏地区以及河西走廊地区的民族自治地区集聚众多的民族文化特色，使众多的文化要素和旅游要素在同一区域内融合，实现文化产业和旅游产业聚集化和模块化发展；基于产业基础优势的融合路径指根据民族地区的基础条件和发展特性，通过产业间的融合，突破传统的发展轨迹，实现跨越式发展。

（五）产业链方面

河西走廊民族地区属于西部落后地区，为了突破发展瓶颈，实现转型升级，需要充分发挥旅游业的关联带动作用和融合功能。在河西走廊政府的支持下，民族地域要依托现有的文化资源优势和自然资源，开发民族手工艺品、民族服饰、传统民族歌舞等文化旅游产品，引导文化产业与旅游产业融合。发挥旅游企业的带动作用，利用现代技术将民族文化元素渗透到旅游产品中，使民族旅游产品融入更多的创意，突出民族文化元素，加快产品制造。旅行社和景区要运用新媒体技术加强宣传，加快产品的营销，依靠市场反馈信息进行后续开发设计，形成上下联动、左右衔接、一次投入、多次产出的链条。旅游产业链需要依靠政府、企业、景区、旅行社等的分工协作，通过共同努力实现民族文化旅游产业的价值扩散。其产业链的目的就是发挥更大的经济效益，经过人才引入，资金支持进行改造包装，推入市场便获得了很好的效果，后续音像制品、出版物等衍生品也不断地涌现。从产业链来看，产业融合就是产业间价值链的解构与重构。是旅游中的旅游景区、旅游餐饮、旅游酒店、旅游交通、旅游娱乐、旅游商品等与河西走廊民族文化价值各模块的融合。例如旅游景区与影视方面的融合、旅游餐饮异域性等。通过价值重构，实现旅游产品和服务丰富化，提高文化旅游消费档次，满足文化旅游消费需求。

河西走廊文化旅游产业链各个环节相互影响、相互交叉、相互促进，各个环节组成循环体系，其中每条链条都不是单独存在的，要形成不同链条间的组合。河西走廊民族地区有着丰富的文化底蕴，属于强势文化旅游资源地域，其文化旅游产业链的组合属于资源依托型，可以分为核心产业链、支撑产业链和外围产业链。例如，甘南地区可以打造以"藏文化"为核心的文化旅游产业链，以"草原文化""游牧文化"为核心的支撑产业链，以"饮食文化""医药文化""佛教文化""民族饰品""民族工业"等为核心的外围产业链，甚至引入更多的科技因素，衍生出更多的文化旅游产品。

第六章

河西走廊旅游产业
发展对策研究

第一节　基于"点—轴"理论构建河西走廊旅游产业发展线路

一、河西走廊旅游空间结构"点—轴"构建

（一）重要旅游节点的界定

重要旅游节点的界定依据整个区域的综合经济实力和城市流倾向度等因素。河西走廊五市在经济文化、交通、资源、旅游空间结构等基础上划分为三级旅游节点。处于河西走廊区域中心位置的张掖市，其城市流强度也最高，同时拥有 5A 级景区的张掖丹霞地质公园，应作为河西走廊最主要的发展中心和一级旅游节点。酒泉市旅游人数和旅游收入位居首位，城市流强度与张掖市相差无几，并且拥有两个 5A 级景区，享誉全球的敦煌文明，旅游资源特色各异，可以作为一级旅游节点；嘉峪关、武威市历史悠久，文化旅游资源较丰富，作为二级旅游节点；金昌作为发展潜力地区，成为三级旅游节点。

（二）重要旅游轴线的界定

旅游发展轴线的选择要考虑交通、旅游资源、经济和旅游业水平等。发展轴的选择必须基于各级旅游节点城市的实际情况，并找到可以连接中心城市并充分发挥主要节点在沿线各个地方传播扩散的作用。河西走廊地区的水道、河流资源较为缺乏，连霍高速与国道 G312 的修建将为该区域的合作提供重要的连接线，由此确定国道 G312 和连霍高速为该区域主要发展的一级交通线路，主要连接河西走廊一级旅游节点之间的各市，同时开展合作，主要发展轴线有酒泉—张掖、酒泉—武威、张掖—武威；二级轴线为连接二级旅游节点城市嘉峪关与一级旅游节点城市间的交通线路；三级轴线为三级旅游节点城市金昌与其他四市间的连接交通线路，其交通线路主要有金永高速和金武高速。

二、基于"点—轴"构建的三大旅游区

根据旅游资源特色、河西走廊区域的旅游优势及交通条件，推出"金银双城民俗风情旅游区""酒泉肃州自然风光旅游区""敦煌瓜州丝路文化旅游区"三大旅游区。

（一）金银双城民俗风情旅游区

"金张掖，银武威"，张掖—武威旅游圈，将张掖、武威作为发展中心城市，构建河西走廊东段张掖—武威旅游圈，东临宁夏回族自治区，南接青海省，北与内蒙古自治区接壤，带动金昌市与天祝藏族自治县、民勤县、肃南县、山丹县、高台县、肃南裕固族自治县等县域的发展。区域内不仅有丰富的历史遗迹，还有雪山、草原、沙漠、戈壁等美丽的

西北风光，更有丰富多彩的民族风情。将河西走廊地区历史文化底蕴和古城文化展示出来，再与天祝藏族民族风情、肃南草原风光、裕固族民族风情等少数民族文化结合发展。另外辅之特色旅游资源与西北饮食文化，以张掖七彩丹霞和张掖冰沟丹霞两大特殊西北丹霞地貌为主题，再加上榆林窟、东西千佛洞在内的敦煌两大石窟，西北五市各种经典美食沿路品尝，放松身心，感受大自然的鬼斧神工和舌尖上的味蕾盛宴。

这一特色旅游区的开发建设，可以弥补敦煌市辐射能力的不足，加大区域内基础设施建设，打通宁夏、甘肃、青海、内蒙古四省的旅游通道，改善河西走廊"西强东弱的局面"。

（二）酒泉肃州自然风光旅游区

嘉峪关—酒泉（肃州区）旅游圈，以酒泉为中心，兼顾嘉峪关及瓜州县、金塔县，在继续建设完善现有嘉峪关长城文化旅游景区的基础上，挖掘金塔胡杨林和酒泉卫星发射的主题，同时将祁连山脉、七一冰川、雪景、草原、大漠戈壁等自然景观和嘉峪关文物景区文化景观相结合。

该旅游区建设重点为西北特色自然旅游资源与哈萨克族人民的热情及草原风情风俗相结合，对国内外的游客都有很高的吸引力，达到为敦煌分担客流量的效果，使两地旅游特色相辅相成，可持续发展，形成河西走廊特色旅游区。

（三）敦煌瓜州丝路文化旅游区

敦煌—瓜州旅游圈，以敦煌为中心，带动了肃北、瓜州、阿克塞，以及以莫高窟、瓜州草圣故里文化产业园为代表的人文景区和以月牙泉、雅丹地貌为代表的自然风景区，河西走廊地区作为西北地区、古丝绸之路的重要节点，历史古迹众多。以敦煌为中心点，河西古城—敦煌丝路游线路文化底蕴深厚。可以将河西走廊五市的历史遗迹串联，如敦煌莫高窟、鸣沙山月牙泉、雅丹魔鬼城、榆林窟、玉门关遗址、阳关古城遗址等，形成河西古城—敦煌丝路游。

该旅游区建设重点为在继续深度挖掘以敦煌莫高窟为代表的丝路文化旅游景区内涵与价值的基础上，同时保护与开发其自然风光旅游资源，达到区域内部的可持续发展，加快区域内交通建设，增强区域竞争力。

三、结论和建议

（一）结论

应用"点—轴"理论对河西走廊的旅游空间结构进行分析，采用区位熵计算法和城市流强度模型计算了河西走廊五市的旅游区位熵值及城市流强度值，构建了三级旅游节点，通过交通线路延伸各市间的三级发展轴线，依据资源特色构建三大旅游区，最终形成河西走廊三级"点""轴""面"互联互通的旅游空间结构。三区的旅游资源特色各异，优势互补，旅游节点带动地区发展，三级发展轴线发挥扩散作用。河西走廊旅游空间结构的合理规划能够促进游客、信息、资源、资金等在区域内有序流动，促进文旅融合，实现信息互通、客源共享、资源互补，提升区域旅游整体影响力和竞争力，实现全域旅游大发展。

（二）建议

1. 制定区域整体发展战略，建立市场信息共享平台

河西走廊区域内各地旅游发展水平不均，需要对旅游产品合理布局，实现资源互补，制定区域整体发展战略，兼顾各方利益，同时还可以联合周边青海省知名度较高的旅游地，打造网红"西北大环线"，实现资源互补和优势共享。在自媒体时代，信息媒介平台对于河西走廊区域旅游合作的作用巨大。信息媒介平台能够提高消费者与旅游地之间的沟通效率，缩小双方距离，使信息的传递更加方便快捷，保证信息的高质量对接。同时建立信息共享平台，还能将区域内旅行社、饭店、旅游交通、景区等进行整合，使各地信息资源无缝对接，促进各地区之间的交流与合作，实现全域旅游的可持续发展。

2. 统一规划区域旅游资源，提高基础设施建设水平

统一的区域旅游资源规划是河西走廊区域旅游合作的基础。河西五市应通过对旅游资源进行统一合理的规划，改善旅游服务结构和基础设施建设水平，并利用自身的特色和深厚的历史文化底蕴，树立区域旅游品牌的卓越形象。整合河西五市的旅游资源，同时，精心策划该地区的旅游线路，推出各方面的特色游，而不是单一的"西北大环线"主题。西北地区的旅游基础设施水平没有南方地区完善，应借鉴部分旅游域市基础设施建设，完善河西走廊基础设施，为旅游者带来便利，为河西走廊地区引入新形象。

3. 树立河西旅游新形象，打造区域旅游品牌

良好旅游形象是旅游地能够快速占领旅游市场的重要因素之一。河西走廊知名度高，但是旅游形象不够鲜明突出。可以推出例如"多彩河西，你我共寻""寻梦飞天，石窟之旅"等一系列旅游品牌，树立河西独具特色的旅游形象。近年来，随着甘肃省对河西走廊的旅游开发越来越重视，丝绸之路的品牌吸引力也越来越突出。对于河西走廊区域来说，应该突出丝绸之路的独特价值，提升旅游品牌的含金量。同时也可以考虑由敦煌古飞天文化和酒泉卫星发射的现代飞天组成"双舞飞天游"，这种悠久古代文化和现代科技文明相结合的旅游品牌，既有对中华民族文化的传承和积淀，也彰显了我国强大的科技创新能力，产生了让国内外游客都无法抗拒的吸引力。

4. 开发旅游新产品，推出旅游新线路

河西地区典型地貌如绿洲、沙漠、戈壁、雅丹、草地、冰川等可以大力发展森林、灌溉、山地等生态旅游，也可以根据当地的自然生态环境开设特色旅游，比如登山、沙漠探险等；也可以开设如文化旅游、体育旅游、徒步旅游、丝路访古、宗教旅游等，从各方面满足旅游者不同层次的旅游需求。河西走廊地区曾经是古丝绸之路的名城，这里充分体现

着河西走廊地区厚重的文化底蕴，因此可以考虑设计"丝绸之路边塞游"等线路，让游客体验到源远流长的中华文明；也可以根据西北独特的地理位置，结合蒙古族、哈萨克族等民族的风俗与饮食习惯，设计"西北民俗风情沙漠游"等线路，丰富河西走廊区域旅游产品。

第二节　河西走廊智慧景区旅游发展

一、河西走廊智慧景区旅游发展概括

2014 年被国家旅游局命名为智慧旅游年，"智慧旅游"成为了各省市旅游业发展的目标，旅游业发展逐渐步入"智慧"阶段。大景区、"互联网＋"的加入，使"智慧旅游"稳步发展，逐步提升，甘肃省智慧旅游建设也随即启动。尽管近几年甘肃省旅游业发展迅速，但是与其他发达省市相比，还是有一定的差距。发展智慧旅游，建设智慧景区无疑也是甘肃省旅游业发展前进的方向，作为丝绸之路甘肃段的"河西走廊"智慧旅游也将是河西走廊旅游业发展的必然选择。

伴随着"一带一路"倡议构想的提出，大型历史人文纪录片《河西走廊》的热播，还有兰新高铁的开通等，让享有"丝绸之路精华段落"之称的河西走廊再一次被推向旅游时代发展的前沿。旅游业的发展推动着河西走廊昔日辉煌的重现，智慧景区的建设，智慧旅游的发展恰恰弥补了传统旅游的片面引导，让旅游者进一步感受丝路文化，更形象生动地重塑河西走廊昔日的风貌。

（一）智慧旅游研究综述

1. 智慧旅游国外研究综述

"智慧旅游"是在"智慧地球"的背景下产生的，2008 年 IBM 公司总裁首次提出"智慧地球"的概念，基于"智慧地球"的研究发展，国外学者对"智慧旅游"进行了浅层次的尝试，大多数都是集中于各种"智慧旅游"的技术在旅游业中的一些应用，偏实践型的成果比较多。比如：2005 年美国科罗拉多州 Steamboat 滑雪场特意为旅游者配备的装有 RFID 定位装置的手腕带反馈系统装置，叫作 Mountain Watch，可以实时监测游客位置、消费情况、提供滑雪路线等；2012 年比利时首都布鲁塞尔推出了"标识都市"项目，利用二维码采集城市相关信息，是一个基于智能手机应用的微电子旅游大全；等等。但是对于"智慧旅游"的概念并没有一个明确的定义。

2. 智慧旅游国内研究综述

2010 年邵琪伟在镇江提出要用十年的时间实现我国旅游产业智慧化发展的目标，建设"智慧旅游",这是国内第一次正式提出"智慧旅游"。根据 CNKI 搜索查阅的文献来看,我国对于"智慧旅游"的研究是从 2011 年开始的,但至今现有文献中对于"智慧旅游"的概念仍没有一个统一的界定。

2011 年 5 月,黄超、李云鹏在《"十二五"期间:"智慧城市"背景下的"智慧旅游"体系研究》中提到"智慧旅游"也被称为"智能旅游",就是利用云计算、物联网等新技术,通过互联网/移动互联网,借助便携的上网终端,主动感知旅游资源、旅游经济、旅游活动等方面的信息,达到及时发布、及时了解、安排和调整工作与计划,从而实现对各类旅游信息的智能感知和利用;2015 年 11 月,刘叶飙在《智慧旅游:概念界定与实践发展》中提到"智慧旅游"是以云计算、物联网、人工智能、地理信息系统以及移动互联网为技术依托,通过信息通信技术与旅游要素的深度融合,为旅游管理部门、游客、旅游企业及目的地居民提供智慧旅游服务、智慧旅游营销、智慧旅游管理等内容的一种新理念。

通过国内学者对于"智慧旅游"的研究,不难看出我国对于"智慧旅游"的研究主要是从智慧旅游的概念、系统开发以及服务平台建设等方面进行的,偏理论型的成果较多。

(二) 河西走廊智慧旅游发展现状及问题分析

1. 河西走廊智慧旅游发展现状

(1) 以敦煌市为首,发展智慧旅游。2014 年起,甘肃省的智慧旅游建设正式启动,并将敦煌市确定为甘肃省智慧旅游城市建设的试点城市,鸣沙山月牙泉景区为智慧旅游试点景区,敦煌市成为甘肃省智慧旅游的先驱者。

(2) 线上线下合作发展智慧旅游(以敦煌市为例)。根据敦煌市智慧旅游大数据的分析,截至 2022 年初,敦煌市旅游微博平台粉丝量达到 22.1 万人,敦煌市旅游官网视频累计播放量达 155.5 万次,天猫旗舰店浏览量达 30 多万次,各平台的浏览量处于持续增长阶段。

(3) 河西走廊的智慧旅游起始发展。在丝绸之路历史文化背景以及敦煌智慧旅游的带领之下,河西走廊的智慧旅游在逐步发展。准确地说,现在河西走廊的智慧旅游处于一个起始阶段,因此难免会存在一些问题。大量的企业借助智慧旅游来吸引游客,但部分企业内部缺乏必要的技术条件,各地之间的交通条件、各地区的科技技术与旅游的结合并不是很完善,再加上技术人员的缺乏、专业旅游从业人员的缺乏以及服务质量不高,无法满足部分游客的需求。

2. 河西走廊智慧旅游问题分析

(1) 智慧旅游发展标准、管理制度不完善。近几年,游客与导游之间的矛盾越来越多,在进行智慧旅游活动中,没有明确的管理规范,很难约束游客行为,不利于智慧旅游的建设和发展。

(2) 经济基础落后,信息技术的利用水平不高。智慧旅游的发展是建立在一定经济基础之上的，相比于"镇江"发展的智慧旅游，河西走廊地处西北，在经济、思想、网络技术上还比较落后，所以多媒体技术水平的高低影响了河西走廊智慧旅游的发展。

（3）智慧旅游发展不均衡。比如，兰新高铁的全线开通带动了张掖市、嘉峪关市、敦煌市（酒泉）的旅游发展，张掖、敦煌两市的旅游业以及智慧旅游发展趋势一片大好，金昌市、武威市的旅游业也在一步步发展，但是从敦煌、张掖两地旅游业发展情况来看，还处于相对落后的处境。这种不均衡的发展不利于河西走廊整体智慧旅游的发展。

（4）景区内外智慧化程度不一致，重管理轻服务。也可以说是宣传力度不够，智慧形象不突出。部分景区内部的智能化设施建设全面，但是对外宣传力度不够大，不能做到景区内部设施、管理智能化与外部宣传、服务智能化相结合，在某种程度上实现了智慧化，但是与真正意义上的智慧化还是有距离的，要在细节上服务游客，注重细节的智能化。

（5）智慧旅游产品和服务缺乏创新。随着智慧旅游产品种类的增加以及智慧旅游的普及，旅游产品逐渐出现了同一化、单一化的特点，模仿的产品越来越多，服务方式也趋于一致。这样就会陷入智慧化程度停滞不前的境地，造成游客满意度下降，旅游人数逐渐减少。

（三）河西走廊智慧旅游发展对策及建议

1. 明确智慧景区建设的标准，完善规章制度

建议相关政府部门出台关于智慧景区建设标准、智慧旅游发展规范准则等法律文件，从多个方面对智慧旅游发展以及智慧景区建设提出要求，做出规范化、标准化的指导，为智慧旅游发展以及智慧景区建设提供理论上的依据，同时建立智慧旅游评价体系，来推进智慧旅游发展的进程。

2. 充分利用现有的科学技术，夯实智慧旅游基础

建立以云计算为基础，以移动终端应用为核心，以感知互动等高效信息服务为特征的旅游信息化发展新模式，夯实智慧旅游基础。

3. 联动发展智慧旅游，减少不平衡现象的出现

联动发展智慧旅游，实现互补互促、合理竞争，减少不平衡发展，使张掖、敦煌、嘉峪关的旅游带动金昌、武威的发展，促进旅游可持续发展，实现各地区共同发展。

4. 提升服务质量，注重游客体验

注重游客体验是智慧旅游发展以及智慧景区建设的核心，站在游客的角度为游客提供满足其需求的个性化服务，以达到游客在游前、游中、游后都满意的效果。

5. 创新智慧旅游产品和服务，提升游客满意度

丰富旅游产品、创新旅游服务是智慧景区建设的重中之重，不仅可以提高游客满意度、忠诚度，还能发掘、吸引潜在的游客。

（四）河西走廊智慧旅游发展前景分析

如今，河西走廊的生态环境非常脆弱，想凭借着工业和农业来发展、崛起已经是无法

实现的，智慧旅游是一种全新的旅游概念，是当下信息时代的必然产物之一，所以今后智慧旅游在河西走廊上的发展会随着信息技术的快速发展以及信息化快速普及而逐步走向发展阶段。要充分了解智慧旅游的发展目标、得到最终想要得到的结果，才能确保智慧旅游在整个旅游市场起到积极引导作用。

二、河西走廊智慧旅游实例

（一）智慧旅游战略下张掖市旅游企业智慧化建设实例

在全域旅游时代的到来与全民旅游浪潮袭来的态势下，现有的旅游市场及产品、服务并不能完全满足游客的需求，而随着"智慧旅游"这一观念的融入，各地掀起了解决当前旅游市场供不应求的问题、打造全新旅游业态的浪潮，但在实际发展过程中仍存在一些不足之处。

1. 张掖市旅游企业智慧化建设必要性分析

张掖市地处中国西北地区、甘肃省西北部，且位于河西走廊中段，是国家西部重要的生态安全屏障。张掖市依托境内多姿多彩的旅游文化、资源优势，进一步明确旅游发展定位和发展重点，把旅游业这一朝阳产业作为推动经济社会转型跨越发展的战略性主导产业来培育和打造，从完善旅游基础设施、创建精品景区、举办节会赛事、拓展客源市场、强化行业监管等方面入手，不断提升"丝路明珠·金张掖"整体形象，推动旅游业进入快速发展的新阶段，旅游产业的经济效益和社会效益逐步凸显，对促进经济增长和转型升级发挥了重要作用。

旅游业的产业优势日益显现，对关联产业的引领带动作用不断增强，成为拉动消费、扩大内需最活跃的因素和最有力的支撑。因此，在张掖旅游业发展的大背景下，必须提供给游客更加优质、个性化的服务。

随着国内信息化技术的不断更新普及，群众的生活习惯正在发生改变，很多游客选择自由行，旅游出行的大趋势正在发生变化，应对自由出行旅游发展依托物联网、云计算、新型通信网络、高性能信息处理、智能数据挖掘等新技术，为游客提供高效服务的旅游信息化新模式正是市场迫切需要的旅游元素。

2. 张掖市旅游企业智慧化建设中存在的问题

（1）旅游行业管理粗放，旅游企业智慧化程度低。张掖市现辖五县一区，各区县优势旅游资源不尽相同。如全国仅见的西夏少数民族宗教殿堂——张掖大佛寺，我国干旱地区唯一的一处丹霞地貌与彩色丘陵的结合区——七彩丹霞，目前世界上历史最悠久、亚洲规模最大、世界第一大马场——山丹军马场等。张掖市旅游局、各区县旅游局以及张掖市旅游管理协会等机构和组织的工作并未细化到各细分要素的具体经营，因此急需改善或者建立全新的智慧化旅游行业管理机制。

（2）企业联合社区居民参与智慧旅游建设程度不高。近年来，山丹县充分发挥得天独厚的旅游资源优势，把旅游业与双创、精准扶贫、绿色发展、美丽乡村建设、互联网＋等结合起来，探索出了一条"旅游＋"的发展路径，推动旅游产业融合；民乐县以同样的方式探索发展"旅游＋"发展新模式，努力推动旅游与现代化农业、生态工业同步发展，但这些项目都是政府主导，居民仅仅是参加而已，因此居民对智慧旅游建设关心不足，社区的参与程度也较低。

（3）优势旅游资源利用形式单一。旅游资源利用形式上的单一也是制约张掖市旅游发展的一大因素，也就直接影响了游客的选择和停留时间。旅游产品无非是围绕着吃、住、行、游、购、娱这几个方面来展开的，但是张掖市现存的问题是景区经营机制不灵活、各景区之间既缺乏交流与合作，也缺乏与其他旅游要素的创新结合；对旅游资源的整合力度不够、旅游文化内涵的挖掘有待提升、旅游市场开发创新手段不多，而对于在智慧化技术方面的运用更为欠缺，对资源利用还处于传统阶段，导致资源利用程度低，浪费现象严重。

（4）线下宣传力度大，线上宣传成效小。张掖市现行的旅游线上宣传方式较多：一是以节会赛事为载体进行宣传，如首届金张掖冰雪旅游文化节、张掖高台端午文化旅游艺术节、张掖市国际露营节等节庆活动的举办。二是凭借媒体广告的发布进行宣传，如改版制作张掖市旅游交通图、张掖市旅游自驾游地图和张掖市旅游宣传画册，在相关媒体刊播张掖市旅游宣传广告等。三是依托与其他城市联合举办的旅游产品推介会进行宣传，如张掖市近年积极组团参加中国旅游交易会、国际文化产业大会、中国（广东）旅游产业博览会等一系列旅游产品推介会，借此着力宣传金张掖特色旅游景区和精品旅游线路。

3．智慧旅游时代张掖旅游新发展

（1）建立统一的行业管理协会，划区管理。建立细分的行业管理协会能在很大程度上联络张掖市各大旅游及相关企业。一方面，设立各细分行业协会，包括由张掖市各区县饭店餐饮企业、导游人员、旅行社、景区等组成的饭店与餐饮协会、导游协会、旅行社协会、景区协会等，它们按照统一的规章条例行事，进行行业内、企业间的信息交流共享及发展对策商定。另一方面，在系列细分行业协会的基础之上再建立行业管理联合会，这一联合会由各细分行业协会中的经营代表组成，以市场化模式运作，与政府组织互不干涉，但政府部门在必要时可提供政策及资金等方面的支持。

（2）实现旅游企业带动周边社区居民参与智慧旅游建设。社区参与旅游是现今旅游业可持续发展必不可少的内容和环节，张掖市在未来旅游业发展过程中，应该重新构建社区参与旅游发展机制，让当地社区居民拥有自主参与旅游发展的权利与机会，凸显当地居民在旅游业发展中的主体力量，而作为旅游经营主体的旅游企业更应该顺应智慧旅游的发展，积极探索打造出属于张掖市的智慧化社区，带动周边社区居民参与智慧化旅游。

（3）利用多元资源优势，打造全新智慧旅游门户网站。张掖市旅游网站应尽量从旅游者的角度来设计网站，减少文字性叙述、增加图文的引导性的超链接，增强游客搜索和购买、付款功能。对现实游客应努力塑造张掖市本地的智慧化旅游形象，如可以在景区增开3D环绕实景视角展示、配合语音介绍等体验性强的环节，这样不仅使旅游者能体验到张掖旅游景点的独特与美，还能在信息渠道上使张掖旅游企业有了宣传旅游产品的绝佳平台，同时这也是对外塑造张掖市智慧旅游形象的一个绝佳机会。

（4）"旅游＋互联网"，以现代化信息技术改变传统的旅游发展模式。整合资本和市场机制，助力智慧旅游平台的建设，在软件平台的基础上，旅游企业就可以根据现有的资源进行相关旅游产品的开发。比如以西游文化为核心元素，拍摄VR电影再现当年玄奘讲经场景，结合高清数字体验互动等手段，建设西游主题公园项目；在网络渠道开发VR全景旅游网站，这样可以使网民全方位无死角地领略张掖市的景点之美。

（二）智慧旅游：现代敦煌的另一张名片

敦煌市位于河西走廊的最西端，地处甘肃、青海、新疆三省区的交汇处，总面积3.12万平方公里。敦煌以"敦煌石窟""敦煌壁画"闻名天下，是世界遗产莫高窟和汉长城边陲玉门关、阳关的所在地，是国家历史文化名城。

敦煌市也先后被列入国家智慧城市、信息惠民、信息消费、三网融合试点城市，并荣获"中国领军智慧城市"大奖。

1. 智慧旅游挑战多

旅游智慧化是敦煌市建设"智慧城市"的重头戏。当然，智慧城市建设前期都会遇到大大小小的挑战，如何应对这些挑战，将成为智慧城市建设成功的关键一步。面临的挑战如下：

旺季游客高峰挑战：景区人流屡创高峰，鸣沙山、莫高窟单景点日接待游客数量超过3万人，而敦煌市本地人口仅有5万，游客服务体验差，如何避免投诉率上升？游客安全面临挑战，如何确保旅行安全？文物古迹承载有限，如何保护古迹不被破坏？

淡季游客稀少，造成旅游资源的极大浪费：如何提升淡季景点服务资源利用率？如何共享不同区域旅游资源，实现区域经济均衡发展？

巨大流动人口挑战：百倍于本地人口数量的游客，给城市治安、交通、医疗、餐饮等公共服务带来巨大压力与挑战。如何应对大量游客带来的突发应急事件？如何有效管理大量的流动人口？如何从丝路旅行服务延伸至本地居民的智慧公共服务，从而带动荒漠区域的智慧城市建设？

针对以上情况，敦煌市政府与华为正式签署了战略合作协议。双方将在智慧敦煌各个领域展开务实合作，致力于将敦煌打造成为中国信息化、国际化的"样板店""旗舰店"，把一个信息化的敦煌市推向全球，共同推动中国智慧城市标准化发展。

根据协议，双方将在智慧旅游、智慧民生、智慧政务、智慧安保等方面开展积极、扎实、全面有效的合作，共同打造"智慧敦煌城市云、丝绸之路旅游云"，推进旅游产业转型升级发展，推进智慧民生在教育、医疗、交通、就业等公共资源领域高效利用，构建资源共享、集约管理、业务创新、效率提升的智慧政务体系，全力为敦煌文博会、敦煌国际马拉松等重大活动提供安全可靠的智慧安保解决方案。

2. 以智慧旅游服务引领区域智慧城市建设

全程无缝数字化展示，提升服务质量：建设景区物联网，分析游客行为与流量分布特征模型，基于物联网获取景区特征模型（游客、车辆、突发事件预警）延伸景区服务覆盖；提升决策、客流高峰与应急服务能力，保障游客全程路线安全；VR、AR、3D 展示中心，提升客户体验黏性，分流高峰客流，提升参观服务质量。

敦煌"飞天云"平台现承载业务有智慧家庭、智慧交通、智慧旅游、智慧医疗、智慧教育、公共信息等多个系统平台，而随着敦煌市旅游旺季的到来，各个系统平台的业务量将出现爆发式增长，传统的建设方案缺乏灵活性，将面临业务连续性保障差、数据安全性弱、业务部署流程环节多等诸多问题，无法应对信息化的突发业务需求。

针对这种现状，华为助力甘肃省广播电视网络产业园科技有限公司、甘肃省广播电视网络股份有限公司敦煌市分公司、敦煌智慧旅游有限责任公司构建了覆盖敦煌全市的"无线城市"解决方案，敦煌"无线城市"的建设与发展将对公众服务、政府和企业三个领域的信息化建设产生重大影响，能够为公众、政府机构和企业提供在任何时间、任何地点都能够安全、方便、快捷、高效地获取可支付得起的无线宽带服务。

华为结合敦煌市的特点，提供了 WLAN 解决方案，打造了一个"高速、大容量、安全、可演进、易管理"的大型无线网络，助力敦煌智慧旅游有限责任公司构建敦煌无线城市。

在无线接入点选择上，华为采用新一代 11AC 协议的 AP，在保证高并发接入率的前提下，保障用户网络访问体验；AC 采用华为高性能敏捷交换机＋多个无线控制器插卡，单台设备能做到几万多用户多终端同时在线；为了保障网络安全，华为提供 ME60 作为认证网关，将用户管理、安全控制、业务控制、无感知认证等各种功能有机地集成在一起，实现 WLAN 用户和固网用户的统一接入认证。

考虑到将来网络的演进，华为提供的敏捷交换机采用全可编程设计架构，可通过自定义转发流程快速支持新协议，可适应无线网络未来5～10年快速发展的需要；为进一步提升网络维护的便利性，华为提供了eSight统一网管，支持对多厂商设备进行统一管理，支持对现网有线网络设备和新建无线网络进行统一管理，极大地降低了后续运维工作量。

共享丝路旅游资源，均衡区域经济发展，联合丝绸之路沿线景区，建设旅游大数据平台，分析区域游客特征模型，实现精准营销；融合线上数字营销与线下旅行服务，推动互联网＋营销，提升淡季游客人数，促进区域经济的均衡与可持续发展。

3. 延伸居民公共服务，建设区域智慧城市

建设云中心，共享景区与政府各业务部门数据，实现统一协同、快速决策与响应的城市智慧治理基础设施；基于智慧旅游基础设施，建设以电视为核心的智慧家庭、创新的智慧教育及智慧医疗服务，提升居民福祉。

在平安城市建设方面，华为根据敦煌市当前建设现状以及后期业务规划需求，打造了平安敦煌建设项目，其核心平台采用华为智能云监控平台VCN设备，是结合华为视频监控平台和专业视频存储而定制开发的一体化综合监控平台，可集实时监控、录像检索、录像回放、云镜控制、告警联动、语音对讲、电子地图、存储管理等多种视频监控业务于一身。通过华为的云监控平台，整合了敦煌市多个厂商的平台及前端摄像机，为城市安保提供了全方位、无死角的高清覆盖。

整套系统采用领先的云化智能设计，实现N＋C云化设备集群安全保障体系，做到关键事件不掉链子；同时实现事件及时智能预警、系统性能智能保障、视频数据智能检索定位以及智能行为分析，充分发挥软硬件使用效率。打造完全开放的平安城市标准开放平台，减少重复投资，消除技术壁垒。实践证明，华为云监控解决方案为敦煌市打造出了安全可靠、高效便捷的平安城市安防体系，对敦煌市进行全方位智能守护。

华为与敦煌市牵手合作，可谓是"天时、地利、人和"。双方在多领域开展的深层次务实合作，把敦煌市打造成中国信息化、国际化的"样板店""旗舰店"。在旅游资源整合方面，覆盖了甘肃、青海、新疆、宁夏、内蒙古5省份134家景区，其中20多家景区实施智慧化建设，40多家景区对接职能验票系统，市场空前巨大。

在智慧城市的ICT基础架构层面，华为具有最全的产品线和全球领先的技术、架构。从物联网的通信模块到物联网的操作系统、管道、云计算、分布式数据中心以及大数据平台，双方将利用华为领先的解决方案能力，与合作伙伴一起借助旅游的东风，推进智慧敦煌建设，共同将智慧敦煌打造成现代敦煌的又一张名片。

第三节　全域旅游背景下河西走廊导游服务质量提升策略

一、全域旅游对河西走廊导游的要求

全域旅游，也称为全景域旅游或无景点旅游，就是要求一切以旅游优先发展为核心，把整个区域作为完整的目的地来建设，实现景点景区一体化，做到"处处是景观""村村是景点""人人是导游"，给人全区域景区化的旅游引导视觉体验。可以说全域旅游是旅游发展模式的新突破。全域旅游提倡休闲，这其实反映了旅游解压、强调参与、互动的本质属性。河西走廊地处甘肃省西部，共有包括酒泉、嘉峪关、张掖、金昌和武威在内的五座地级城市，地域面积占到甘肃省面积的60％。河西走廊自古就是丝绸之路的黄金通道，各种文化在这里交相辉映，形成灿烂多彩的多元文化，丝路文化、边塞军旅文化、敦煌文化、民族文化、石窟文化、简牍文化、长城文化、宗教文化、红色文化、古城址文化、饮食文化等特色文化及文化遗存，是河西走廊旅游文化资源中最有优势、最具光彩和魅力的品牌。通过开发和维护，河西走廊整个区域内世界历史文化遗产就达5处（敦煌莫高窟、嘉峪关关城、瓜州锁阳城、玉门关遗址、悬泉置遗址）、同时还拥有7处国家级自然保护区（张掖黑河湿地国家级自然保护区、敦煌阳关国家级自然保护区、祁连山国家级自然保护区、敦煌西湖国家级自然保护区、安西极旱荒漠国家级自然保护区、安南坝野骆驼国家级自然保护区、盐池湾国家级自然保护区）、1处国家森林公园（天祝三峡国家森林公园）和2处国家地质公园（敦煌雅丹国家地质公园、张掖丹霞国家地质公园），拥有65处全国重点文物保护单位、3座国家级历史文化古城（敦煌、张掖、武威）、中国优秀旅游城市5座（敦煌、酒泉、嘉峪关、张掖、武威），国家4A级景区36处、5A级景区2处（嘉峪关文物景区、鸣沙山月牙泉区）。丰富多样的自然人文景观，自然也需要高素质的旅游人才。因此导游在河西走廊旅游活动中起着重要作用，正如一名外国旅游专家所说"一名好导游会带来一次愉快的旅游；反之，肯定不是成功的旅游"。全域旅游为大众化旅游提供了广阔的区域选择，也为"重游地"的"深度游"创造了更好的条件。导游提供的服务能帮助旅游者全身心投入游览活动，增长见识、加深阅历、获得美的享受。因此导游服务在全域旅游发展中将会起到至关重要的作用，同样全域旅游对河西走廊导游服务工作提出了更高的要求。

二、制约河西走廊导游服务质量提高的因素

近年来，随着河西走廊旅游业的快速发展，从事导游工作的人数也在成倍增加，截至2021年，河西走廊五市导游共有2300多人，他们为河西走廊旅游业的快速发展和形象宣传起到了重要的作用。然而在实际旅游服务中，河西走廊导游服务也存在一些问题，一定程度上影响和制约了河西走廊旅游业的发展。

（一）旅游需求变化导致河西走廊导游知识结构体系不健全

随着物质文化水平的提高，旅游已经成为人们享受生活的一种方式，人们不再满足于走马观花式的旅游，而是追求深度、感悟和体验。从实际带团情况来看，来河西走廊旅游的游客更青睐于对文化深度的渴望与探知，他们更想探寻河西走廊多元文化的内涵和沿途各地的风土人情。比如酒泉的得名与霍去病有什么样的必然联系、红西路军当年在河西走廊征战的历程、河西走廊沿途的寺庙和壁画与西游记故事中情节的关系、河西走廊的葡萄酒为什么很有名气等一系列深层次问题。而河西走廊五市的大部分导游所准备的讲解内容大同小异、千篇一律，主要是简单的历史、地理及所在景点景区知识概括介绍，而很少考虑这些深层次问题。随着全域旅游的提出，来河西走廊旅游的游客会越来越多，这就要求河西走廊各地导游人员要不断完善自己的知识结构，根据不同游客的需求，进行有针对性的讲解，提升自己的业务水平。

（二）部分河西走廊导游人员的服务意识不强

导游服务体现着一个地区的精神风貌。游客来到河西走廊首先是从导游身上了解河西走廊的。然而由于河西走廊旅游业淡旺季明显，在旅游淡季，部分导游转行做其他工作，到旅游旺季，又存在导游不够用的现实情况。一些旅行社大量招纳在校学生及社会人员充当临时导游，仅仅经过简单培训就开始带团活动，而这些临时导游由于对导游服务的理念还没有清醒的认识，从而在实际带团环节中，导致不少旅游投诉的旅游事故产生，甚至直接影响到所接待游客对河西走廊旅游形象的评价。

（三）河西走廊导游管理模式亟待更新

要深化导游管理体制改革，从行政化、非流动、封闭式管理向市场化、自由化、法制化管理转变，取消"导游必须经旅行社委派"的政策规定，导游资格证终身有效，导游证在全国通用。可以说导游市场化、自由化、取消"导游必须经旅行社委派"就是为全域旅游的开展创造条件，为实现"人人是导游"的目标而努力的一项重要举措。但在现实执行的过程中，河西走廊区域的导游出团目前还是要接受旅行社的委派，而且许多优秀导游是兼职导游性质，旅行社为满足自家导游带团需求，平时不会去招聘有经验的老导游带团。而在旅游旺季导游紧缺的情况下，又不会按照市场化运作模式平衡各方导游利益，间接挫

伤了部分河西走廊导游的带团积极性。同时由于没有"河西走廊导游联盟"的出现，致使河西走廊五市导游各自为战，每个地域的导游只是熟悉所在地景点知识的讲解，而丝绸之路精品旅游线贯穿河西五市，因而各地导游出了自己所在地域之后，对其他地域景点的知识知之甚少，致游客失望导游也很尴尬，从而使河西走廊导游服务质量无法有效提高。

三、河西走廊导游服务质量提升对策

（一）不断学习积累，完善知识结构

全域旅游强调将一个区域作为一个景区来打造，全覆盖整合旅游资源。对游客来说，这是一种全新的生活方式，对导游来说，要满足游客的这种生活方式，就要让游客全方位地了解河西走廊丰富的旅游资源和风土人情，那么导游就必须要提高知识储备，而这种储备来自导游不断地学习、积累和完善。河西走廊导游应当是一个知识渊博的旅游专家，沿途每参观一处景区、遗址、寺庙，每到一座城市，导游都要适时讲解，讲解应该具有真知灼见。导游讲解应具备专业性和准确性，这样才能将河西走廊博大精深的多元文化讲清楚，让每一位来丝绸之路段旅游的游客明白来河西走廊沿线旅游的意义是什么。因此要成为河西走廊优秀的导游，都要经过长年坚持不懈的努力。在实践带团中，导游们常说："一个月不带团，讲解不熟了；两个月不带团，有些紧张了；三个月不带团，啥也不知道了。"因此不管新老导游都要在带团中不断学习，熟能生巧。导游要做到知识的积累，平常需要做到以下三点。

1. 多关注

现在是瞬息万变的时代，获取知识的途径越来越多，导游只有多关注和掌握河西走廊每日发生的各地资讯，才能在导游服务中将河西走廊最鲜活的素材讲解出来，讲出深度和新意。

2. 多搜集

导游不光要搜集景点讲解的相关知识，还要搜集和自己带团相关的一切有用知识，比如与游客及其他导游的接触和交流而获取的信息和知识，正所谓"三人行，必有我师焉"，吸取别人的见解与经验，带着谦虚的态度，多听多记，带团讲解能力会有很大提升。

3. 多笔记

俗话说"好记性不如一个烂笔头"，导游在实际带团中，由于游客的兴趣差异，探寻方向往往无边无际，对于无论怎样的"万事通"导游，也会出现盲区。对于游客的提问，导游不能不回答，又不能说这不是自己的讲解范围。因此，导游要将这些回答不上的问题提前做笔记记录下来，做个有心人，同时不耻下问，沿途多请教相关行业的人士，搞清楚答案事实。比如如何在外形上区分青稞和大麦，不请教当地农业人士，是很难区分清楚

的。在搞清楚后，要及时给游客答疑解惑。在自己知识水平提高的同时，也会获得游客的高度认可。

（二）加强河西导游人员服务意识，树立河西走廊导游新形象

全域旅游强调的是全方位。现代旅游已经超越个性化、规范化、细微化时代，旅游服务也应该是全方位的。比如游客打电话给导游，响一声就有人接，就会觉得导游服务意识很强，觉得导游在等着为他服务；响两声就接，游客也满意，觉得导游的服务也是很主动的；三声，勉强说得过去；四五声没人接，有可能挂掉电话，对导游产生不良印象。一流的服务能够成为吸引游客的力量，使游客心情舒畅，愿意再来此地享受这种服务，河西走廊各地导游要有"干一行、爱一行、行行出状元"的行业奉献精神，真正把导游当作一项工作去做，从内心深处树立"游客至上"的理念。为客人提供力所能及的服务，想游客之想，急游客之急，这样的服务才会使游客长久不忘，这样的旅游也就成为了游客记忆中的风景。如果河西走廊各地导游都能有这样的理念，在游客对河西走廊旅游留下一个难忘印象的同时，导游的收入自然也会因服务质量的提高而水涨船高。

（三）紧跟时代步伐，改变管理模式，构建"河西导游联盟"

全域旅游的核心理念是以旅游业为引导或主导，在全区域合理、高效配置生产要素，促进关联产业融合，进而促进区域经济发展。同时利用全区域旅游目的地的全部吸引物要素，为游客提供全过程、全时空的体验产品，满足游客全方位的体验需求。这就要求河西走廊各级旅游部门要顺应时代潮流，顺势而为，建立适应河西走廊旅游市场需求的导游准入制度。建立河西走廊星级导游品牌制度，打破河西走廊沿途各市导游异地带团的区域障碍，同时建立官方的导游信息公开平台，让不同需求的旅游者可通过不同渠道选择自己河西走廊之行的地接导游，同时鼓励更多各具专长的兼职导游加入河西走廊导游队伍中来，实现全域旅游提出的"人人是导游"的目标，也使整个行业更具市场化。另外导游不光要有扎实丰富的知识面和强烈的服务意识，还要在旅游部门牵头下成立"大河西导游联盟"，把河西走廊各地导游组织联系起来，在旅游淡旺季互通带团信息的同时，还可管理培训导游，同时旅游部门应主动出面组织河西走廊各地导游参加各类培训，旅行社也可以和河西学院、酒泉职业技术学院等院校旅游专业展开实习实训合作，以便提升河西走廊导游整体素质。

总之，全域旅游是一场具有深远意义的变革，是旅游业发展的一种新模式。河西走廊各地都把旅游业当作战略性产业来发展，而加强河西走廊导游人才队伍建设，培育并建设高素质献身于旅游事业的导游队伍是实现这一目标的根本保障。在河西走廊各地旅游主管部门及河西走廊各位导游的共同努力之下，河西走廊导游服务质量定会有更大的提升，从而树立河西走廊导游服务新形象。

第四节　开发自助旅游产品

一、河西走廊自助旅游产品开发的指导原则

自助旅游产品一般指旅游目的地、旅游项目、景区、基础设施等，它的主要服务人群是追求个性、自由、便捷的 20～45 岁青年人。因此，在对河西走廊自助旅游产品的开发过程中，要结合自助旅游的特点和旅游人群的需求，促进河西走廊自助旅游业的发展。

（一）体验性原则

旅游就是人们精神享受、生活体验的活动，所以在对河西走廊自助旅游产品开发中要遵循体验性原则。一般参与自助旅游的人群都具有一定的旅游经验，厌倦了传统团体旅游观光机械化的组织形式和单一的旅游产品，追求更加新奇、个性的旅游体验产品，所以河西走廊要将自助旅游产品体验性放在开发第一位。

（二）潮流性原则

由于自助旅游的人群多为 20～45 岁的青年人，且这部分人大多有较高的文化素养、思想前卫、追求时尚潮流，对新鲜事物有十分强烈的好奇心。所以，自助旅游产品要体现出个性、时尚、前卫或具有较高的文化内涵和艺术氛围，这样才能得到自助旅游者的青睐，满足更多的自助旅游人群。

（三）环保性原则

河西走廊作为旅游景区，在开发自助旅游产品时不仅要注重对自助旅游产品体验和时尚性质的开发，更重要的是，要注重自助旅游产品的环保性。在产品的开发过程中坚持生态友好、文化友好，在保护原生态文化的基础上加强人文环境开发建设，设计出独具特色的环保型自助旅游产品。

二、河西走廊自助旅游产品的开发

（一）河西走廊自助旅游服务产品的开发

不论是哪个旅游胜地，只有具备了良好的旅游服务产品，才能吸引旅行者前来。由于自助旅游者缺乏系统的旅游指导，所以河西走廊可以开发符合自助旅游者需求的服务产品。比如可以设计官方网站，给自助旅行者提供适宜的自助旅游路线，如文化宗教路线、自然风光路线、人文古迹探寻路线等。再如，可以设计一些提供给自助旅行者的线路标识、指引系统，使河西走廊的自助旅游者可以根据标识，更好地选择路线，完成整个

旅行。

（二）河西走廊旅游文化品的开发

自助旅游文化品特指文化纪念产品，传统的文化纪念品对旅客们来说已不具有吸引力，甚至被人们忽视。所以，为了让旅游景区的文化纪念品与时俱进，得到自助旅游者的喜爱，可以多层次地对旅游文化产品进行开发。一方面开发有形旅游纪念品，另一方面开发无形旅游纪念品。有形产品的开发是在传统的文化纪念品的基础上，对文化纪念品范围进行扩大，如对河西走廊少数民族的服装、饮食、景区纪念品进行便捷式开发等，使文化纪念品独具河西走廊人文特色。无形产品的开发，以景区中的摄影留念为例，传统的摄影留念形式是当地专业人士给旅游者拍摄照片进行留念，而如今网络技术的快速发展，可以将摄影技术电子化，给游客提供电子服务产品，如电子纪念册、旅途痕迹纪念等，将游客的旅游过程通过摄影制作成具有情感体验的电子产品，使得旅游文化产品不仅具有艺术性，而且具有趣味性和个性，丰富旅客的购买体验。

第五节　河西旅游新业态发展研究

我国社会经济进入了一个新的历史阶段，旅游业所处的环境和面临的形势正在发生着深刻而重大的变化。中国旅游业已经进入了重大战略调整期，旅游产业的转型升级成为战略调整的重中之重。当前和今后一个时期，甘肃省旅游行政主管部门应该在充分理解旅游新业态定义的基础上，参照我国其他地区开展旅游新业态的相关案例，结合甘肃省旅游资源的特色，推进产业大融合，发展旅游新业态，进一步发挥旅游业的带动功能和综合优势，提高甘肃省旅游业发展的质量和效益，促进甘肃省经济又快又好地发展。

一、旅游新业态的含义

（一）业态与旅游新业态

业态是流通企业经营形态的简称。由于流通企业经常以业态变化为工具参与市场竞争，因而业态竞争力是流通企业竞争力的重要体现之一。在这里业态是指零售店向确定的顾客群提供确定的商品和服务的具体形态，是零售活动的具体形式。通俗地讲，业态就是指零售店卖给谁、卖什么和如何卖的具体经营形式，而零售业的业态主要有以下几种：百货店、超级市场、大型综合超市、便利店、仓储式商场、专业市场、专卖店、购物中心等。

新型旅游业态是多元化复合型的旅游业态，即旅游业与工业、农业、服务业等业态相互融合，产生全新的业态形式。旅游新业态特征先是表现在旅游各行业内部的发展和整合；然后扩展到行业之间的交叉渗透（如和航空业的融合）；继而开始旅游业与第一、二产业及现代服务业（如信息网络、文化创意经济的融合）等行业的紧密关联、渗透，最终形成全新的旅游业态。

（二）旅游新业态产生的背景

1. 旅游产业发展促使新业态风生水起

改革开放以来，随着人民生活水平不断提高，旅游已经成为广大人民群众日常生活的一个重要组成部分，人们的出游热情不断高涨。据统计公报显示，2021年，国内旅游总人次32.46亿人次，比上年同期增加3.67亿人次，同比增长12.8%，国内旅游收入（旅游总消费）2.92万亿元，比上年同期增加0.69万亿元，同比增长31.0%。中国继续保持全球第四大入境旅游接待国和亚洲第一大出境旅游市场的地位。人们的休闲度假旅游需求快速增长，旅游业对基础设施的需求明显增长，对相关行业的依托和促进作用更为明显，对经济社会发展的作用也更为突出。

中国旅游业经过改革开放40多年的持续发展，已经完成了从旅游资源大国向世界旅游大国的转变，现在正朝着建设世界旅游强国的目标迈进。旅游业逐渐成为国家和各级地方政府的支柱行业、主导行业。同时，旅游消费呈现出动机更加多元化、出行方式更加多样化、出游时间更加分散化、投资主体更加多渠道的特点。这些特点进一步催生着旅游新业态的不断涌现。

2. 需求多样化拉动新业态的长驱直入

涵盖不同层面的广泛出游人群必然产生多种多样的需求，而旅游本身就是一个求新、求异的体验过程，旅游新业态的产生，实际上就是旅游行业不断研究游客新需求，不断开辟产品细分市场的过程。例如，从大的层面看，当今旅游可分为生态旅游、文化旅游、乡村旅游、工业旅游、红色旅游、滨海旅游、温泉旅游、冰雪旅游、森林旅游、科技旅游、健康旅游等诸多体系，实际上上述体系还可以根据不同目标客户进一步细分为观光游、休闲度假游；面向青少年的修学游、科普游、校园游；以交通方式来分，有自驾车游、巴士游、火车专列游及针对高端客户的房车游、包机游，正在升温的邮轮旅游；农家乐产品细分为采摘、生态、养生；面向公务的会展旅游、商务旅游；等等。

3. 市场竞争催生新业态的领军地位

旅游业相对来说技术壁垒较低，更容易陷入同质化的低层次竞争中。在大众旅游市场，主要产品越来越相似，游客更多的是基于交通便利性、低廉的价格来做出选择，全国范围的景区竞争日趋激烈，因此近年来旅游从业者借用流通企业的竞争工具不断创新经营方式和经营手段，以期提高自身的核心竞争力，形成旅游新业态。

以农家乐这种最适宜城市居民短距离度假的产品为例，近年来各地纷纷开展农家乐旅游项目，使之市场竞争日益激烈，但缺乏特色，形式单一，制约着产品的发展，城市中不同水平的消费者，往往有着不同的目的，简单的农家乐产品将难以满足多样的需求。针对这种情况，北京市旅游局在全国率先制定了"国际驿站、采摘篱园、乡村酒店、养生山吧、休闲农庄、生态渔村、山水人家、民族风苑"8个乡村旅游新型业态的标准，成为全国首个促进乡村旅游升级换代的地方标准。

4. 投资多元推进新业态的高速运营

旅游行业是全面贯彻落实科学发展观，加强生态文明建设、提升文化软实力的最有力手段。旅游业作为朝阳产业，蕴涵着极大的能量。随着社会的发展，旅游业在城市经济发展中的产业地位、经济作用逐步增强，旅游业对城市经济的拉动性、社会就业的带动力及对文化与环境的促进作用日益显现。截至2021年，全国已有30多个省区市把旅游业确立为支柱产业、先导产业或第三产业的龙头产业。各省区市制定出台了一系列促进旅游业发展的政策措施，进一步加大了对旅游业的组织领导和投入力度，广开融资渠道，越来越多的有志之士把目光投向了旅游业。

5. 旅游新业态正成为旅游投资的新热点

2006年，在宁波旅游投资洽谈会上，首次专门设置了旅游新业态馆，吸引了包括度假类、生态旅游类、新能源节能类等38家单位展出了其新业态产品。并且针对新业态举办了"休闲度假产业对洽会""游艇产业对洽会"，同时还特别邀请国家环保总局等相关主管部门、海洋旅游、航空旅游等机构的专业人士参会，指导旅游新业态投资。此后的十几年来，旅游新业态的发展理念深入人心，旅游景观地产、高尔夫旅游、温泉休闲度假旅游、科技旅游、全息数字旅游等新业态层出不穷，为旅游产业链的纵深化发展提供了广阔空间。

（三）旅游业态创新的一般规律

旅游业态创新的形式是多种多样的。业态融合是旅游业态创新的最主要形式和发展趋势，如会展与旅游业融合而成的会展旅游业、工农业与旅游业融合而成的工农观光业、信息产业与旅游业融合的电子商务业、文化休闲业和旅游业融合而成的文化休闲旅游业等，这些新兴业态都获得了飞速的发展，并成为投资商的热宠。旅游新业态特征先是表现在旅游各行业内部的发展和整合，然后扩展到旅游行业之间的交叉渗透（如和航空业、酒店业的融合）；继而体现在旅游业与现代服务业（如和会展、金融、信息网络、文化创意经济的融合）等行业的紧密关联；同时出于发展战略考虑，国家大力推行旅游业与工业、农业、教育等国民经济其他产业的联动。所以，我们可以看出：在具体范围上，旅游新业态产生的领域是不断扩展与拓宽的，经历了行业内到行业间再到产业间融合的过程；而在具体层面和创新重心上，旅游业态创新围绕的重心也在不断转移。第一层面，旅游各行业内部的发展和整合，业态创新围绕的重心是产品，是对旅游产品品种、类型、价值的创新；第二层面，旅游行业之间的交叉渗透，业态创新围绕的重心是业务，是对企业不同业务进行有机关联和有序整合；第三层面，旅游业与现代服务业各个行业的紧密关联，业态创新围绕的重心是资本和技术，是对资本运转和技术应用能力的提升；最后，旅游业与工业、农业、教育等国民经济其他产业的联动，在这一层面，业态创新的重点是市场利益和社会效益的统筹兼顾。其过程是：从产品层面的创新转移到业务层面创新，再到围绕资本和技术层面的创新，最后发展和落脚到战略层面的统筹兼顾，即价值实现方式的创新。

总体来看，旅游业态的发展是横向发展和纵向发展不断交错的发展过程，在时间维度上，它表现为同时递进、并行发展，在空间维度上，它表现为不断延伸、逐步扩展。值得注意的是，旅游新业态的出现，并不完全取代原有业态，而是对原有业态的补充、更新、拓展和整个旅游产业的提升。这无疑对于当前优化产业结构、提升产业能级、促进产业转型有着重大意义。

（四）业态创新的主要路径

旅游业态是旅游产业的表现形式，反映在旅游业各个行业层面，但确切地说，旅游企业才是业态创新的真正主体，所以应从旅游企业本身来研究业态创新机制问题。它应包括市场创新、技术创新、生产经营方式创新、组织创新、供应流通渠道创新、制度创新六个方面的重要内容，这也是旅游业态创新的重要领域。

1. 市场创新

市场是企业生存发展的生命线。市场包括需求、供给两大部分和要素、产品两个市场。当前我国国内旅游市场强劲、出境旅游方兴未艾、入境旅游持续升温，反映出我国旅游需求的旺盛势头。在这一阶段，人们对休闲、度假、商务、会展等旅游需求将会快速增加，这使得现代旅游业对高智力人才、高信息科技、高知识资本等要素市场的需求也将明显增长，毫无疑问，巨大的旅游需求潜力必将为市场创新打下良好的基础。在产品市场创新方面，新型和专项旅游产品层出不穷，有力地推动了旅游产品市场的创新活动，如商务会展旅游、水上旅游、森林旅游、红色旅游、演艺影视旅游、购物旅游、科技旅游、都市旅游、工业旅游、农业旅游等。确切地说，旅游产品创新不但是旅游市场创新的主要方面，也是进行旅游业态创新的核心环节。一个新型的旅游产品的出现也往往会引起旅游新业态的产生和发展，某种意义上高端旅游供给甚至会引发更深层次的市场需求。总之，市场创新是旅游业态创新的前提和基础，产品创新是旅游业态创新的核心内容。

2. 技术创新

现代经济理论已经证明技术创新的重要力量，技术创新成效显著的企业，其成长速度将大大超过一般的企业。技术创新是一个全过程的概念，既包括新技术的发明创造，也包括对新技术的应用和实施。其中，信息技术对旅游业发展影响巨大。旅游业是信息密集型和信息依托型行业，信息技术的发展和网络经济的兴盛，给传统旅游业带来深刻的影响。世界旅游发达国家在资源整合、设施建设、项目开发、市场开拓、企业管理、营销模式、咨询服务、电子交易等领域已经广泛应用现代信息技术，从而引发了旅游发展战略、经营理念和产业格局的变革，带来了产业体制创新、经营管理创新、市场创新，从产业供给链和过程形态上改变了旅游产业的发展方式。在现代信息社会，信息本身不但成为旅游产业发展的新要素、新资源，而且催生了新的企业组织形态和旅游产品新的生产方式，即旅游新业态出现，如新型旅游中间商的产生、大型旅游集成商的形成、数字虚拟旅游的出现、分时度假业的发展、在线预定业务的剧增、移动电子商务的盛行等。所以，技术创新是旅游业态创新的关键环节。

3．经营方式创新

当今世界经济的全球化和先进科学技术的应用给企业的生产经营带来了全新的变化。一方面，经济的全球化促进了大型跨国旅游集团的迅速发展，特许经营、合同管理、战略联盟等经营方式使企业获得了大规模的网络化扩张；同时由于信息技术的发达，旅游企业的虚拟化经营成为可能。所谓虚拟经营，是指以信息技术为基础，由多个具有独立市场利益的企业集团通过资本纽带媒介生成的一种相对稳定的或者临时性的产品生产、销售和服务的协作关系。另一方面，市场规模的不断扩大，行业分工的逐步细化，致使经营方式的专业化越来越普遍，一个主要表现就是服务外包的产生和快速发展，在旅游行业特别是旅游专业服务公司的出现。20世纪80年代以来，随着企业对核心竞争力的重视，生产职能外包催生了大量的生产服务需求，现代企业的一些非核心业务外包，使旅游业为生产者提供第三方会展、商务等专业服务成为可能。由此可见，生产经营方式的创新是旅游业态创新的重要途径。

4．组织管理创新

组织机构是企业赖以运转的基础，而管理是企业得以生存和可持续发展的灵魂。组织创新包括组织机构形式的创新、组织过程的创新和组织体系的创新。纵观企业组织机构的变化历程，从直线制、直线—职能制、事业部制再到矩阵制结构，这种组织机构形式的变化实质上反映了企业业务流程的重组和再造，而企业业务流程的再造，同时也是组织过程创新和组织体系创新的核心，这些企业内在的变化必然会在企业的外在形态上反映出来，对旅游企业来说，往往昭示着旅游新业态的产生，如经济型酒店这一新业态的迅速发展就和经营的连锁化和网络化这种企业组织形式密不可分。在管理层面，管理的创新往往意味着创造一种新的更为有效的资源整合范式，即"新的有效整合资源以达到企业目标和责任的全过程式管理",这包括了管理理念、管理组织、管理职能、管理目标、管理手段和模式等诸多方面的新变化。当今企业要获得新生和发展必须依赖于组织管理等方面的创新,而创新的真正关键不在于能够拥有多少资源,而在于是否能够运用自身组织管理的能力协调、整合、利用外部资源。此外,从宏观上来讲,我国旅游管理模式从传统的行政管理向现代公共管理与服务转变,也为我国旅游企业管理创新提供了良好的条件。组织管理的创新是业态创新的重要支撑。

5. 流通渠道创新

流通业态的概念是从零售业态发端的,是流通领域中常用的一个概念。流通有狭义和广义之分,而现代流通理论即是基于广义流通的概念,指所有商品和服务的流转活动,除了商业之外还包括厂家自营的流通、服务等内部业务。这和旅游业有很大的相似之处,根据业态的基本理论,业态的产生主要在流通领域,但是由于旅游产品和服务的特殊性,即生产和消费具有的同时性和即时性,其流通环节被大大缩减,因此,旅游业态产生的领域由流通领域转移到生产供给领域,即生产和供应这一环节中来,而非仅在流通领域,这就为旅游新业态的出现提供了广阔的空间,包括了诸如在线旅游服务代理商、中央预订系统提供商、旅游分销系统提供商、旅游商务情报提供商等多重渠道。所以,供应流通渠道的创新是旅游业态创新的纽带。

6. 制度创新

制度是企业顺利运转的产权规范,是调节人与人、人与物关系,以及现代企业在生产经营过程中的行为关系的重要规范与准则。制度创新虽然不能够直接产生业态创新,但却是推动和保障业态创新的重要条件,是业态创新的催化剂和助推器。制度创新包括产权制度创新、管理体制创新和运行体制创新三方面的内容。旅游企业特别是大型旅游企业集团应建立"产权清晰、权责明确、政企分开、科学管理"的现代产权制度和组织管理制度,推动产权结构多元化、产权组织体系合理化、产权权责明确化,以及积极完善法人治理结构。旅游行业的发展和旅游企业的发展壮大必须依赖于宽松、完善、规范的经济制度,旅游业态的创新更是需要一个有利于自由发挥潜力、展现自身活力的制度规范。制度创新是旅游业态创新不可或缺的重要保障。

(五)旅游业态创新的价值和意义

旅游业事实上是一个由若干不同性质的行业松散组合起来的集合体,所以基于旅游产业本身的特殊性,有学者认为,"业态不仅包括对企业经营方式的基本描述,而且包括对产业组织形式和经济效益的基本认识,旅游业态的内涵不仅指旅游行(企)业经营方式本身,而且包括了旅游产业的构成、生存状态及其发展历程。"这一观点很好地阐述了旅游企业、旅游行业和旅游产业间的关系。从概念分析来看,旅游产业、旅游行业、旅游企业是纵向上的一系列概念,而旅游业态是这三个概念横向上的内容。因此从这一层面来看,旅游业态创新的价值和重要性又远远高于企业本身,它对整个旅游行业和旅游产业的发展都有着十分深远的意义。

　　首先，旅游业态创新有助于旅游行业结构的调整转型。业态创新意味着对原有旅游各行业进行内部调整与重新整合，意味着把原来的单一业态转变重组为复合业态。其次，旅游业态创新有助于实现旅游产业的优化升级。旅游业态创新的过程就是把低端业态变为高端业态的过程。再次，旅游业态创新有助于提高中国旅游企业整体竞争力。业态创新有利于强化旅游不同行业间不同类型旅游企业的联系，这对提升中国旅游产业整体素质和竞争能力有着重要意义。最后，旅游业态创新有助于构建大旅游业体系。旅游新业态的出现，为旅游业的发展注入新的生机和活力，同时也为旅游业进一步统摄和渗透其他产业创造了重要机遇。

　　总之，旅游产业转型升级以业态创新为着力点和亮点，以旅游企业为主体，以转变旅游发展方式为核心，以优化产业结构为基础，以推进集约型发展为重点，以全方位提高旅游发展质量和竞争力为目标，实现旅游业速度、质量、效益的协调发展，为建设旅游强国贡献力量。

二、河西走廊旅游新业态项目

（一）河西发展旅游新业态的必然性

1. 河西走廊旅游资源的优势

　　河西走廊位于中国西北、黄河上游，是中华民族和华夏文明的重要发祥地之一。悠久的历史传承赋予了河西灿烂的历史文化，复杂的地壳运动造就了河西走廊多种类型的自然风光。千百年来，始祖文化、黄河文化、丝路文化、长城文化、民族文化和红色革命文化等多元文化在这里交融；大漠戈壁、冰川雪峰、森林草原、峡谷溶洞、砂林丹霞等多种地形地貌交相辉映；汉族、回族、蒙古族、裕固族、保安族、东乡族等多种民族文化风情浓郁；新中国成立之初，河西以其粗壮的臂膀托起了"两弹一星"——中国最高科技之光。总之，河西走廊是中华民族重要的文化资源宝库，历史辉煌悠久，地理位置特殊，文化遗产丰富，文化底蕴深厚，民族民俗风情灿烂多彩，文艺精品纷呈迭现，是闻名遐迩的文化大区。并且河西走廊文化资源正日益成为甘肃省旅游发展的重要支柱，成为推动全省经济社会发展的重要动力，对经济社会发展的贡献率不断提高。因此，甘肃省应调动一切积极因素，发动一切可以发动的力量，把文化大省建设推向深处，深入挖掘河西走廊文化资源的潜力，促进河西旅游业与其他业态的融合。大力推进旅游业与工业、农业、林业、水利、商贸、地质、环保等相关产业和行业的融合发展，支持有条件的地区发展生态旅游、工业旅游、商务旅游、自驾旅游、探险旅游、保健旅游等旅游新业态。

2. 河西走廊旅游新业态存在的问题

　　旅游业作为河西地区最早对外开放的产业之一，历经数十年的改革发展，由小到大，由事业到产业，为甘肃省经济社会发展做出了积极贡献。但随着时间的推移，河西走廊旅游业发展还存在很多深层次的矛盾和问题，如：旅游开发的投资主体相对单一；旅游产业结构单一；旅游管理体制不顺；交通通达能力不畅；旅游配套服务功能不完善；旅游业整体竞争力不强等，这些因素成为制约河西走廊旅游业发展的瓶颈。因此，我们必须深化行政管理体制改革，各行业主管部门要围绕建设旅游文化大省，加快行业自身体制改革和机制创新，支持旅游与文化、体育等相关产业和行业深度融合，提高旅游活动的文化品位，促进河西走廊旅游业又好又快地发展。

3. 河西走廊发展旅游新业态的机遇

在全球旅游业不断升温的经济时代，甘肃省委、省政府审时度势，出台了《关于大力促进全省文化旅游产业提质增效的意见》，提出了加快发展旅游业的新战略、新任务、新内涵，确立了把旅游业培育成为现代服务业的龙头产业和国民经济的战略性支柱产业的战略定位，加快培育经济发展新供给新动能，促进文化旅游产业提质增效，建设文化旅游强省，打造"一带一路"文化制高点，不仅对全省旅游业实现跨越式发展具有巨大的推动作用，而且对于调整经济结构、深化改革开放、转变发展方式具有重大意义。因此，作为旅游行政主管部门，当以全省旅游发展为己任，紧紧抓住国务院支持河西走廊经济社会发展这一千载难逢的历史机遇，积极树立旅游产业促进经济社会协调发展的大旅游观，调整旅游产业结构，转变旅游发展方式，创新宣传促销方式，促进旅游业从资源依赖型向产业推动型转变，从数量规模型向质量效益型转变，从传统观光型向休闲度假型转变，大力培育有河西走廊特色的旅游新产品、新业态，实现速度、结构、质量、效益相统一，与人口、资源、环境、就业、社会发展相协调，努力把旅游业培育成河西走廊经济的重要支柱产业和新的增长点。

（二）河西走廊旅游新业态项目

大力推进旅游业与文物、文化、体育、工业、农业、林业、水利、商贸、地质、环保等相关产业和行业的融合发展，支持有条件的地方发展文化旅游、体育旅游、工业旅游、商务旅游、乡村旅游、探险旅游、生态旅游、保健旅游和主题公园旅游等新业态。充分利用丰富的旅游资源，设计满足多元化、多层次旅游市场需求的专项旅游产品系列。适应现代旅游多元化、多层次发展趋势，重点开发祁连山腹地生态游、秦文化探秘游、周文化寻访游、边塞风情体验游、绿洲生态农业游、冰川探险游、沙漠探险体验游、石窟文化修学游、少数民族民俗深度体验游、特殊地质地貌摄影游等新型旅游产品，大力发展自驾车营地、房车营地、汽车旅馆、汽车租赁等与休闲旅游新需求相适应的设施和服务，形成全省特色优势旅游新业态集群。

1. 旅游业与文化产业相结合

（1）全面加强旅游与文化的融合，着力发展文化旅游。按照建设文化大省的总体要求，依托全省文化资源的特点和优势，加大文化旅游资源开放、开发力度，重点打造系列文化旅游产品，建设文化旅游大省。建设一批历史文化遗迹保护旅游区、遗址保护公园和遗址博物馆，发展文物旅游；依托国家级历史文化名城、名镇，保护和恢复建设历史文化旅游街区，发展古城、名镇旅游；挖掘"花儿""乞巧"等非物质文化遗产和裕固族、保安族、东乡族等少数民族文化资源，发展民俗民族旅游；精心打造河西走廊品牌文化节庆

（会）活动，发展节庆旅游；充分利用区域各类非物质文化传承人和各类专业演艺资源、剧（节）目资源、固定剧场资源，编排精品剧目，开辟演艺市场，推出一批形式多样、特色鲜明、雅俗共赏、喜闻乐见的文化旅游演出精品社团和剧目，发展演艺旅游。

（2）文化产业园项目。加快开发建设兰州创意文化产业园、庆阳农耕和民俗文化产业园、临夏民族文化产业园和丝路文化产业带、定西马家窑文化博览园等项目，通过集合包装，培育富有国际竞争力的综合旅游文化板块。

（3）打造陇菜品牌。甘肃省在河西地区培育50家精品陇菜店、50家精品清真店、100家精品小吃店、500家兰州拉面示范店。在兰州设立一条陇菜特色小吃街，并在每年7月6日～9日兰洽会期间举办"牛肉拉面之王"的厨师竞技活动，提高兰州拉面的知名度。

2. 旅游业与工业相结合

坚持旅游与工业互动发展，深度打造工业体验游。以河西新能源基地、酒泉卫星发射中心、玉门油田、酒泉钢铁、金川镇都、兰州炼化等为重点，积极发展工业旅游。

（1）工业主题公园。据酒泉市旅游局统计，自2008年神舟七号飞船发射后，前往酒泉卫星发射场和周边参观的游客每年达到近十万人。建"酒泉航天主题公园"将给河西走廊旅游业的发展带来机遇，在主题公园里可向游客普及科普知识，并设置模拟的失重机舱，让游客体验宇航员的生活，开发与航天有关的旅游纪念品。

（2）中国西部红酒展销会。以嘉峪关已有紫轩酒厂、紫轩葡萄酒庄园为基础，完善现有红酒公司的旅游基础设施，通过继续开发研制与葡萄相关的绿色产品、向游客展示生产流程、设置科技长廊及培育楼等形式，宣传葡萄及红酒有关的科学知识，让游客在旅游的同时增长见识，提升大众品红酒的品味及文化素养。通过举办中国西部红酒展销会，有效地提高紫轩葡萄酒的知名度，拓展葡萄酒销售渠道。

3. 旅游业与农业相结合

农业旅游是一个发展空间广泛、发展前景良好的朝阳产业，是现代农业与旅游业相结合的一种新型产业，在依附于农业体现生产功能的基础上，积极引入工业化农业的理念，把农业这个最原始的产业实施高新化，发挥休闲、观光、度假、教育等多项功能，使农业产生最大化的附加值，促使新经济业态的形成。与旅游业相结合的农村生产力活动多种多样，加之河西走廊民族众多并且各具特色，其中裕固族、保安族、东乡族是河西走廊的特有民族，可以使旅游与河西走廊鲜明浓郁的民族风情、宗教文化相结合，打造乡村古镇旅游、生态农业观光旅游、农家乐休闲体验旅游、现代农业旅游等。对农产品进行深加工，生产富有地方特色的农业旅游商品、纪念品和工艺品，还可为城市餐馆直供绿色农产品。

4. 旅游业与演艺相结合

随着人们对现代旅游体验性的深入认识和文化产业化的快速发展，文化成为第一营销力，以区域文化为主调的商业演艺与旅游产业迅速结合，有力地推动了文化与旅游的互动发展。河西走廊应做好文化旅游演艺工作，充实旅游活动的内容，提升旅游活动的文化品位。河西走廊旅游与演艺相结合应从以下四个方面入手：一是敦煌鸣沙山、麦积山等重要景点要积极打造实景演出；二是在临夏、甘南、肃南、肃北、阿克塞、天祝等民族地区要积极打造具有本地民族特色的民族风情演出；三是在兰州、天水等主要旅游城市打造一批轻松、欢快通俗的说唱演出；四是在旅游旺季推出《丝路花雨》《大梦敦煌》等大型精品剧目及肃南裕固族《敦煌神女》《敦煌乐舞》、武威《祭孔乐舞》《暮色西凉》《梦幻西凉》、夏河拉卜楞藏族歌舞、平凉崆峒山《崆峒玄鹤》等歌舞的演出。打造旅游演出市场还需要各方面的配合，各地和各旅游景点要为文艺演出创造必要的场所，各演艺团体要积极创作和排练适销对路的节目，各级各类文艺院团要充分发挥文艺创作和演艺人才优势，量身打造形式多样、特色鲜明、雅俗共赏、游客喜闻乐见的演艺节目，增强针对性、趣味性和游客参与度，集聚人气，拉动消费。至 2015 年，在 4A 级以上旅游景区所在城市建设中心演艺场所（一次容纳千人），提供常态演出，并编排形成 1520 个具有全国影响力的精品旅游文化演艺剧目。重要的旅游饭店、休闲娱乐场所要开展灵活多样的演艺活动。旅行社和导游要合理规划游客的行程、做好节目推介和游客引介工作。

5．旅游业与林业、草业及畜牧业相结合

甘肃省地域狭长，具有多样化的植被景观。依托甘南、陇南等地独特的、优质的森林、草原等旅游资源大力开发具有民俗特色的生态休闲与养生旅游产品。

（1）休闲旅游类项目。主要包括牧场度假项目、牧场别墅项目、马厩羊圈项目、牧马人石（木）屋项目、牧场栅栏项目、家庭牧场（认养幼小动物）项目、牧场酒吧项目、"百草园"（名贵中药材种养）项目、牧场别墅业主俱乐部项目、"我的牧场小屋"（第二居所）项目、"天上牧场是我家"（分时度假）项目。

（2）观光旅游类项目。主要包括山顶草场（蓝蓝的天上白云飘）观光项目、天上牧场（白云下面马儿跑）观光项目、生态农业综合实验基地观光项目、森林河谷观光项目、民俗观光项目。

（3）运动健身旅游类项目。主要包括草原赛马项目、其他健身娱乐项目。

（4）购物旅游类项目。主要包括牧场纪念品项目（带有度假区名称、标志的地方特色小商品）、牧场工艺品项目（用本地材料制作的赋予地方文化的工艺品）、旅游土特产品项目（珍贵药材、农副产品等）、旅游食品项目、旅游日用品项目。

（5）美食旅游类项目。主要包括"绿色"牛肉、马肉、羊肉、奶、蜂蜜、蔬菜、粮食美食项目、烧烤项目、药膳养生项目、西餐项目。

（6）民俗旅游类项目。主要包括民族歌舞表演项目、民间饮食文化项目。

6．旅游业与体育赛事相结合

深度推进旅游与体育的结合，积极发展体育旅游。依托独特的地形、地貌、气候、动植物资源优势，发展登山、赛马、滑翔、户外探险、自驾体验等旅游项目。重点发展兰州国际马拉松、嘉峪关铁人三项、丝绸之路汽车（越野）拉力赛、会宁·华池红色运动会、酒泉全国轮滑赛、瓜州玄奘之路戈壁挑战赛、阿克塞全国赛马大会、丝绸之路自行车多日赛、华池全国钓鱼邀请赛、嘉峪关国际滑翔节、永靖黄河三峡龙舟赛、临潭冶力关中国拔河大赛及漳县贵清山攀岩等体育赛事，逐步打造甘肃省特色体育旅游品牌。

7. 旅游业与地质相结合

河西走廊位于青藏高原与黄土高原结合部，地质结构复杂，地貌多样，使得甘肃省境内广布着种类较多且独具特色的地质遗迹。主要有古生物化石、典型地层剖面、岩溶地貌、丹霞地貌、雅丹地貌、冰川地貌及重要的矿山遗址、地质灾害遗迹等。可利用地质资源开展地质旅游。

（1）甘肃省敦煌雅丹国家地质公园项目。公园内连片地分布着各种各样造型奇特的风蚀地貌，其形状如"蒙古包""骆驼""舰队"等，千姿百态，惟妙惟肖。整个景区宛如一座中世纪的古城，世界许多著名的建筑都可以在这里找到它的缩影。

（2）张掖丹霞地质公园项目。发展游览丹霞地貌、徒步、登山、攀岩探险游皆可。

（3）甘肃省刘家峡恐龙国家地质公园项目。恐龙足印化石群成为地质公园主体。刘家峡恐龙足印化石群在已经揭露的 700 多平方米的岩层层面上发现了 8 类 30 组 270 个足印化石，其中至少包括两类巨型蜥脚类、两类兽脚类、一类似鸟龙类和其他三类形态独特、尚未归属的足印，代表至少 8 个属种。

（4）黄河石林国家地质公园项目。以河湖相砂砾岩为主的集雅丹、丹霞、峰林为一体的地貌奇观成为地质公园的主体。同时，在这些地方建一些诸如"画家村""摄影之家"等特色宾馆，为艺术爱好者提供便利。

8. 旅游业与商贸相结合

商旅联动模式：即将畜牧业及其加工业（皮革、毛绒、食品等）和商贸业与旅游业相结合，从而带动第一、第三产业有关部门发展。甘肃省有畜牧业、有地方特色的工艺品（夜光杯、临夏砖雕、刻葫芦与卵石雕、保安腰刀等）、有漫山遍野的药草、有别具特色的美食（如兰州牛肉面）等。利用这些资源，开发重点旅游商品系列：丝绸之路文化旅游商品系列、河西走廊土特产系列、天马文化产品系列、塞纳河产品系列，崆峒道家产品系列、河西走廊特色旅游商品系列、民族民俗旅游纪念品系列等，并使这些商品系列与在甘肃举行的重要商贸会议（如兰洽会）结合，促进甘肃商贸旅游的发展。

9. 旅游业与水利相结合

甘肃省在开展水利建设时既注重于社会效益的发挥，同时还结合水利工程建设同步发展水利旅游。甘肃省已有 7 个国家级水利风景区，包括鸳鸯湖水库国家级水利风景区、赤金峡水库国家级水利风景区、田家沟水库国家级水利风景区、崆峒水库国家级水利风景区、竹林寺水库国家级水利风景区、黄羊水库国家级水利风景区、大湖湾国家级水利风景区。这些景区都具有很高的旅游价值，应进一步完善旅游基础设施，增加参与性、娱乐性及教育性旅游项目，构建丰富的旅游产品体系。

10. 旅游与保健相结合

充分利用全省温泉和中药材资源优势，着力开发养生保健旅游产品。保健旅游，是一种兼顾旅游及健身双重目的的专项特殊旅游项目。旅游者在旅游过程中可一边旅游一边学习武术、气功，进行医学学术交流和求医治疗等，可使旅游者在旅游过程中既了解中国的传统文化，又学到了一些健身养生的方法。甘肃省丰富的中草药材、民族特色传统体育项目、武术、温泉等资源为开展保健旅游提供了良好的条件。如在崆峒山风景区，借助崆峒山宜人的自然环境与其道教文化及中草药结合，开发出道家养生术、道家武术、道家药膳等项目，积极开展康复旅游、武术旅游、健身旅游；再如武山温泉，以其水质优良，位置优越，物产丰富，周边风景名胜众多而居西北之首，是人们矿泉疗养、康复、保健、旅游的理想之地。

11. 旅游业与环保相结合

依托全省各地丰富的生态旅游资源，大力发展生态旅游。加强规划设计和游客管理，推动生态旅游标准制定和生态旅游认证实施，强化生态保护，开展生态观光、生态体验、科普教育等活动。加强旅游与林业、国土、农牧等部门合作，开发森林生态、特殊地质探秘旅游项目，促进自然保护区、森林公园、地质公园、湿地公园、水利风景区等生态旅游区建设。加快发展白龙江、小陇山、子午岭森林旅游和甘南草原、祁连山、黑河流域湿地、戈壁绿洲等生态旅游。如甘肃省康县阳坝梅园风景区是省级风景名胜中最具有代表性的区域，是北方有名的绿色生态县，位于甘肃省东南端边境，陕甘川三省交界地带，总面积286平方公里，森林覆盖率高达97%，居西部地区之冠，景区通过打造"五湖四海三潭四瀑"，加强环境保护力度，建成集度假休闲、生态观光、住宿、餐饮和娱乐为一体的梅园沟原生态景区，实现了环保与旅游开发的有效结合。再如民勤青土湖生态旅游景区项目，景区通过枯木逢春的生态门、张兆民家、青土湖生态警示教育展览馆、露天展览馆形式进行展示布置的废弃村落、盐碱地植物园、金水牛雕塑、胡杨林公园、沙雕建筑微缩与人物群像、大漠探险和沙漠越野旅游区、农家乐等各具特色的生态旅游区展示了生态环境治理的过程与成效。又如古浪县马路滩生态观光旅游区，依托腾格里沙漠的神奇自然景观，遵循多采光、少用水、新技术、高效益的沙产业发展思路，精心打造形成了果品区、苗木展示区、葡萄长廊、沙漠生态经济圈等独具特色的沙漠生态农业景观，成为沙漠地区生态产业发展的示范区。

第六节　河西走廊旅游示范区建设研究

河西走廊拥有比较丰富的旅游资源，自然资源类型多样，古历史遗迹纵贯全省，给沿途不少市、县、镇、村留下了丰富的自然旅游资源和人文旅游资源，为县域内旅游产业发展提供了良好的条件。但是，甘肃省县域内旅游产业发展起步晚，产业体系不完善，与全国旅游发展成熟的县域相比还有相当大的差距。为此，河西走廊应该将发展旅游产业示范区（市、县、镇、村）作为调整和优化经济结构、增加农民收入的重要举措，同时将持续发展旅游产业示范区作为当地旅游发展规划的一项重要部署。

一、充分认识建设旅游产业示范区的必要性

发展旅游示范区是旅游业发展的客观需要。加快旅游示范区建设是促进甘肃省旅游产业快速发展的重要出路，是实现人与自然的和谐可持续发展的必然选择，对进一步解放思想，调整和优化县域经济结构，促进区域联合，增加农民收入，改善农民生活水平具有重要作用。因此，各市州、各部门要从贯彻落实科学发展观的高度，充分认识旅游产业示范区试点建设的紧迫性，增强责任感和使命感，切实做好试点的各项工作，探索适合甘肃省旅游产业示范区发展的新模式，并在试点基础上，逐步推广。同时，要把加快甘肃省旅游产业示范区建设摆在更加突出的位置，采取强有力的措施，调动社会各方面力量积极参与旅游业发展，打造一批旅游业发展的强县、强镇、强村，夯实旅游业发展的基础，为实现甘肃旅游业快速、协调、可持续发展提供有力支撑。

二、明确旅游产业示范区建设的工作方案

（一）指导思想

调整示范区经济结构，转变经济增长方式，创新示范区旅游环境。增加就业岗位，帮助当地群众通过旅游增加收入，改善生产生活条件，促进示范区经济健康、持续、快速、和谐发展。

（二）基本原则

河西走廊在建设旅游产业示范区的过程中，需要遵循的原则如下：

（1）以创新为核心，探索示范区旅游产业发展新模式。

（2）整体规划，全程跟进，分层落实，稳步推进。

（3）保护与开发并重，实现资源永续利用和旅游业可持续发展。

（4）坚持以人为本，社区参与，群众受益。

（5）以大旅游的视野，全面整合示范区多元资源要素。

（6）建立协调机制，分工负责，密切配合，长期坚持。

（三）工作目标

通过本方案的实施，力争实现"五个一"的目标：提出一个明确的示范区旅游产业定位，探索一个全新的示范区旅游产业发展模式，构建一套齐备的旅游业软硬件系统，建设一系列旅游产业示范点，推出一批品牌化的旅游示范目的地。

（四）试点范围

根据甘肃省旅游资源基础配置情况，将建一个国际旅游示范区（敦煌市），4个旅游示范县，15～20个旅游示范镇，20～30个旅游示范村。具体情况详如表6-1、表6-2、表6-3所示。

表 6－1　甘肃省旅游示范县建设规划表

所属旅游线（区）	名称	服务旅游景区
丝绸之路旅游线	肃南裕固族自治县	马蹄寺石窟旅游景区、"七一"冰川旅游景区
	山丹县	山丹大佛寺旅游景区、山丹军马场旅游景区
香巴拉旅游线	永靖县	炳灵寺石窟旅游景区、刘家峡旅游景区
休闲旅游圈	临潭县	冶力关旅游景区
合计		4 个

表 6－2　河西走廊旅游示范镇建设规划一览表

所属旅游线（区）	名称	服务旅游景区
丝绸之路旅游线	榆中县青城镇	青城古镇旅游景区
	肃南县祁丰镇	文殊寺石窟旅游景区、"七一"冰川旅游景区
	麦积区麦积镇	麦积山旅游景区
	秦安县陇城镇	女娲祠—街亭古战场旅游景区
	肃南县皇城镇	皇城草原旅游景区、皇城古址旅游景区
	敦煌市阳关镇	阳关旅游景区、寿昌城旅游景区
平庆旅游线	崆峒镇	崆峒山旅游景区
香巴拉旅游线	永靖县太极镇	太极湖太极岛旅游景区
	夏河县拉卜楞镇	拉卜楞寺旅游景区、桑科草原旅游景区
	碌曲县郎木寺镇	郎木寺旅游景区
红色旅游线	华池县南梁镇	南梁纪念馆红色旅游景区、大凤川军民大生产红色旅游景区
	通渭县榜罗镇	榜罗会议会址旅游景区
	宕昌县哈达铺镇	哈达铺纪念馆红色旅游景区、官鹅沟旅游景区
休闲旅游圈	临潭县冶力关镇	冶力关旅游景区
	临翠县新城镇	新城镇旅游景区
	漳县新寺镇	太白山旅游景区
	榆中和平镇	管鹅沟风景区、和平牡丹园
	永登县连城镇	鲁土司衙门、吐鲁沟风景区
合计		18 个

表6－3　河西走廊旅游示范村建设规划一览表

所属旅游线（区）	名称	类型
丝绸之路旅游线	天水市麦积区朱家后村	旅游专业村
平庆旅游线	崆峒区高岭村（香山社）	旅游专业村
	庆城县柴家塬村	旅游专业村
香巴拉旅游线	夏河县德吉卓玛村	旅游专业村
红色旅游线	华池县南梁镇荔园堡村	旅游专业村
休闲旅游圈	会川镇半阴坡村	旅游专业村
	兰州市榆中县菜籽山村	旅游专业村
	天祝县天堂村	旅游专业村
	岷县狼渡村	旅游专业村
其他城郊型休闲度假旅游圈旅游村镇	嘉峪关市河口村	城乡一体化示范村
	兰州市安宁区东门村	城乡一体化示范村
	平凉市崆峒区太统村	旅游扶贫示范村
	甘南州合作市当周街道	旅游扶贫示范村
	临夏市永靖县大川村	旅游扶贫示范村
	酒泉市肃州区四坝村	旅游扶贫示范村
	定西市安定区西岩山村	旅游扶贫示范村
	武威市凉州区王庄村	旅游扶贫示范村
	庆阳市西峰区北门村	旅游扶贫示范村
	白银市白银区民乐村	旅游扶贫示范村
	张掖市甘州区西关村	旅游扶贫示范村
	金昌市金川区陈家沟村	旅游扶贫示范村
	天水市麦积区高家湾村	旅游扶贫示范村
	陇南市武都区瑶寨沟村	旅游扶贫示范村
	宕昌县鹿仁村	旅游扶贫示范村
合计	24个	

三、加快旅游示范区建设的主要措施

（一）科学编制规划，落实规划确定的内容

甘肃省旅游创新发展必须打破常规，借鉴其他省份的成功经验，在河西走廊域内旅游资源优势突出地区，加快旅游示范区（市、县、镇、村）、旅游特区的建设。在建设过程中做好资源配置和线路设计、产品与产业发展、政府管理与市场化、体制与机制、招商引资式县域旅游产业发展、新型旅游特区建设等领域的创新示范基地建设规划。

以旅游示范区建设为契机，甘肃省已将肃南裕固族自治县、山丹县、永靖县、临潭县作为首批县域旅游产业示范县，已逐步实现各示范县旅游人数、就业岗位、旅游综合收入增长50％的目标。将青城镇、冶力关镇等一批条件好的旅游地建成新型的旅游示范地，促进甘肃省多元化旅游区的发展。参考海南国际旅游岛建设的特色旅游项目，探索在甘肃省旅游业发展起步早、效益较为突出、品牌影响力较大的地区，向中央申请设置免税区或退

税区。敦煌作为世界遗产旅游目的地，品牌享誉国内外，但由于经济和地域等原因，其吸引力相对较为单一，发展空间也受到了制约。应充分研究该区域相对独立的地域区位特点和人口特征，不断改善交通、基础设施和服务要素配置条件，通过设置一个免税区来配合世界遗产旅游目的地建设，把敦煌建设成一个内陆地区国际旅游实验区。免税区或退税区的设立将会增加"购物旅游"的新卖点，提升其旅游目的地的吸引力，全面带动旅游业的升级转型，从而强化甘肃省旅游龙头的品牌形象和地位，促进甘肃省旅游业的可持续发展。

（二）全面加强旅游基础设施建设和服务设施建设

在全县旅游开发过程中，必须采取政府主导的开展模式，政府应将首要的重点放在交通、水电、通信等基础设施建设上来，彻底改变本地区落后的交通状况。旅游主干道基本达到二级道路标准，各景区连接道路全部打通并达到三级以上标准，形成县域内外旅游环线，景区内道路全面提升，景区间道路全部连通，旅游断头路全部消除。提升旅游接待能力，各示范区应着力培养一批旅行社、旅游交通、宾馆酒店、旅游商品企业，培育若干家具有竞争力的旅游集团或是旅游公司，形成产业发展的企业组织集群，使得旅游企业组织得以完善，建立符合市场经济需求和国际规范的旅游企业运作机制，为各示范区的旅游发展提供强有力的组织支持系统。

（三）发掘策划最能代表本区域特色的旅游产品

有效整合各示范区内所有旅游资源，以构建示范区特色品牌为目标进行开发建设。做好各示范区旅游的产品规划，为各景区、景点设计出既各具特色又能适应市场需求的旅游产品，是做好各示范区旅游规划的重要指标。我们可以立足各示范区特色资源，不断开发品位较高、适于销售、富有民族风情和文化底蕴的民族文化旅游产品。

开发体验性和参与性商品。让游客在购买旅游商品的同时，也能欣赏到商品的制作及加工过程，甚至能参与其中。这种方式不仅能增添旅游乐趣，激发游客的购买欲，而且能使游客更直观地了解当地的文化和艺术，从而留下深刻的印象。

（四）重视人力资源开发，提高人口素质

造就一支结构合理的高素质旅游人才队伍。各级政府和旅游主管部门要注重智力投资，切实重视和积极加强旅游人才队伍建设，形成涵盖政府决策层、专家咨询层、管理实施层、服务操作层等多层次和包括宾馆饭店、旅行社、景点景区和旅游交通等多门类的高素质旅游人才体系，以提高旅游业宏观管理和微观经营水平；加大旅游人才引进力度。要及早制定和出台优惠政策，提高现有骨干待遇，以充分调动其工作积极性。同时，从外地积极引进懂管理、善经营、有客户的高中级旅游专门人才，多方吸纳大中专毕业生献身示范区的旅游事业；强化旅游从业人员培训工作。有计划地对现有旅游从业人员分期分批进行岗位培训，从职业道德、文化修养、业务素质和服务技能等方面提高从业人员整体职业

素质。

（五）加大对外旅游宣传力度，提高旅游形象知名度

加强与国内各地旅游机构的交流合作，联合促销，进一步与各旅行社、旅游管理部门和协会建立紧密联系；与省内外特别是周边地区的各类旅游机构进行横向联合，构筑新型旅游协作体系；在充分发挥报刊、广播和电视传播范围广、传递信息速度快、宣传效果好等优势的同时，积极采用电子网络的宣传；积极举办具有地方特色的旅游节，作为当地标志性的旅游节庆活动，融宗教文化及历史文化考察、人文自然观光、度假休闲娱乐交流于一体，并使其成为当地旅游的特色产品之一；积极参加、组织各种与旅游有关的展览会、交流会、研讨会、演出会、招商引资会、新闻发布会等公关活动，邀请专家学者、旅游企业的管理人员、著名作家、有广泛影响的新闻媒介的记者参加。

（六）坚持开发与环境保护并重的原则

加强旅游区所依赖的环境系统的生态风险评价工作并建立生态风险预警体系，将环境保护工作量化，加强执法监督力度，采用定期定点测报方法，对污染源及时提出警报。加强旅游区绿化系统建设，提高水土涵养能力；实施退耕还林（草）工程，提高以林业建设为主的森林（绿化）覆盖率，防止水土流失；加强对森林公园的管理，保护野生动植物资源，能有效地改善生态环境；在重点旅游景区或旅游资源连片地区设置垃圾处理厂，采用清洁化处理技术对垃圾进行卫生填埋或堆肥利用；增加公共厕所设置，基于甘肃省大多地区缺水的现状，所有新增公厕均为生态厕所，逐步将原有旱厕改为生态厕所；在景区设置生活垃圾分类收集点，完善垃圾收集管理制度。

（七）创新旅游资源管理模式——旅游资源一体化管理模式

当前，甘肃省各市县旅游资源的多头管理会造成旅游资源开发的重复建设，浪费财力和物力，应在示范区探索出一条旅游资源管理一体化道路，统筹协调交通、文化、农业、商业、环保等相关产业和行业与旅游业之间的融合发展。为扩宽甘肃省旅游产业又好又快发展的路径，可在各示范区选择 23 个试点，完成旅游资源开发管理模式创新的尝试与探索。

嘉峪关市旅游业发展较为成熟，也积累了世界遗产旅游开发管理的经验，可优先选择为示范点。嘉峪关可成立旅游管理委员会，将分属各部门的旅游资源均做好资产评估，以入股的方式由管委会统一管理运作，以此协调各部门的利益，探索一体化管理的模式，突破旅游资源部门已有的体制壁垒，运行成熟后逐步向全省推广。庆城县作为县域资源一体化管理示范点比较成熟，已形成的庆城模式可进一步引导总结推广。

（八）加大对旅游产业示范区试点工作的政策支持力度

有关市（州）县领导要对县域旅游产业试点工作给予支持，所需经费纳入政府财政预算。相关部门安排一定的资金，支持示范区试点建设工作。各有关部门要研究并出台税

收、土地使用等优惠政策，鼓励和调动社会力量参与示范区旅游产业开发。

（九）加强组织领导

旅游产业示范区试点建设工作由省发改委会同省旅游局牵头组织实施，各级党委、政府要把旅游业发展列入重要议事日程，成立领导协调机构，形成主要领导亲自抓、分层领导全力抓、相关部门具体抓的工作机制，研究制定发展思路和政策措施，协调解决突出矛盾和重大问题。旅游主要管理部门要切实承担起规划布局、宣传促销、市场监管、队伍建设等行业发展职责，紧密配合，形成合力。发展改革部门要对旅游业的规划编制、项目建设、发展改革给予大力支持，财政部门要逐年增加旅游发展资金和宣传推广资金，交通部门要将旅游景区连接道路列入交通建设规划优先安排，农业、林业、水利、建设、国土、宣传、教育、文化、文物、宗教、环保等相关部门要密切配合，统筹安排，将试点工作纳入重要工作予以谋划考虑，各示范区要周密部署，全力做好各项工作。

第七节　河西走廊低碳旅游模式研究

为深入贯彻执行《"十四五"旅游业发展规划的通知》《甘肃省"十四五"文化和旅游发展规划》等文件中的关于推进节能环保的意见，实施旅游节能节水减排工程，倡导低碳旅游方式。甘肃省旅游规划要形成政府调控、行业自律、企业主体、社会参与的总体发展规划格局。坚持加快发展与可持续发展相结合，积极推进节能环保和资源永续利用，大力提倡绿色消费、低碳旅游，不断增强可持续发展能力。

一、低碳旅游的提出背景和概念

在气候问题备受关注的国际大背景下，从《京都议定书》到"巴厘岛路线图"，世界各国都在为解决气候问题而努力，低碳经济的概念应运而生，有的国家甚至提出要发展"零碳经济"。美国著名学者莱斯特.R.布朗提出的能源、经济革命论是低碳经济思想的早期探索，而正式意义上的"低碳经济"概念，最早于2003年由英国政府在《能源白皮书》中提出。"低碳旅游"的概念是基于低碳经济的概念进一步提出的，而"低碳旅游"概念的正式提出，最早见于2009年5月世界经济论坛"走向低碳的旅行及旅游业"的报告。报告显示，实施低碳旅游，不仅可以最大限度地实践可持续发展理念，更可以为整个社会的节能减排做出贡献。中国发展低碳经济及低碳旅游较晚，直到2009年12月7日～18日在哥本哈根召开的全球气候大会上，才再次把人类发展的命运聚焦在应对全球气候变化的战略性命题上来。

2017年我国碳强度比2005年下降约46%，政府确定到2030年左右中国二氧化碳排放达到峰值这一目标，并提出节能和调整能源结构是主要实现途径。这也是我国向联合国气候变化框架公约秘书处提交的中国国家自主决定贡献文件中的内容。其中，明确提出我国到 2030 年左右二氧化碳排放将达到峰值，到 2030 年非化石能源占一次能源消费比重将提高到 20%，到 2030 年国内单位生产总值二氧化碳排放将比 2005 年下降 60%～65%，森林蓄积量将比 2005 年增加 45 亿立方米左右，全面提高适应气候变化能力等强化行动目标。

低碳旅游实质上是全球气候变化背景下发展低碳经济的旅游响应方式，即以低能耗、低污染为基础的绿色旅行，倡导在旅行中尽量减少碳足迹与二氧化碳的排放[1]。具体体现在低碳旅游吸引物、低碳旅游服务设施、低碳旅游消费方式等低碳旅游发展的内容上。低碳旅游的概念体系包括低碳旅游者、低碳旅游产品、低碳旅游景区和酒店、低碳旅游目的地等。

低碳旅游是借用低碳经济的理念，以低能耗、低污染为基础的绿色旅游新模式，在旅游过程中通过食、住、行、游、购、娱的每一个环节来体现节约能源、降低污染的理念，将各种旅游消费行为的碳排放量控制在合理的水平，以行动来诠释和谐社会、节约社会和文明社会的建设目标。低碳旅游要求旅游服务理念转变，以低碳经济为目标，以优化消费结构为主要手段，提倡乐活旅游生活方式，教育旅游者有效限制自己的消费行为，培育旅游消费者环境伦理意识，培养旅游者的社会责任感，要求旅游者履行环境责任。旅游产品的开发，要更明确地注重绿色植被覆盖水平，注重资源保护，降低消耗，通过旅游产品设计，从供给环节节约资源及能源，杜绝饮食中的浪费现象，减少住宿中的各种消耗，提倡公共交通体系的高效利用。

二、加快发展低碳旅游的战略意义

在发展低碳经济过程中，旅游业的优势凸显。在甘肃省经济发展中，工业的增加值占全国的比重不足 1%，但污染所支付的费用却占全国的 1.61%。而旅游业作为服务业的重要组成部分，占用自然资源少且景区资源可持续利用率高，因此，旅游业的发展具有碳排放少的优势，旅游发展与环境密切相关，保护环境成为现代旅游发展的内在动力。景区可以通过发展旅游，促进环境的保护和改善。旅游业是国际贸易和发展中的重要组成部分，因此，在低碳经济潮流兴起的背景下，旅游业应该成为低碳经济发展的重要领域。在高碳的工业社会逐步向低碳的服务型和生态型社会转变阶段，政府部门应积极响应国家的减排政策及产业结构调整政策，争取实现"节能减排"目标，河西走廊旅游业亟须加快从粗放式向集约式发展转变，使其真正成为资源节约型和环境友好型产业。所以加快低碳旅游的

---

① 傅云新. 低碳旅游［M］. 广州：暨南大学出版社，2015：17.

建设是经济结构调整和发展方式转变的必然要求。

三、河西走廊低碳旅游模式策略

（一）全面建立低碳生产模式

在旅游产品生产、交易和消费、旅游企业运营管理等各环节提高现代信息科技含量，提升生产和服务效率；旅游企业应规范生产、扩大生产、联合生产，并做好品牌认证、产品质量认证工作，做到集约化生产、集约化营销，增强市场竞争力；打造绿色品牌，不断挖掘已认证产品和企业的潜力，统一标识，规范使用。

建立合理的生产模式，具体如下。

1. 废物再利用

充分利用本地生产或生活中产生的废弃产品，借助先进的加工工艺或地方手工工艺，将废弃产品加工成手工艺品，变废为宝。

2. 旧物利用

地方特色最易激发游客求新求异的心理，增加游客的旅游体验。组织专门机构，收购旅游地居民家中弃用的生活家具和生活用品，经加工处理，可变成灵巧、便携、精美的旅游商品，供游客自由选购。

3. 低碳生产

结合本地能源优势，加强本地太阳能、风能等可再生自然能源的利用。在农家乐餐饮、旅游纪念品制造、土特产加工、农产品加工等旅游商品生产过程中，尽量减少碳排放量，实现旅游商品生产低碳化[①]。对于不符合碳排标准的旅游商品生产企业，依法予以取缔；对于在生产过程中碳排量较大的地方旅游商品，应积极组织技术改造，降低该类产品生产过程中的碳排放量。

4. 低碳体验

在生产和销售旅游商品过程中，让游客切实体验到旅游目的地的低碳理念，让游客自觉接受低碳生产模式，并从中得到实惠，受到教育。

（二）酒店业全面实行低碳减排工作

为了促进甘肃省旅游业的整体发展，把星级饭店发展纳入全省建设循环经济示范总体规划，大力实施节水、节电、节气、节油四大工程，使用新能源、新材料、新技术，大力推进绿色酒店创建工作，实现酒店业的可持续发展。具体办法如下。

1. 加快绿色旅游饭店创建步伐

计划在五年内将三星级以上饭店创建成为绿色旅游饭店，将70%的一、二星级饭店创

---

① 肖岚. 低碳旅游理论与实践研究 ［M］. 天津：天津大学出版社，2019：47.

建成为绿色旅游饭店，将新建星级饭店同步创建成为绿色旅游饭店。绿色饭店在规划、建设和经营过程中，坚持以节约资源、保护环境、安全健康为理念，以科学的设计和有效的管理、技术措施为手段，以资源效率最大化、环境影响最小化为目标，为消费者提供安全、健康的服务。

2. 在建设绿色酒店时要融入低碳建筑设计理念和服务理念

使用绿色建材，合理设计和运用自然采光，采用热泵代替锅炉烧热水、中央空调使用热回收装置、淋浴喷头采用红外控制、安装节能玻璃窗或者太阳能玻璃窗、采用变频技术和智能化控制技术，运用低压节电模式、变流量来控制电梯、空调机组、通风盘管、冷热水的调节，进行辅助冷水机组改造、照明改造，采用电分类计量表、补偿电容器、红外线感应器等节能设施。农家乐建筑可就地取材，除了节约建筑成本外更显地方特色。加大宣传绿色餐饮、科学搭配、平衡膳食、低碳生产的理念。创新开发和挖掘地方特色菜品。采用有机、绿色、无公害食品原料，提供营养平衡食谱。

3. 有引导绿色消费、节约消费提示及服务措施

全面建立能耗使用情况分析报告、节能降耗业绩报告。开展多种形式的宣传绿色饭店、促进绿色消费的社会活动，建立低碳积分兑奖计划作为鼓励措施。

（三）重点旅游城市和百万人次旅游景区（点）的低碳化建设

自 2018 年 2 月，甘肃省隆重推出"交响丝路、如意甘肃"的主题宣传口号和文旅形象品牌，着力打造的精品旅游线路在成为西北地区的重要旅游线和对外推介的国家级重点旅游线的同时，要将线路上的重点旅游集散城市和百万人次旅游景区（点）进一步发展成为低碳城市和景区。

低碳城市将成为城市品牌的新高标。城市的低碳建设离不开每个人的支持和付出。从发展方向上，低碳旅游城市应以营造生态宜居的优良旅游环境为目标，以高效循环的减排及节能技术、产品为支撑，以健全的低碳经济法规制度和碳排放交易机制为保障，从宏观、中观及微观三个层面推进。宏观上，主动推进包括城市生产系统、流通服务系统、消费系统、社会系统、生态系统及基础设施系统的循环经济系统发展；中观上，应倡导发展绿色产业，推广节能技术在各产业中的应用，调整城市能源、交通和建筑结构向低碳化方向发展；微观上，鼓励构建企业内部资源的循环体系，在支柱产业、重点行业和资源消耗大、环境污染严重的企业内推进微观循环经济。

加大主要旅游城市建设，形成以兰州为中心，以天水、平凉、酒泉、嘉峪关等在全省游客接待中具有优势条件的城市为支点的旅游集散中心地。城市交通以公共交通为主，贯彻节能减排工作。修建自行车道、人行道，提供安全环保的出行环境。

把河西肃南裕固族自治县、山丹县、永靖县、临潭县等作为首批旅游产业示范县，以及青城镇、冶力关镇等一批条件好的旅游地建成新型的低碳旅游社区。社区参与是实现对

社区低碳旅游目的地负责的最佳途径。社区中将倡导低碳生活方式，采用低碳交通，建设低碳建筑，使用低碳能源，积极实施碳汇项目，打造样板居住社区。社区居民从生活的点滴做起，将"太阳能楼道灯""实名制垃圾分类""太阳能语音垃圾桶"等一系列创新的妙点实施于日常生活。发放低碳知识手册，鼓励居民直接参与到产品的服务中，尤其是少数民地区，居民与游客互动，寓娱乐与低碳环保宣传教育于一体。

就循环型低碳化景区的建设与发展而言，关键是要在 A 级景区评定标准、国家风景名胜区管理规范等基础上，逐步执行和推广《生态旅游示范区标准》等国家标准，并鼓励地方制定适合区域特点的地方标准，在景区创建中对资源开发利用、景区容量规模、景区智能化发展、配套设施环保化水平、清洁能源利用及对游客的宣传教育等方面进行控制。低碳旅游为兴建年接待量为百万游客的景区注入了新的内涵与活力，具体措施如下。

1. 各景区积极利用低碳技术，配备环保节能的基础设施

河西走廊以酒泉为代表的"世界风库"、以敦煌等区域为代表的理想的"大漠光电工程"区域，在发展以风能、太阳能为代表的新能源上处于政策优势地位。在核燃料生产供应上具有技术优势。河西走廊清洁能源的资源储量较丰富，多个黄河梯度水电站和黄河各支流流域水电站可利用水能。所以河西走廊完全可以充分开发和利用这些优势绿色节能资源。在景区安装太阳能路灯等系统，在智能控制器的控制下，白天太阳能组件向蓄电池充电，晚上蓄电池组给直流灯负载提供电力。在旅游区的广场、停车场、生活区、观光区等的道路两旁或建筑物旁边，还可以安装在旅游区内架设线路有难度的地方。以山体为观光对象的区域，可以考虑修建太阳房。太阳房内的太阳能收集器具有储存太阳能的功效，可以解决室内的照明、热水器、温度及用电器的问题。

建设生态停车场。交通工具要突出环保性、自然性和地方性，采用非机动的、自然的交通工具，提倡畜力、人力、自然能（风能、漂流）交通工具或徒步行。将电瓶车、自行车和公共大巴作为景区内的主要交通工具，通过加强交通工具方式的多样性及独特性实现游中有旅，旅游结合。为了体现河西走廊特色，使用符合生态旅游区、度假区、漂流区、沙漠区气候条件、地形地貌等自然特点和传统习俗、风土人情和文化特色的交通工具，如马、驴、骆驼等。

设立 400 多座星级厕所，采用流动厕所、免水生物处理制肥型等生态厕所，选用秸秆和木屑等便利的混合物作为生态厕所反应基质。流动厕所收集的污水可以作为农作物天然肥料，循环利用，安全健康。

2. 加强对游客的引导机制和开展生态活动

发展景区电子商务化，实行景区动态化管理和个性化服务。推进设施设备管理的信息化和自动化。在建立的景区休息室里增加"低碳教育"的讲解和提示牌，演示二氧化碳对全球气候变暖产生的作用。重视低碳专业导游的培训，实行游客导向性管理模式，注重与

旅游者沟通。条件成熟的旅游景区，可以设置一个"碳减量计数器"作为活动装置。将周边和省内游客作为主要客源，在各个森林公园组织碳补偿活动，如推出的"植树赠门票"活动。

3. 加强对旅游景区的生态保护

河西走廊大多数景区处于山地、丘陵、草原、冰川和沙漠等生态脆弱的地区，在推广低碳技术时要因地制宜，主张就近采用本地特有资源和利用独特的优势来发展。加大对祁连山生态保护特区和甘南黄河重要水源补给生态保护区的建设。实施退牧还草、退耕还林、牧民定居、生态易地搬迁和农牧民转移等工程。对游客和居民采取引导教育的方式共同建设低碳型的综合旅游景区。

（四）旅行社提升低碳管理和开发低碳线路产品

充分发挥旅行社的作用，倡导推行低碳旅游，既是旅行社应对外部挑战获得新发展的契机，也是宣传推动旅游经济发展方式转变的重要途径。旅行社的低碳旅游模式建设如下。

1. 设计低碳产品

设计出在食、住、行、游、购、娱方面以"低碳旅行生活，保护地球家园"为主题的一系列产品。通过对产品低碳特性和相关知识的宣传，将其产品与其他旅行社区别开来，这既可以吸引现实的消费者，也可以引导培养潜在消费者的消费行为习惯，从而在突出特性的同时逐步扩大培育市场。积极开发涉及低碳旅游产品、倡导农业旅游等新兴旅游形式，以资源节约、环境友好型景区景点为重点建设对象，开展徒步游和自行车游线路，积极倡导旅游者参与低碳旅游。

2. 逐步实现旅行社统一的网络平台经营工作

建立网上预订服务系统，包括预订车票、机票、景点门票。在节约用纸、办公用品等方面严格要求，约束浪费行为，实行无纸化经营。在目的地旅游图及景区游览图中增加低碳旅游信息；制作专题宣传小册子；服务人员主动介绍其低碳旅游产品；导游服务过程中传达低碳旅游相关知识、信息；地方企业的网站宣传低碳城市、低碳景区、低碳旅游的建设等。

3. 旅行社加强员工的低碳素质培训

旅行社应通过加强内部管理、提高员工素质的手段，以降低各种能源物资消耗来继续推行低碳理念。

（五）政府旅游管理部门主导低碳化标准制定和评价、监督体系

政府积极开展生动活泼的多样化"低碳旅游"宣传活动，引导和鼓励旅游者选择低碳化的旅游方式。应以政府主导为动力，建立扶持、融资、推进和示范等发展机制，引导企业和旅游消费者积极参与，从而实现我国低碳旅游的快速起步和健康发展。加强公众参与

强制机制，向公众传达"自然平衡掌握在每个人的手里"的理念。

建立绿色审计体系，对旅游企业实行资源、环境价值核算，并纳入旅游企业运营成本之中，制定旅游循环经济企业的规范化、标准化、科学化管理系统，对旅游企业经营进行约束，是保证企业行为符合低碳发展要求、落实节能减排责任的有效管理机制。将用水用电量降低25％作为3A级以上旅游景区和3星级以上酒店星级评定的标准之一，加强旅游相关企业低碳运行的考核制度。建立合理规范的制度，限制不合格的低碳工程建设。政府要通过推行旅游碳汇机制，制定碳汇旅游体验环境的评估指标和监督机构，不断增强旅游目的地或旅游区的碳汇能力，消除碳排放的消极影响，培育高品质的低碳旅游体验环境。景区景点规划通过领导小组的审定后用以奖代补的形式给予奖励。对旅游企业前期配备低碳技术设施所需的高额费用可进行补贴鼓励。对低碳企业大型建设项目在申请国家旅游发展基金和安排全省旅游发展资金时予以优先考虑。建立低碳服务企业协会，加强各行业在低碳技术方面的交流和合作，对各企业在低碳技术的推广进行指导和资金帮助。

（六）社会化宣传推广体系建设

旅游低碳化发展需要相关部门自觉主动承担节能减排责任，共同营造良好的社会氛围。首先，可由甘肃省旅游协会向全省旅游行业发出低碳旅游倡议书，鼓励旅游企业形成低碳联盟，推广、交流节能减排技术，推行低碳旅游方式、编排经典低碳旅游线路。其次，为提高旅游者低碳、节能减排的意识和能力，可收集、整理国内外低碳旅游小窍门和实用方法，按旅游六要素分门别类总结，形成便于旅游者携带和操作的《低碳旅游手册》，并开发、推广和普及基于互联网的低碳旅游节能减排计算软件，让旅游者在每次旅游结束后，计算低碳旅游与一般旅游模式相比较减少的碳排放，从而发掘旅游者低碳、节能减排的潜力和积极性。在飞机场和旅游集散中心等公共场所设置低碳旅游线路的推介广告并发放低碳知识手册。

参考文献

[1] 梁仲靖，金蓉."一带一路"视野下的河西旅游业发展战略研究 [M].银川：宁夏人民教育出版社，2017.

[2] 张红霞.闪光的足迹 [M].兰州：甘肃文化出版社，2019.

[3] 李宗明.新通道，新机遇，新发展 [M].北京：研究出版社，2020.

[4] 牟伦超，张琼，王黎，等.走廊区域历史和旅游产业联动发展研究 [M].武汉：武汉大学出版社，2019.

[5] 阳飏.华夏文明的精神家园 走过甘肃大地 [M].兰州：敦煌文艺出版社，2020.

[6] 巫其祥，陈娅.陕南民俗旅游文化研究 [M].西安：三秦出版社，2020.

[7] 嘉峪关市文化馆.河西走廊非物质文化遗产 [M].兰州：敦煌文艺出版社，2019.

[8] （英）奥雷尔·斯坦因著；巫新华，秦立彦译编.踏勘河西走廊古遗址 [M].桂林：广西师范大学出版社，2020.

[9] 徐仁立.中国红色旅游研究 [M].北京：中国言实出版社，2020.

[10] 石云涛.唐诗镜像中的丝绸之路变迁 [M].北京：中国社会科学出版社，2020.

[11] 吴春焕.红色旅游的社会效应研究 [M].北京：旅游教育出版社，2019.

[12] 胡杨.华夏文明之源·历史文化丛书 中国河西走廊 [M].兰州：甘肃人民美术出版社，2015.

[13] 邓宏兵，卢丽文，黄璨，等.区域旅游规划与创新发展案例研究 [M].武汉：中国地质大学出版社，2018.

[15] 叶骁军.中国旅游资源基础：第 2 版 [M].天津：南开大学出版社，2014.

[16] 郭艳萍，吕继红.中国民俗旅游 [M].北京：中国旅游出版社，2016.

[17] 张兴轩.河西走廊之记者眼中的金张掖 [M].兰州：甘肃人民出版社，2016.

[18] 王义，郭玉虎，邱正保.陇南旅游文化 [M].北京：中国文联出版社，2007.

附录 1　发展河西走廊沿线民族地区乡镇旅游业
——以安远镇为例

　　自 2020 年，河西走廊旅游发展研究主要聚焦在大尺度区域上，大都以各文化圈或各市所辖行政范围的尺度提出宏观发展策略，不单单是忽略了乡镇是发展旅游的最小单元，更是忽视了民族特色乡镇在旅游发展中的作用。本文以多民族聚居的安远镇为例，分析安远镇旅游资源现状，并指出发展中的问题，从而提出打造"生态安远，河西首驿"的旅游发展策略。"一带一路"倡议的提出，是以东西双向共同发展为目的的，河西走廊位于丝绸之路经济带的黄金段，是中国少数民族地区不单单是"一带一路"的重要实施区，河西走廊上遍布着很多少数民族，而安远镇作为河西走廊的门户，是一个藏族、汉族、蒙古族、回族等多民族聚居的乡镇。目前河西走廊旅游发展主要以各文化圈为政、各市辖行政范围为边界，无论是国家经济财力支持还是各学者的研究讨论，大都将视野聚焦在大尺度的宏观区域。近年来，甘肃省着力培养乡镇旅游，使其成为全省旅游产业最活跃的业态，在甘肃省发展乡镇旅游的政策背景下，河西走廊民族乡镇旅游表现出良好的发展势头。民族地区因资源本身及文化环境都有其民族特色，在河西走廊这条线上，串联一个个民族乡镇，逐渐形成文化基因相同或相似的片区，有助于推动遗产廊道丝路文化的建设。旅游和生态是安远镇的两大核心优势，安镇利用和发挥优势资源，打造甘肃省乡镇城乡旅游发展的典范，可以为河西走廊沿线民族地区乡镇旅游发展提供有益的参考。

一、安远镇旅游发展现状

（一）安远镇概况

　　安远镇因安远驿而得名，位于甘肃省武威市天祝藏族自治县北部，河西走廊和祁连山东端，镇域面积 206 平方公里，距县城 44 公里。安远镇辖乌鞘岭、白塔、南泥湾、安远、直沟、极乐、野狐湾、柳树沟、黑河滩、马家台、兰泉、河底、大泉头等 13 个村民委员会，安远街 1 个居委会，36 个村（居）民小组，是一个藏族、汉族、土家族、蒙古族、回族等多民族聚居的乡镇，全镇 2820 户，9248 人。其中，藏族、回族、土家族、蒙古族等少数民族 3865 人，占总人口的 37.7%。

（二）安远镇旅游资源现状

1. 地文景观

天祝县安远镇所在气候区为高原季风气候与半干旱气候的过渡带，由于地势高差将近

3000 米，气候明显呈垂直分布，在高山峡谷间，低处百花争艳，中部森林苍翠，高处则是白雪皑皑。雪山、草原、绿水、蓝天等优越的天然资源可作为安远镇旅游产业资源。

2. 水域资源

乌鞘岭横亘在天祝县境中部，作为古丝绸之路的咽喉要道及内陆河和外流河的分水岭，使其安远镇域范围内河流广布，水资源极其丰富。安远镇区依托青河形成了青河景观带，安远镇青河滨水绿化景观带是贯穿整个镇区的一条生态绿带。

3. 遗产资源

安远镇镇域范围内文物古迹分布丰富，共有 13 处，其中 2 处属于全国重点文物保护单位，7 处为县级文物保护单位，丰富的遗产资源是安远镇发展旅游业的基础和优势。

4. 丰富物产

安远镇位于乌鞘岭北麓，水盛草茂，气候宜人，尤其在春夏秋时节，景色宜人，吸引无数游客前来参观避暑。天祝县在史书中有其"凉州之畜，天下之饶"的赞誉，呈现出"牛马衔尾，群羊塞道"的景象。在这里骏马和白牦牛是被称为"天下之饶"的"凉州之畜"的畜产品，白牦牛在全球范围内唯一的产地就是天祝县。

（三）旅游发展存在的问题

安远镇地广人稀，采用半农半牧的生产形式。当地气候属高寒地区，生态环境基础脆弱，抵御自然灾害的能力较差，文化资源呈现出同质化的问题，整体对于现有生态资源和文化资源的利用没有形成气候，特色旅游产业规模、市场化程度远远不够。

二、安远镇旅游发展策略

安远镇立足自身的现代农业资源、特有的自然资源以及历史人文资源，打造集生态农业、山水观光、民俗体验于一体的特色小城镇。在镇域范围内规划形成"一轴、一心、四片区"的旅游发展结构体系。一轴：古驿站文化生态观光发展轴。一心：以安远镇区形成综合服务中心。四区：以极乐寺为核心，形成宗教文化展示区；依托乌鞘岭历史文化底蕴，形成乌鞘岭草原风貌生态旅游区；依托位于安远驿东部的古长城遗址，将镇区东部打造为高原驿站特色体验区；沿国道 G312 种植万亩青稞——油菜特色种植基地，形成特色种植观光区。依托安远丰富的生态资源及古丝绸之路上重要关隘所蕴含的文化信息将安远镇最终打造成"生态安远，河西首驿"。

（一）生态安远

1. 生态农业

打造青稞种植基地 1 处，改扩建乌林春酒厂、天祝藏族自治县藏韵酒厂，为延伸下游产业链奠定良好基础。综合考虑安远气候因素，依托安远交通区位优势，将青稞种植及精深加工产业列为全镇的特色产业，在旧国道 G312 两侧打造万亩青稞种植基地，在视觉上形成宏观立体的画面，探索集种植与观光为一体的新型农业发展模式。

2. 生态旅游

安远镇森林茂密，草原分布广泛，具有发展生态旅游的基础。开发尕窄滩草原、海拔4680 米的雷公山、牛头山等自然旅游资源，以雪山、草原、绿水、蓝天为主题，充分整合生态资源，着力打造生态观光、露营探险、休闲度假、藏药养生、特色文化体验等多元旅游产品，为游客在夏季避暑提供好去处。依托镇区青河形成的青河景观带，安远镇青河滨水绿化景观带作为贯穿整个镇区的一条生态绿带，对组织镇区空间序列，丰富沿河空间品质有重要作用，重视镇区绿化美化，不断提高城镇绿化覆盖率，推进生态镇与生态村建设，促进人与自然的协调发展。以旧改新，将神鹰建材厂改造升级为国家级写生采风基地、游客集散基地、特色摄影基地、藏加乐特色民宿等。近些年来，祁连山水源涵养遭到不同程度的破坏，草场也出现退化。因此，对生态资源的开发只能是保护性开发。

（二）河西首驿

1. 打造具有藏民族特色文化的体验区

改造提升以"羌笛幽歌"为主题的汉边墙明长城，形成各民族节日交流的公共空间，将乌鞘岭关隘的烽火台打造成游客眺望整个安远镇的制高点，将安远古驿站小吃街打造成游客体验古代侠气之风的落脚点，将乌鞘岭民兵连遗址结合现代"吃鸡"游戏打造成游客体验真实与虚拟的游戏世界，同时感受和认知地域特色文化，最终打造具有古西戎之地元素的民族特色文化小镇。

2. 加快高原驿站特色小镇建设

作为河西走廊的第一驿站，安远具有重要的历史文化内涵，将安远镇定位为高原驿站文化特色小镇具有很强的可操作性，依托乌鞘岭国际滑雪场和抓喜秀龙雪山草原生态旅游资源，逐步形成"游玩在抓喜，吃住在安远"的产业链格局。安远驿商业步行街和三星级酒店的建成，将提升小城镇建设的品位和内涵，使安远"丝路驿站式"的区位功能更加突显。依托河西首驿、羌笛幽歌的汉关隘、安远古驿站、乌鞘岭民兵连等一系列优秀地域特色文化资源，促进高原驿站文化特色小镇建设。

附录 2　武威市《"十四五"河西走廊经济带发展规划》实施方案

根据《"十四五"河西走廊经济带发展规划》，结合我市实际，制定本实施方案。

一、总体要求

坚持以习近平新时代中国特色社会主义思想为指导，全面贯彻党的十九大、十九届二中、三中、四中、五中、六中全会精神，深入落实习近平总书记对甘肃重要讲话和指示精神，全面贯彻党的基本理论、基本路线、基本方略，统筹推进"五位一体"总体布局，协调推进"四个全面"战略布局，立足新发展阶段，完整、准确、全面贯彻新发展理念、构建新发展格局，以推动高质量发展为主题，以深化供给侧结构性改革为主线，着力构建"一轴"贯通、"四圈"联动、"多点"协同发展格局，持续巩固祁连山生态安全屏障，协同推进河西走廊城镇带建设，加快构建分工协作的现代产业体系，统筹推进基础设施互联互通、生态环境联防联治、公共服务共建共享，全力打造金武城市经济圈，共创河西走廊合作共赢新局面，谱写统筹协同、高质高效发展新篇章。

到 2025 年，以新发展理念为引领的高质量发展体系更加完善，经济结构更加优化，产业基础高级化、产业链现代化水平大幅提高，地区生产总值年均增长达到 6.5% 以上，固定资产投资年均增长 7% 以上。祁连山生态屏障更加稳固，环境突出问题得到有效整治，地级城市空气质量平均优良天数比例完成省政府下达的目标任务，万元地区生产总值用水量较 2020 年下降 16%。中心城区、县城和城镇良性互动，协调发展的空间格局逐步形成，常住人口城镇化率达到 55% 左右。基础设施联通水平不断提升，城乡、城际公路路网衔接更加有效，区域交通网络化水平和效率大幅提升。现代经济体系初步形成，生态产业占比持续提升，现代农业产业集群优势更加凸显，初步形成相对完整的产业链供应链体系。改革开放能力显著增强，制度性交易成本明显降低，开放水平大幅提升，统一开放的市场体系基本建立。

到 2035 年，经济综合实力和科技创新能力大幅跃升，经济总量和城乡居民收入迈上新台阶，基本实现新型工业化、信息化、城镇化、农业现代化，建成武威特色现代化经济体系，人民群众获得感、幸福感、安全感不断增强。

二、主要任务

（一）构建协同联动空间格局

1. 打造金武城市经济圈。以金（川）永（昌）—凉州区为核心，以周边县城、建制镇为节点，以基础设施一体化和基本公共服务共享为基础，以产业分工协作为核心，以新能源、现代农业、特色农产品加工业和食品工业为重点，构筑中心集聚、网络连接、带状组团的城镇和产业发展格局，率先实现基础设施互联互通、科创产业深度融合、生态环境共保联治、公共服务普惠共享，建成我国重要的新能源基地和特色农产品加工基地。（市发展改革委、市工信局、市科技局、市交通运输局、市农业农村局、市自然资源局、市生态环境局等部门按职责分工落实。以下任务均需各县区政府负责落实，不再一一列出）

2. "多点"协同发展。依托中心城区、县城、重点镇、产业园区城镇职能及产业功能，强化城镇节点支撑作用，建设一批定位明确、特色鲜明、规模适度、专业化发展的中心城镇，辐射带动周边地区经济发展。依托交通优势、资源禀赋、产业基础、历史文化和生态条件，建设一批交通商贸型、资源开发型、加工制造型、文化旅游生态型等各具特色的小城镇。按照城乡统筹要求，促进城乡公共资源均衡配置，充分发挥城镇连城接乡、承上启下作用，全面提升产业发展、公共服务、就业吸纳、人口集聚等功能，促进城乡发展一体化。（市发展改革委、市工信局、市人社局、市交通运输局、市商务局、市自然资源局、市文体广电旅游局、市住建局等部门按职责分工落实）

（二）共筑西部生态安全屏障

3. 协同推进祁连山生态保护和治理。全面保护祁连山地区森林、草原、河湖、湿地、冰川、荒漠等生态系统。推动自然保护地整合优化和勘界立标工作，建立健全以祁连山国家公园为主体的自然保护地体系。强化原生地带性植被、特有珍稀物种及其栖息地保护。加强祁连山沿山浅山区生态保护，提升森林生态系统功能。强化冰川保护，提升祁连山生态系统冰川与水源涵养水平。开展祁连山地区山水林田湖草沙冰综合治理。实施祁连山人工增雨雪工程。以庄浪河、大通河等流域治理为重点，谋划实施一批水源涵养、水土保持、水环境综合治理提升、生态修复工程。积极推进河道综合治理，强化综合性防洪减灾体系建设。对祁连山自然保护区采取自然休养、减畜禁牧等措施，减轻自然生态系统承载压力。强化祁连山矿山生态修复治理，依法依规推进旅游开发。划定草原生态保护红线。巩固祁连山生态环境整治成果，完善区域一体化生态环境监测体系。完善祁连山生态补偿机制，全面推进天祝县生态综合补偿试点工作。积极扩大草原、林地补偿面积。强化河（湖）长制、林长制制度落实，健全完善生态环境保护监管长效机制。（市生态环境局、市林草局、市自然资源局、市水务局、市发展改革委、市财政局、市应急局等部门按职责分工落实）

4．统筹推进内陆河生态综合治理。协同推进内陆河综合治理和系统治理，实施水环境保护和水生态恢复工程，加强森林草原水源涵养区、重点水源地和农田草原工矿生态综合治理。实施石羊河流域综合治理工程。着力改善水质，保障水安全，完善水资源刚性约束机制。积极协调开展引大入秦延伸增效前期工作，缓解资源性缺水现状。积极开展河西生态补水工程研究论证工作。（市生态环境局、市林草局、市自然资源局、市水务局、市发展改革委、市财政局、市应急局等部门按职责分工落实）

5．共建防风防沙治沙生态带。持续推进防护林建设，加强林草植被建设和退化林修复。加强沙化土地封禁保护，加快建设锁边防风固沙体系和防风防沙生态林带。推进国家级沙漠公园建设，强化重点风沙口治理，构建北部荒漠化、沙化综合防控体系。以古浪八步沙区域生态保护和修复、民勤生态示范区建设为引领，探索生态产品价值实现机制和路径，激励各类经营主体投资林草产业基础设施和服务设施。探索光伏治沙、"互联网＋防沙治沙"、众筹治沙、认领义务植树造林等新模式，建设沙生态治理创新园区和"绿水青山就是金山银山"实践创新基地。（市生态环境局、市林草局、市自然资源局、市水务局、市发展改革委、市财政局、市应急局等部门按职责分工落实）

6．系统推进全面绿色转型。完善大气污染综合管控体系，实施大气污染综合治理工程。加强水源地保护，推进河湖污染联防联控，实现城区污水管网全覆盖，强化农村生活污水治理，保障城乡用水安全。强化土壤污染重点监控，推进城镇污染管控和农业农村污染治理。深入推进固体废弃物综合治理，加快实施城市生活垃圾分类。持续推进退耕还林还草、三北防护林建设、退牧还草等国家生态工程。实施宜林荒山荒滩人工造林和重点生态区封山封沙育林育草工程，多渠道增加林草资源总量。加强森林草原防火和有害生物防治，提高林草资源抚育经营水平。引导社会力量和资金参与国土绿化。强化资源总量和强度双控制度落实。加强重点用能单位和园区能耗管理监督。推广余热供暖和工业园区集中供暖。推动智能电网、分布式能源、智能用电终端协同发展。落实好高耗能、高污染、产能过剩等行业差别（阶梯）电价、水价政策。推动土地、矿产等资源节约集约利用，大力推进绿色矿山发展示范区建设。（市生态环境局、市林草局、市自然资源局、市水务局、市发展改革委、市住建局、市财政局、市应急局等部门按职责分工落实）

7．大力推动碳排放达峰行动。加强工业企业碳排放改造，大力发展新能源。加快森林、草原碳汇项目储备，积极参与市场交易。促进科技创新与绿色产业发展深度融合，推进重点行业和重要产业绿色化改造，提升非化石能源消费比重。加快现有建筑节能改造和城市建筑绿色化，推广清洁能源汽车，开展"零碳"城市创建活动。探索自然资源等生态产品价值评估、核算和价格形成机制，深入推进排污权、用能权、用水权、碳排放权市场化交易。（市生态环境局、市林草局、市自然资源局、市水务局、市发展改革委、市工信局、市住建局、市财政局、市应急局等部门按职责分工落实）

（三）共建现代产业体系

8．提升产业科技创新支撑能力。组建产业技术创新战略联盟，提升城市产业协作创新能效。重点发展一批国家级和省级科研基地、科技创新平台、创新联合体。改善创新环境，加大创新投入，重视创新成果申报和重大专项及产业化项目申报，加强研发机构建设，打造创新创业基地，促进高技术产业和战略性新兴产业发展。（市科技局、市财政局、市工信局、市发展改革委、市农业农村局、市大数据服务中心等部门按职责分工落实）

9．共建国家新能源产业基地。全力打造河西走廊新能源生产基地、储备基地、输出基地和新能源装备制造基地。打造金（昌）、张（掖）、武（威）千万千瓦级风光电基地。实施光热发电示范工程，实现风光热一体化协同发展。加快新能源推广应用，开展分布式微电网储和大电网储等发储用一体化商业应用试点示范。依托钍基熔盐堆研究设施，探索建设风光氢储一体综合能源基地。做强风电产业、太阳能产业和智能电网及储能产业，提升电网汇集和外送能力。大力研发推广高端、高质、高效太阳能技术产品和设备，做强太阳能产业。加快大容量输电、大规模新能源并网、大规模储能等关键技术推广应用，提升输变电装备配套能力和储能关键技术产业化能力。完善风光电产业服务和协调管理体系，健全分布式光伏发电电网接入服务机制。推进新能源综合供给基础设施衔接与联网。合理确定新建风电、光伏发电项目上网电价。加强新能源行业信用体系建设，提升信用监管效能。（市发展改革委、市工信局、国网武威供电公司等部门按职责分工落实）

10．加快发展生态工业。以农畜产品精深加工、新能源及装备制造、绿色环保、生物医药、碳基新材料、新型建材、绿色化工、数据信息等产业为重点，进一步强化制造业对经济发展的支撑作用，加快推进生产方式全面绿色转型、产业布局全面集聚优化。紧跟"双碳"目标和进程，积极推进钍基熔盐堆核能系统项目试验成果转化应用，加快抽水蓄能电站建设，抓好电力外送和就地消纳，统筹发展新能源装备制造、上游原材料和下游消纳产业，努力创建全国多能互补新能源综合示范区，建成百亿级新能源产业园区、"零碳"产业基地。积极培育战略性新兴产业，支持新材料、生物制药、节能环保等产业发展。（市工信局、市发展改革委等部门按职责分工落实）

11．合力做强文旅产业。以河西走廊整体联动发展为关键，打造"一带一路"文化产业高地，推动文化资源优化配置，全面提升区域文化影响力。依托长征国家文化公园、长城国家文化公园、黄河国家文化公园、河西走廊国家遗产线路综合保护利用工程等建设项目，打造丝绸之路沿线区域特色文化品牌。实施文化产业孵化工程，加强文化科技示范基地建设，推动区域文化产业带建设。深度开发文旅资源，整合优化产业布局，完善提升基础设施，开拓特色旅游线路，提升旅游产品质量，丰富旅游消费供给，推动河西走廊经济带文旅产业融合发展。统筹谋划推进河西五市旅游联盟发展，加强与乌鲁木齐、西宁、阿拉善、西安、银川等市州合作，建立客源互送、线路串联、资源共享旅游合作机制。挖掘武威深厚的历史文化底蕴和丰厚的旅游资源，重点打造以石窟文化、长城文化、红色文化等为代表的历史文化旅游目的地，建设以大漠风情、祁连风光等为特色的生态风情旅游产品。（市文体广电旅游局、市科技局、市自然资源局等部门按职责分工落实）

12. 做优做强现代农业。全面实施种业振兴行动，增强良种稳定供应能力。加强农业种质资源保护开发利用，争取实施一批农业生物育种重大科技项目。建设国家优质种子基地，建立种质资源库（圃），提升育制种水平。加快建立以种业企业为主体、产学研用紧密结合的商业化育种体系。提升玉米、瓜菜、马铃薯等制种能力和水平。创建一批国家级种业产业园，推动形成良种研发繁育、检验检测、种植加工、流通服务于一体的现代种业全产业链。坚持科技赋能，打造丝路寒旱农业发展示范基地、超大规模蔬菜和优质牧草生产基地。加快推进高原蔬菜区域化布局、标准化生产、集约化经营、品牌化建设，对接"一带一路"和粤港澳大湾区"菜篮子"供应。坚持全产业链开发，打造全国重要的优质绿色农产品生产供应基地。加快灌区续建配套和现代化改造，实施水肥一体化示范工程等重大节水项目。大力推广现代节水技术，打造高效节水蔬菜示范区、粮田示范区、地表水高效利用示范区、农艺节水示范区、小型水利节水示范区。以农业科技园区为基础，探索实施用水管理体制改革试点示范。培育壮大绿色食品精深加工主体，建设绿色食品加工产业园区，大力发展特色畜禽产品加工、特色果蔬加工、特色酿造加工、特色主食加工，加快发展葡萄酒地理标志保护产品，打造百亿级食品加工产业集群。依托绿色生产及智能制造示范应用项目打造百亿级奶产业集群。培育"专精特新"绿色食品中小企业，依法依规支持农产品加工企业技术改造升级。（市农业农村局、市工信局、市科技局、市水务局等部门按职责分工落实）

13. 全面推进数字化转型。加大大数据、人工智能、区块链在工业、农业、旅游业、商贸物流企业中的应用力度。促进新能源、新材料等具有比较优势行业与5G、云计算、人工智能、区块链等新技术深度融合。加快工业数字化、智能化改造，提高制造业数字化控制和管理水平，鼓励企业加强生产和产品的联网监控，提高资源利用效率。加快发展数字农业，实现农业生产管理精准化，建立农产品大数据分析中心、农产品大数据交易平台。发展服务型数字经济、推进文旅数据资源共享，构建智慧旅游公共服务体系。依法依规支持企业利用互联网平台深化电子商务应用，开展跨境电子商务，提升供应链协同效率。提升公共服务数字化水平，深化大数据融合应用，加快公共数据开放共享，实现信息服务全覆盖。建设城乡数字化管理平台和感知系统，培育智慧交通、智慧物流、智慧教育、智慧医院、智慧景区等发展新亮点，打造数字政府、构建数字社会，提升全社会数字化智能水平和数字经济发展支撑能力。（市工信局、市科技局、市商务局、市发展改革委、市大数据服务中心等部门按职责分工落实）

（四）完善现代综合交通物流网络

14. 打造内联外畅的综合交通运输格局。持续强化东联西进主通道功能，有序拓展南北通道，构建河西走廊"一轴贯通、多维突进"的综合交通网络。完善以兰新铁路、兰新高铁、兰张三四线、G30连霍高速公路和G312线通道为主轴的西亚欧大陆桥国际通道。强化与中国—中亚—西亚国际走廊连接。向东强化与兰西城市群的连通。有序推进兰州至张掖铁路三四线武威至张掖段、河西走廊第二通道等项目建设，构建河西走廊经济带快速路网。加快建设金昌—武威1小时城市经济圈。建成武威民勤通用机场，积极推进武威机场前期工作，构建通用航空网络，积极参与"空中丝绸之路"建设。（市交通运输局、市发展改革委、市商务局等部门按职责分工落实）

15. 优化综合交通物流枢纽布局功能。不断完善武威国际陆港"一中心两口岸"发展格局，优化金武经济圈综合物流枢纽布局，促进武威保税物流中心与广西钦州港、重庆果园港等开展国际区域物流合作。完善跨境电商公共服务平台、跨境电商监管系统、通关辅助系统建设，推动跨境跨区域物流大通道建设。加快布局建设商贸物流、大宗农产品等公路铁路物流枢纽，提升"货物西出"运力。建设国家重要物资储备库、物流园区、快递园区、公共仓储配送设施、农贸批发市场、农产品冷链等物流系统，培育沿东西交通主轴线的武威区域性物流节点城市，打造一批以县城为主的重要物流集散地。推进现代物流与交通运输体系顺畅衔接、协同发展和区域一体化发展，全面提升物流规模化、网络化、智能化水平。以客运快速化多元化、货运重载化一体化、运输服务智能化精准化为重点，畅通中西亚、欧洲的公铁空联运通道，推动国际国内多式联运信息开放共享和互联互通，推进多种运输方式融合协调。完善交通物流运输应急保障体系，推动交通物流绿色低碳可持续发展。（市商务局、市交通运输局、市发展改革委、武威国际陆港管委会等部门按职责分工落实）

（五）统筹推进河西走廊城镇带建设

16. 促进城镇协调发展。构建更加有效的城市合作机制，推动中心城区与周边区域互联互通，打造"环中心城区1小时"金武城市经济圈。以水资源和生态环境约束为前提，以新型城镇化为载体，引导人口合理分布，产业有序聚集。强化基础设施建设，加快产城融合，稳步提高城镇化率，适度扩大城市规模，逐步形成规模等级优化的城镇体系结构。突出城镇特色优势，积极推进城镇间分工协作，形成由市域中心城市、县域中心城市、中心镇组成的三级城镇体系职能结构。完善综合交通枢纽，培育现代产业体系，增强经济辐射带动作用。增强城市要素集聚和综合服务功能，充分发挥吸纳农业转移人口和各类产业发展要素的重要作用，将武威建设成为市域中心城市。提升县城产业支撑能力和人口聚集能力，将民勤、古浪、天祝县城所在地建设成为县域中心城市。充分发挥建制镇的桥梁和纽带作用，通过改善人居环境，完善基础设施和公共服务，吸纳农村人口就地就近城镇化。（市自然资源局、市住建局、市发展改革委、市人社局等部门按职责分工落实）

17. 推动城市协作发展。以金川—凉州城区为重点，加快同城化和城乡一体化发展。

创新管理体制机制，促进要素在城乡之间自由流动，持续增强城乡融合发展的内生动力。构建全方位、多层次的农业转移人口职业培训体系，提升规模以上企业就业吸纳能力。全面放开落户限制，强化城镇公共服务设施配套，持续优化城市人居环境，加大就业、教育和医疗保障，增强人口集聚能力。探索城市协同发展机制，强化城市之间相向发展、互动交流，促进城市群基础设施联通、产业融通、经济交融和社会一体化发展。加快金武旅游经济圈深度融合发展，增强县城和重点镇的支点作用，促进产业错位、优势互补、协同联动。积极参与丝绸之路经济带建设，共同构建全省城市协同联动高质量发展示范区。（市发展改革委、市住建局、市自然资源局、市人社局、市教育局、市卫生健康委、市公安局等部门按职责分工落实）

18. 大力发展中小城市和小城镇。充分发挥区位特点、资源禀赋、产业基础等比较优势，突出县域特色，实行点状开发，带动县域经济发展。培育壮大小城镇，坚持小城镇发展与培育产业紧密结合，突出历史文化、自然生态、优势产业、城镇风貌特色，建设一批文化旅游生态型、交通商贸型、资源开发型、加工制造型小城镇。发挥资源、区位、产业优势，建设一批特色鲜明的特色小镇。（市住建局、市自然资源局、市发展改革委、市农业农村局等部门按职责分工落实）

（六）共同推动城乡融合发展

19. 全面实施乡村建设行动。改善农村村组道路、村内道路通行条件，加快农村出行公交化步伐，加大农村产业路、旅游路建设力度。加强农村防洪、灌溉等中小型水利工程建设。实施农村供水保障工程，提升农村供水保障水平。实施新一轮农村电网改造升级工程，全面提升供电能力。推进燃气下乡，支持建设安全可靠的乡村储气罐站和微管网供气系统。实施乡村清洁能源建设工程，推进房屋清洁供暖。实施数字乡村发展战略，加快现代信息技术与农村生产生活的全面深度融合。加大乡村文化广场、乡村舞台、农家书屋、健身器械、路灯、公厕、垃圾池（箱）等村级公益性设施的建设力度。加快构建现代农业经营体系，推动农业科技创新和成果应用，提升农业生产经营机械化和信息化水平。培育壮大新型农业经营主体，扶持培育一批新型职业农民、乡村工匠、产业带头人，健全农业社会化服务体系。引导社会资本参与农业产业化开发经营，形成优势互补、利益联结、互惠共赢的产业共同体。全面实施村庄绿化工程，重点推进村内绿化和农田林网建设。加快农村人居环境整治，打造农村宜居宜业的生产生活生态空间。加强古镇名村、特色民居、历史建筑及非物质文化遗产的整体性保护，建设风格各异、村容整洁、环境优美、文明祥和的特色乡村。（市农业农村局、市乡村振兴局、市住建局、市发展改革委、市交通运输局、市人社局、市文体广电旅游局、国网武威供电公司等部门按职责分工落实）

20. 推动城乡一体化发展。推动污水垃圾收集处理城乡统筹。加强城乡农贸市场一体化改造。促进市政供水供气供热向城郊村延伸。提升城乡信息基础设施服务能力，加强

4G/5G 网络协同优化，实现乡镇、农村热点区域全覆盖。推进城乡道路客运一体化发展和乡村旅游路产业路城乡联结，加快城市公共交通线路向城市周边延伸，分步实施农村客运班线公交化改造。优化公共资源均等化配置体制机制，加快公共服务向农村延伸。完善统一的城乡居民基本医疗保险和基本养老保险制度，提升农村居民社会保障水平。合理规划布局农村学校，统筹城乡师资配置，提升乡村学校信息化水平，改善农村学校办学条件，促进优质教育资源共享共用。推动城市大医院与县级医院建立对口支援、巡回医疗和远程医疗制度，鼓励县医院与乡镇卫生院建立县域医共体。加快农业转移人口市民化，促进有能力在城镇稳定就业和生活的农业转移人员以及其他常住人口有序实现市民化，共享城市公共服务和社会保障。有序推动农村人口向产业发展条件较好、发展空间较大的城镇集聚。（市农业农村局、市乡村振兴局、市住建局、市生态环境局、市工信局、市交通运输局、市人社局、市教育局、市卫生健康委、市发展改革委、市医保局等部门按职责分工落实）

（七）共同打造丝绸之路开放廊道

21. 完善合作机制。建立重点招商企业信息库，积极参加各类国际贸易投资洽谈会，加大中西亚、中东欧等国家招商力度。强化境外投资风险防控和预警工作，指导企业加强境外人员安全教育管理。完善外派工程劳务招收、备案、管理、监督机制，强化外派劳务培训，优化外派劳务结构，规范外派劳务市场秩序。建立外商投资信息报告制度和外商投资信息公示平台，形成各部门信息共享、协同监管、社会公众参与监督的外商投资全程监管体系。完善外贸企业服务平台，通过线上线下培训、宣传，为企业提供高效便捷的政策宣导和服务。通过系统实施国际物流提升工程、跨境电商提升工程、招商引资提升工程、营商环境优化工程，提升对外开放支撑保障作用。（市商务局、市工信局、市人社局、市发展改革委、市招商局等部门按职责分工落实）

22. 拓展国际经贸合作。共同办好丝绸之路（敦煌）国际文化博览会和敦煌行·丝绸之路国际旅游节，推动河西地区向西开放向更深层次、更高水平发展。强化国际产业合作，共建国际合作产业园。支持相关企业在中亚、西亚、非洲、中东欧等地区建立境外合作产业园、科研中心，打造高水平海外产业创新服务综合体。引导外资优先投向新能源、节能环保、现代农业、先进制造业等领域。开展农畜产品互补型贸易，打造面向全国和"一带一路"沿线国家的农畜产品进口加工集散中心。加大先进技术引进力度，拓展深化技术合作交流。（市商务局、市工信局、市科技局、市文体广电旅游局、市农业农村局、市发展改革委、市政府金融办、武威国际陆港管委会等部门按职责分工落实）

23. 深化区域开放合作。积极融入兰西城市群，以陇海—兰新、连霍高速为区域合作主通道，加强同新疆、青海西北部、内蒙古西部地区的经济协作，打造西北内陆经济协作区。加快建设木材交易中心等，提升"货物西出"能力。拓展中蒙俄国际贸易新通道，探索开放合作新模式。加强与丝绸之路沿线地区旅游协作，共同打造丝绸之路旅游产业带。抢抓西部大旅游环线建设契机，打造以河西走廊为核心，串联辐射哈密、德令哈、额济纳旗等地的黄金旅游大环线。深化与西南各省份的经贸合作，共建西部陆海新通道。加强与山东、天津、福建、广西、内蒙等省份合作，共建产业合作示范园，发展"飞地经济"。以风光电基地为依托，重点承接风光电发电机组、智能储能设备、输变电装备制造等产业。以武威国际陆港为依托，重点承接生产服务型物流、保税物流、商贸物流、冷链物流、快递物流等产业。以农业产业园和骨干农业企业为依托，重点承接种子、瓜果、蔬菜、花卉、粮油、奶业、肉类等农产品加工产业。（市商务局、市工信局、市发展改革委、市文体广电旅游局、市农业农村局、武威国际陆港管委会等部门按职责分工落实）

（八）强化公共服务共建共享

24．推进基本公共服务标准化便利化。实施基本公共服务标准化管理，以标准化促进均等化、普惠化、便利化。推进城乡区域基本公共服务制度统一，促进基本公共服务质量水平有效衔接。建立动态调节机制，合理增加保障项目，稳妥提高保障标准。提升基本公共服务便利化水平。共建公共就业创业综合服务平台，共同打造集创新创业教育、评价、实训、孵化、服务为一体的创新创业就业孵化示范基地。加快实现河西五市社会保险关系无障碍转移接续，推动养老金领取资格核查互认。将常住人口纳入城镇公共租赁住房保障范围，逐步实现住房公积金转移接续和异地贷款信息共享、政策协同。（市民政局、市财政局、市人社局、市医保局、市住建局、市卫生健康委、市住房公积金中心、人行武威市中心支行等部门按职责分工落实）

25．加快教育文体资源合作共享。推动义务教育优质均衡发展和城乡一体化，均衡配置教育资源，缩小城乡、校际间差距。落实进城务工人员随迁子女就学和在流入地参加升学考试政策。建强实习实训基地，进一步深化产教融合、校企合作。打造河西走廊职业教育集群，重点加强清洁能源、生态保护、文化旅游等相关专业建设。推进武威职业学院省级"双高"院校建设。促进专业链与产业链对接，打造有区域特色的产教融合行业、企业和院校。积极构建"书香河西"全民阅读服务体系，鼓励博物馆、美术馆、文化馆等建立合作联盟。协同推进长城国家文化公园、长征国家文化公园、黄河国家文化公园建设和河西走廊国家文化遗产保护，共同加强非物质文化遗产保护和传承，共建非遗文化产业园。积极建设河西走廊全民健身长廊，推动公共体育场馆、全民健身中心、体育公园和社区体育场地等资源共建共享，共同开展多种形式的区域体育比赛。探索建立河西地区体育产业联盟，推动开展各种具有高原特色的赛事活动。（市教育局、市文体广电旅游局等部门按职责分工落实）

26．加强公共卫生和医疗养老合作。增强公共卫生早期监测预警能力，推动市县级生物安全二级实验室全覆盖。健全重大突发公共卫生事件医疗救治体系。推动优势医疗资源共建共享，联手打造医联体、医共体。建设市级传染病医院，加强县级医院感染疾病科和相对独立的传染病区建设。建立二级以上医疗机构医学检验结果互认和双向转诊合作机制。加强公共卫生应急物资储备，提升应急物资生产动员和调运保障能力。合作发展居家养老、社区养老、机构养老，构建综合可持续、覆盖城乡的康养服务体系。鼓励和支持社会力量通过市场化运作方式开办养老机构，支持民营养老机构品牌化、连锁化发展。鼓励养老服务机构和设施跨区域共建，统筹医疗卫生服务和养老服务资源，促进医养融合。推动人口信息互通共享，开展应对人口老龄化创新试点。（市卫生健康委、市民政局、市财政局、市医保局、市粮食和储备局、市发展改革委等部门按职责分工落实）

27．提高公共安全保障能力。促进产业链、供应链、创新链、资金链、政策链深度融合，着力提升产业基础能力和产业链水平。共建国家优质食用油和肉类、重要战略物资等储备基地，确保粮食安全、能源和战略性矿产资源安全。共同维护水利、电力、供水、油气、交通、通信、网络、金融等重要基础设施安全。健全应急联动机制，强化防灾备灾体系和能力建设，建立区域内重大灾害事件预防处理和紧急救援联动机制，推进防灾减灾救灾一体化。探索在跨界毗邻地区，按照可达性统筹120、110等服务范围。（市发展改革委、市财政局、市农业农村局、市粮食和储备局、市应急局、市公安局、市卫生健康委等部门按职责分工落实）

三、保障措施

（一）加强组织协调

配合酒泉市建立河西走廊经济带市级联席会议制度，通过城市联盟、战略协议等形式，畅通协作渠道，定期研究规划实施过程中的重大战略、重大问题、重大政策、重大项目和重要工作安排，协调解决遇到的困难和问题，推动规划任务全面落实。各县区政府要加强对县域经济发展工作的组织领导和协调推进工作，及时研究和安排部署并推进相关工作。市直相关部门要按照本方案确定的重点任务，制定和细化工作措施，确保各项工作任务落实见效。

（二）强化实施保障

各县区、市直相关部门要积极争取国家和省上对河西走廊经济带建设的政策支持，建立多元化、可持续的投融资机制，充分激发社会投资动力和活力。大力支持民营经济发展，激发市场主体活动。加强人才培育培训，推进各类人才队伍建设，健全科技人才和经营管理人才激励机制，完善人才服务保障体系，优化人才引进和成长发展机制。

（三）加强监测评估

健全完善实施监测评估制度，加强实施跟踪监测和运行监管，各县区和市直相关部门要密切配合，加强信息沟通、工作互通、政策联通，积极协调解决存在的困难和问题，及时调整完善政策措施，确保各项任务落地见效。加强实施过程中的环境影响跟踪监测和评价，确保在河西走廊经济带建设中促进生态环境高质量发展。